Sonja
Ulrike
Klug

Kathedrale des Kosmos

Die heilige Geometrie von Chartres

ATLANTIS wird herausgegeben von Hans Christian Meiser.

Die Deutsche Bibliothek – CIP-Einheitsaufnahme
Klug, Sonja:
Kathedrale des Kosmos : die heilige Geometrie von Chartres /
Sonja Ulrike Klug. – Kreuzlingen ; München : Hugendubel, 2001
(Atlantis)
ISBN 3-7205-2133-8

© Heinrich Hugendubel Verlag, Kreuzlingen/München 2001
Alle Rechte vorbehalten

Fotos: Sonja Ulrike Klug
Umschlaggestaltung: Zembsch'Werkstatt, München,
unter Verwendung eines Motivs von Sonja Ulrike Klug
Produktion: Maximiliane Seidl
Satz: Impressum, München
Druck und Bindung: Huber, Dießen
Printed in Germany

ISBN 3-7205-2133-8

Inhalt

Erste Annäherung 7

Teil 1
Auf den Spuren der Geschichte 9

Das Mittelalter 10
Ein Blick auf die Entwicklung der Kathedrale 14
Auf der Suche nach dem verlorenen Wissen
   der Menschheit 17
Die Gotik 28
Besuch auf einer Baustelle 30
Die Krypta, ein Ort der Heilung 35
Reise in die Anderwelt 39

Teil 2
**Der Schlüssel zur Heiligen Geometrie und
   Zahlensymbolik der Kathedrale** 45

Die Blume des Lebens 46
Das Merkaba-Feld der Kathedrale 53
Der Baum des Lebens 61
Die Ordnung des Kosmos und des Bewusstseins 63
Harmonikale Verhältnisse in der Kathedrale 69
Rechter Winkel und Rotation 70
Ewigkeit ist die Zeit Gottes 74
Die drei Portale 80
Das Zeitexperiment 85
Die Frucht des Lebens und die fünf platonischen
   Festkörper 86
Chartres auf dem planetaren Gitternetz der Erde 89
Das Pentagramm 91
Der goldene Schnitt 95
Die geometrische Konstruktion der Kathedrale 100

Die Fibonacci-Spirale 107
Die Nordost-Ausrichtung des Kirchenschiffs 110
Die drei Gralstafeln 111

Teil 3
Das Labyrinth 115

Der Archetyp des menschlichen Seelenweges 116
Die Lage im Verhältnis zum Kirchenschiff 119
Das Labyrinth als Kalender 120
Der goldene Schnitt und die Merkaba des Labyrinths 124
Rhythmische Rituale 127

Teil 4
Die Schule von Chartres 133

Die sieben Freien Künste 134
Die Lehrer von Chartres 140
Der Name der Rose 155
Spuren der Chartreser Philosophie in der Antike 164
Die Kosmologie von Chartres 177

Teil 5
Das Gute und das Böse 181

Gruß der Dämonen 182
Der Zauber des Glases 191
Was sagt die Kathedrale den Menschen von heute? 194

Abschied 201

Anhang 203

Danksagung 204
In der Kathedrale verschlüsselte Zahlenverhältnisse 205
Literatur 216
Namen- und Stichwortregister 222

Erste Annäherung

Ich bin die Tür.
Wer durch mich eingeht, wird gerettet.
Joh. X, 9

Vorsichtig drückte ich gegen die große Holztür – unsicher, ob so spät am Abend noch geöffnet war, und gespannt, was mich drinnen erwartete. Überraschend öffnete sich die Tür mit einem Ruck, um nach wenigen Sekunden hinter mir knarrend ins Schloss zu fallen. Die Kathedrale hatte mich mit ihrem Inneren umfangen.

Bereits nach wenigen Schritten hatte ich den Eindruck, einen Überblick über das Kircheninnere zu gewinnen *(siehe Foto im Bildteil)*. Eingehüllt in ein Halbdunkel mit nur spärlicher Beleuchtung schritt ich in der abendlichen Stille durch den Mittelgang, vorbei an etlichen Stuhlreihen. Überwältigt von der Größe des Kirchenschiffs, kam ich mir winzig, geradezu verloren vor.

Ich war beeindruckt von der Höhe der Kathedrale und dem geradlinig nach oben strebenden Raumgefüge, das harmonisch und übersichtlich gegliedert war. Die Vielzahl der Fenster fiel mir gleich auf, doch konnte ich im abendlichen Dunkel nichts mehr durch sie erkennen.

Als Nächstes fand mein Auge Halt an dem gut beleuchteten, übermächtigen Hochaltar im vorderen Teil der Kathedrale, im Chor. Er schien aus weißem Marmor zu sein und war eine bildhauerische Skulptur mit ineinander verschlungenen Figuren.

»Gefällt er dir?«, fragte mich plötzlich ein Fremder, der ganz unvermittelt in der ansonsten fast leeren Kirche neben mir aufgetaucht war, ohne dass ich ihn hatte kommen sehen. »Wenn ich ehrlich bin: nein«, antwortete ich. »Der Altar passt irgendwie nicht zur übrigen Kirche. Ihm fehlt die Klarheit in der Formgebung.« »Er ist erst sehr viel später entstanden als das gotische Kirchenschiff und mutet eher barock an«, erklärte mir der Fremde. »Und er steht auch nicht an dem heiligen Ort, wo ursprünglich der Altar der Kirche gestanden hat.«

Ich entschloss mich zu einem Rundgang um den Chor, betrachtete die mächtigen Pfeiler, von denen beinahe jeder anders geformt zu sein schien, bewunderte die kunstvoll bis ins kleinste Detail gestalteten Steinskulpturen des Chorumgangs und mehrere Mariendarstellungen, bis der Fremde plötzlich wieder neben mir auftauchte.

»Bist du als Touristin gekommen?«, fragte er. »Na ja«, antwortete ich, »teilweise schon.« »Du musst dich entscheiden, was du hier willst.« Erstaunt sah ich ihn an. »Die Frage ist, ob du wirklich in der Kathedrale *sein* kannst.« »*Sein?* Ich bin doch *hier!*«, entgegnete ich. »Nein, nein. Es geht darum, ob du hier nur auf der Suche nach irgendwelchen Attraktionen bist, wie die vielen fernsehverwöhnten und schaulustigen Touristen, die jedes Jahr hierher kommen, oder ob du auch mit deiner Seele hier bist.« Sprachlos blickte ich ihn an. Doch noch ehe ich eine Antwort fand, war der Fremde schon wieder verschwunden.

In der Kathedrale sein ... *nicht nur Zuschauer sein, sondern wirklich da sein,* ging es mir durch den Kopf. Wer nur um der Sensationen willen kommt, wird entweder enttäuscht sein und nur »eine Kathedrale wie viele andere« wahrnehmen, oder er wird ein paar »Sehenswürdigkeiten« auf die Fotolinse bannen und alsbald wieder verschwinden. Auf jeden Fall wird er die Botschaft von Chartres nicht verstehen können – die Botschaft, die die Baumeister des Mittelalters diesem imposanten Bauwerk eingeschrieben haben. Eine Botschaft, die nur derjenige wirklich hören kann, der sich ganz auf die Kathedrale einlässt, in ihr und mit ihr *sein* kann.

Bevor ich die Kathedrale verließ, nahm ich mir vor, in den nächsten Tagen ganz hier zu sein und mich auf das Kommende einzulassen.

Teil 1
Auf den Spuren der Geschichte

Ist Chartres etwa das Goldene Buch *des Abendlandes,
in dem geheime Weisheit offenbare Gestalt angenommen hat?*
Louis Charpentier 1997, S. 77

*Schriften, Legenden, Skulpturen und Bauwerke haben
eine gemeinsame Basis, die man von Einweihungsdokument
zu Einweihungsdokument (Dolmen, Pyramide, Tempel,
Kathedrale) wieder findet.*
Louis Charpentier 1997, S. 178

Das Mittelalter

»Liebe Gemeinde!«, begrüßte der Kardinal die versammelte Menschenmenge vor dem Westportal, hinter sich den Bischof und die Domherren. »Nachdem vorgestern unsere schöne Kathedrale abgebrannt ist, stehen wir jetzt vor neuen Aufgaben.« Ein Raunen ging durch die Menschenmenge. »Was hat das Leben jetzt noch für einen Sinn? Gott selbst hat uns unser wertvollstes Gut genommen, unsere *Notre Dame de Chartres!*« rief ein Mann mittleren Alters aus der Menge dem Kardinal zu. »Ja, und nicht nur die Kathedrale, sondern auch unsere Häuser, unseren Besitz – einfach alles!«, fügte ein anderer hinzu. »Unsere Existenzen sind vernichtet, sogar viele unserer Männer sind in dem Feuer umgekommen«, beklagte eine Frau mit schluchzender Stimme. »Gott hat uns hart gestraft!«

»Liebe Bürger von Chartres«, unterbrach der Kardinal das Wehklagen. »In der Tat hat Gott uns eine schwere Prüfung auferlegt. Aber wir sollten gerade jetzt nicht aufgeben!« Vor ihm stand eine ebenso verzweifelte wie zerlumpte Menschenmenge, der man die Belastung der vergangenen Tage ansah. Manche trugen halb zerrissene Kleider oder hatten rußgeschwärzte Gesichter und versengte Haare, andere hatten noch immer Äxte oder Schaufeln in den Händen, einige Frauen hatten weinende Kinder auf dem Arm, aber keinen Ehemann an ihrer Seite.

In den vergangenen Monaten war die Kathedrale nach den neuen Plänen schon fast fertig gestellt worden. Man hatte bereits die Vollendung des Südturms an der Westfassade in Angriff genommen, als plötzlich die Kirche in der Nacht zu brennen anfing. Das Feuer hatte schnell auch auf die umliegenden Häuser übergegriffen und bald stand der ganze Stadtkern in Flammen. Die Bewohner versuchten zwei Tage lang unermüdlich alles, um die Feuersbrunst einzudämmen. Ein Teil von ihnen hatte eine Menschenkette gebildet, um Wassereimer von der nahe gelegenen *Eure* zum Zentrum und zur Kathedrale zu transportieren, und ohne Unterbrechung stundenlang gelöscht, um die Kathedrale vor dem Schlimmsten zu bewahren. Aber die Flammen hatten wütend immer weiter um sich gegriffen. Als dann schließlich noch der hölzerne Dachstuhl brennend und mit lautem Getöse in das Kircheninnere hineingefallen war, gaben die

Menschen jede Hoffnung auf, dass vom Kirchenschiff noch irgendetwas zu retten sein könnte.

Andere Bewohner hatten alles daran gesetzt, ihre umliegenden Häuser zu löschen, doch oft kam jede Hilfe zu spät, und sie konnten nicht einmal ihre Habseligkeiten vor den Flammen bewahren. Als dann das Feuer endlich eingedämmt zu sein schien, entfachten hier und da unerwartet Schwelbrände, die die Bürger nicht zur Ruhe kommen ließen.

In dem ebenso tapferen wie aussichtslosen Kampf gegen die Feuersbrunst hatten etliche ihr Leben geopfert, weil sie sich zu weit in das Flammenmeer vorgewagt hatten, um Wertvolles aus der Kirche oder den Häusern zu retten. So waren heute unter den Menschen viele versammelt, die Familienangehörige verloren hatten.

»Es ist hoffnungslos«, beklagten einige erneut. »Wir haben alles verloren.« »Die Kathedrale hat einen zu großen Schaden erlitten«, schaltete sich jetzt auch einer der Domherren hinter dem Kardinal ein, »außer dem Portal, der Krypta und den Fundamenten ist ja fast alles zerstört. Sogar der Bischofspalast ist bis auf die Grundmauern niedergebrannt. Was können wir jetzt noch für die Kathedrale tun, wenn sogar unsere Reliquie, das Gewand der Heiligen Jungfrau Maria, verbrannt ist?«

»Vorsicht!«, schrie unerwartet ein Mann aus der Menge. Plötzlich fiel ein großer Klumpen geschmolzenen Bleis unmittelbar vor dem Kardinal auf den Boden, und die Menge wich erschrocken einen Schritt zurück. »Noch immer brennen Teile des Daches, und das schmelzende Blei vernichtet auch noch die letzten Reste unserer schönen Glasfenster«, beklagte einer der Domherren.

»Gerade jetzt ist es für das Überleben der Stadt wichtig, alle Kräfte zusammenzunehmen, um die Kathedrale und die Stadt wieder aufzubauen«, fuhr der Kardinal unbeirrt von dem lebensgefährlichen Zwischenfall und den Einwänden der Chartreser in seiner Rede fort. »Die Kathedrale dient dem Ruhme Gottes. Wenn wir sie wieder aufbauen, wird Gott ein Einsehen haben und uns wieder viele Pilger schicken. Und mit den Pilgern kommen viele Menschen, die eure Dienste in Anspruch nehmen und damit eure Existenz sichern. Metzger, Bäcker und Wirtsleute werden für Speis und Trank der Wallfahrer sorgen; Sattler, Schmiede und Stallknechte die Pferde der Pilger versorgen; Schneider, Tuchhändler und Schuhmacher sich um ihre Bekleidung kümmern.«

Beredsam schmückte der Kardinal aus, wie bald alle wieder in Arbeit und Brot stünden und das Unheil schnell vergessen wäre, sobald erst die Kathedrale wieder aufgebaut sei. Andächtig hörten die Menschen um ihn herum zu, ohne dem Kardinal recht zu vertrauen. Zu verzweifelt waren sie, um an ein »normales« Leben, wie sie es noch bis vorgestern gelebt hatten, wieder glauben zu können. »Aber ohne die Kathedrale«, so der Kardinal warnend, »wird Chartres bald nicht mehr existieren! Niemand wird sich mehr für diese Stadt interessieren, Händler werden einen Bogen um sie machen. Messen und Märkte, besonders die an den Marienfesttagen, werden in anderen Städten abgehalten werden. Und ihr Chartreser Bürger werdet in alle Winde zerstreut werden!«

Während der Kardinal seine Rede fortsetzte, näherten sich auf einmal von der Südseite der Kathedrale schweigend vier stattlich gekleidete Männer mit einem Schrein, den sie auf Holzbalken gestützt herbeitrugen.

Während die kleine Prozession langsam und andächtig unter den Blicken der Menschen näher kam, rief plötzlich eine Frau: »Die Reliquie! Die Reliquie!« »Das Heilige Gewand der Jungfrau!«, wiederholte eine andere. »Jesus, Maria, ein Wunder ist geschehen! Die Reliquie ist gerettet!« In der eben noch ganz verzweifelten Menge erhob sich jetzt ein Sturm der Begeisterung. Manche begannen spontan zu singen, andere fielen auf die Knie, beteten und dankten Gott.

Einer der vier Männer, die die Reliquie getragen hatten – sah er nicht dem Fremden ähnlich, den ich gestern in der Kirche getroffen hatte? – erzählte nun, was geschehen war. Zusammen mit drei anderen hatte er mutig die Reliquie in ihrem schweren Schrein in die Krypta getragen, als die Kathedrale Feuer fing. Doch dann war ihnen der Weg zurück nach oben von den Flammen versperrt worden. Da entschlossen sie sich kurzerhand, die eiserne Tür fest zu verschließen und in der Krypta zu bleiben, bis das Feuer gelöscht war. Während alle geglaubt hatten, dass sie im Flammenmeer umgekommen seien, waren sie zweieinhalb Tage ohne Nahrung in der Krypta geblieben. Die Heilige Jungfrau selbst hatte dafür gesorgt, dass ihnen Rauch, Feuer, Hunger und Durst in dieser Zeit nichts anhaben konnten.

Weinend und voller Freude wurden die Männer von Angehörigen und Chartreser Bürgern umarmt. »Die Jungfrau selbst hat der Zerstörung ihrer Kirche zugestimmt«, rief ein Mann aus der Menge mit leuchtenden Augen, »weil sie möchte, dass wir ihr zu Ehren eine *neue und noch schönere* Kirche bauen!«

»Wie ihr seht, hat Maria selbst Chartres zu ihrem bevorzugten Wohnort ausgewählt«, stimmte jetzt auch der Kardinal ein. »Die neue Kathedrale, die wir jetzt bauen werden, wird das schönste und größte Bauwerk werden, das die christliche Welt bisher gesehen hat. Sie wird so wunderbar werden, dass …« – da klingelte es plötzlich neben mir.

Verwirrt sprang ich auf und schaute aus dem Fenster meines Zimmers im Maison Saint Yves, das seit vielen Jahrhunderten den Pilgern als Übernachtungsstätte dient und in dem auch unsere Reisegruppe untergebracht war. Aus dem Fenster meines kleinen apricotfarben tapezierten Zimmers sah ich – dass die Kathedrale noch stand! Sie war also nicht abgebrannt, sondern es war alles nur ein böser Traum gewesen.

Ein böser Traum, der jedoch für die Menschen des Mittelalters bittere Realität war, und das nicht nur einmal, sondern 13-mal in 350 Jahren! Einer der verheerendsten Brände, die in Chartres jemals gewütet hatten, war derjenige, der in der Nacht vom 10. auf den 11. Juni 1194 einen Großteil der Stadt, den Bischofspalast und fast die gesamte Kathedrale vernichtet hatte. Seine Ursache konnte wie bei so vielen Bränden im Mittelalter niemals geklärt werden. An einem Tiefpunkt angelangt, waren Bürger, Bischof und Domherren so entmutigt gewesen, dass sie beinahe die Kirche im Stich gelassen hätten, wenn nicht überraschend ein Kardinal, der sich auf der Durchreise befand, sie von der Notwendigkeit des Wiederaufbaus überzeugt hätte.

Ausgestattet mit ungewöhnlicher rhetorischer Begabung und diplomatischem Geschick, bewirkte Kardinal Melior von Pisa in Chartres bei Bürgern und Klerus einen Stimmungsumschwung. Ob das plötzliche Auftauchen der Reliquie in einer kleinen Prozession zur rechten Zeit nur Zufall oder ein vom Kardinal geschickt inszenierter Public Relations-Kniff war, darüber geben die historischen Quellen keinerlei Auskunft.

Die Reliquie von Chartres ist für eine Kirche recht ungewöhnlich. Während sonst in der Regel die Gebeine von Heiligen als Reliquien dienen, ist es in Chartres das Gewand der Jungfrau Maria, das diese bei der Geburt von Jesus getragen haben soll.

Die Geschichte der Kathedrale und ihre Botschaft ist mit der Reliquie eng verbunden. Sie macht einen Teil des *genius loci* aus. 876 wurde sie der Kirche von Karl dem Kahlen gestiftet, nachdem sie zuvor Karl dem Großen vom byzantinischen Kaiser als Dank für die Bekämpfung der Mauren geschenkt und in der Pfalzkapelle zu Aachen aufbewahrt worden war. Das Gewand der Maria machte Chartres im Mittelalter zur bedeutendsten Stätte der Marienverehrung im Abendland und zu einem zentralen Pilgerzentrum.

Als man im 18. Jahrhundert erstmals den Schrein öffnete, in dem das Gewand aufgehoben wurde, fand man nicht, wie viele Jahrhunderte angenommen, ein Hemd oder Kleid, sondern eine einfache Stoffbahn aus Seide. Einer wissenschaftlichen Untersuchung zufolge stammt der Stoff aber tatsächlich aus den Anfängen der christlichen Zeitrechnung. Seit den Wirren der Französischen Revolution, die leider auch in der Kathedrale ihre Spuren hinterlassen hat, ist von diesem Stoff nur noch ein kleiner Rest übrig. Die Reliquie wird heute im östlichen Teil des Kirchenschiffs in einer Kapelle des Chorumgangs aufbewahrt *(siehe Foto im Bildteil)*.

Ein Blick auf die Entwicklung der Kathedrale

Anfang des 4. Jahrhunderts hatte Chartres wahrscheinlich seine erste Bischofskirche, ein ganz aus Holz errichtetes Gebäude, das von seiner Größe her bescheiden war, gemessen an dem heutigen Bau. 743 sollen Stadt und Kirche vom Herzog von Aquitanien im Rahmen einer politischen Auseinandersetzung zum ersten Mal geplündert worden sein. 858 wurde die Stadt von den Normannen ein zweites Mal geplündert und die Kirche niedergebrannt. Der Wiederaufbau wurde begleitet vom Geschenk der Reliquie durch Karl den Kahlen, die den Chartresern 911 zum ersten Mal besonderes Glück brachte: Bei der Belagerung des Normannenherzogs Rollo wurde das Gewand der Jungfrau Maria auf der Stadtmauer zur Schau gestellt, bis Rollo flüchtete.

Im 10. Jahrhundert wurde Fulbert *(siehe Abbildung auf Seite 135)* Bischof von Chartres. Unter ihm nahmen Stadt und Kirche einen gewaltigen Aufschwung. Fulbert war nicht nur ein Gelehrter ersten Ranges, unter dem die Schule von Chartres entstand, sondern er soll auch über besondere Heilkräfte verfügt und die Krypta mit einer Art Lazarett für kranke Pilger ausgestattet haben. Als in seiner Amtszeit ein Bau aus karolingischer Zeit 1020 abbrannte, initiierte er sofort einen bedeutend größeren romanischen Bau, möglicherweise den ersten aus Stein. Dieser Bau wurde 1037 geweiht. Aus Fulberts Zeiten ist heute nur noch die große Krypta in U-Form mit sehr langen Gängen erhalten.

Fulberts Bau hatte dieselbe Breite wie die heutige gotische Kirche, war aber kürzer und niedriger. Als 1134 ein weiterer Brand die Stadt verwüstete, wurden offenbar die bestehenden Pläne für die Kathedrale geändert. Möglicherweise wurden durch den Brand Teile der Westfassade, des sog. Königsportals, in Mitleidenschaft gezogen. Man begann zunächst 1140 an der Westseite mit dem Bau eines Turmes, änderte dann jedoch die Pläne und errichtete einen zweiten Turm, den Südturm, verlängerte insgesamt die Westfassade und auch die Krypta bis zu den Untergeschossen der neuen Türme. Zwei Gipsmodelle in der Krypta zeigen heute, wie man sich die Basilika des Fulbert und den Bau um 1150 vorstellen kann, als der Südturm noch unvollendet war *(siehe Foto im Bildteil)*.

Mit großem Arbeitseinsatz beteiligte sich die Bevölkerung von Chartres an den Bauarbeiten nach 1140. Viele betrachteten die Arbeit an der Kathedrale nicht nur als religiöse Aufgabe, sondern auch als Buße für ihre Sünden, und so scheuten sich selbst sozial höher Gestellte nicht, sich vor den Karren zu spannen und Steine, Holz und andere Baumaterialien herbeizuschaffen.

Gerade während dieser Aufbauphase ereignete sich der verheerende Brand von 1194. Nach der anfeuernden Rede des Kardinals Melior von Pisa wurde dann in nur 30 Jahren bis etwa 1220 die gotische Kathedrale errichtet, wie wir sie noch heute sehen – ein imposantes Bauwerk von beachtlicher Größe, das bis zum Bau des Freiburger Münsters den höchsten Kirchturm Europas besaß.

Ursprünglich war sogar geplant, die Kathedrale mit neun Türmen zu versehen, obwohl bei gotischen Kirchen üblicherweise nur sieben Türme angelegt sind. Doch gab man diesen Plan aus ungeklärten Gründen wieder auf und vollendete nur die beiden Türme der Westfassade. Entweder stand Geldnot dahinter oder die Überlegung, dass der Mensch nicht aus Überheblichkeit etwas fertig stellen soll, das nur Gott vollenden kann. So blieb die Kirche unvollendet; sie wird erst durch die vielen tausend Pilger früherer Jahrhunderte und die Touristen der heutigen Zeit, die die Kathedrale besuchen, vervollkommnet. Einen der sieben unvollendeten Türme zeigt ein *Foto im Bildteil*.

Es scheint, dass über der Kathedrale in ihrer gotischen Form ein besonders günstiger Stern steht, denn seit 1194 blieb sie im Wesentlichen von Bränden, Kriegen und anderen Katastrophen verschont, ähnlich wie auch der Ort selbst. In der zweiten Hälfte des 18. Jahrhunderts musste die Kirche allerdings im Zuge der Französischen Revolution einigen Vandalismus über sich ergehen lassen.

So wurden an der Außenfassade etliche Steinplastiken zerstört oder verstümmelt; sie sind es bis heute geblieben, da sie unglücklicherweise nicht mehr rekonstruierbar sind. Die hochverehrte Marienstatue aus der Krypta wurde verbrannt. Sie ist heute durch eine Birnbaumstatue ersetzt *(siehe Foto im Bildteil)*. Zudem wurde der Brunnen in der Krypta, dem man heilende Wirkungen nachsagte, zugeschüttet. Den Altar, der ursprünglich genau über dem Brunnen in der Oberkirche stand, versetzte man in die Vierung. Nicht zuletzt sind viele der jahrhundertealten Glasfenster zerstört worden, weil einigen Bischöfen zu wenig Licht ins Kircheninnere fiel und sie sich lieber im hellen Tageslicht bewundern lassen wollten.

Die letzte bedeutende bauliche Veränderung geschah nach 1836, als der Dachstuhl durch die Unachtsamkeit eines Handwerkers abbrannte. Glücklicherweise blieb das steinerne Kirchenschiff von dem Feuer verschont. Der Dachstuhl wurde durch eine moderne und weniger anfällige Stahlkonstruktion mit Kupferdach ersetzt *(siehe Abbildung auf Seite 189)*.

Seit Ende der 60er-Jahre des 20. Jahrhunderts ist man in Chartres bestrebt, durch umfangreiche Maßnahmen die Bausubstanz und die künstlerischen Werke zu restaurieren, um die Kathedrale für künftige Generationen zu erhalten.

Blick auf den Haupteingang der Kathedrale von Westen auf das Königsportal

*Blick auf das
südliche Querschiff*

*Einer der sieben
unvollendeten Türme*

*Westportal Mitte: Jesus in der Fischblase (unten vergrößert),
umgeben von vier Evangelisten; darunter zwölf Apostel*

Westportal Gewändefiguren; von links:
Prophet, David, Königin von Saba, Salomo (unten vergrößert)

*Westportal, rechts: Ausschnitt der sieben Freien Künste,
links oben: Dialektik mit wallendem Haar, links unten: Aristoteles*

*Westportal, rechts: Ausschnitt der sieben Freien Künste,
oben: Musica und Grammatica, unten: Pythagoras und Donatus*

Die Westrose

*Blick von der Südseite der Kathedrale;
hier war vor tausend Jahren die Schule von Chartres*

Auf der Suche nach dem verlorenen Wissen der Menschheit

Nach dem Frühstück im Maison Saint Yves begab ich mich gemeinsam mit der Reisegruppe zur Kathedrale. Im Tageslicht sah das Kircheninnere noch viel beeindruckender und größer aus, wenn auch die nicht ganz glückliche Innenbeleuchtung dem Kirchenschiff optisch etwas von seiner Höhe nimmt. Wunderschön ist der Einfall des Lichtes durch die Glasfenster, deren Blau dem Kircheninneren einen Zauber verleiht. Während ich auf einem der Kirchenstühle beobachtete, wie das Tageslicht durch die Glasfenster fiel und farbige Schatten auf den Kirchenboden warf, die langsam zu wandern begannen, tauchte plötzlich wieder der Fremde von gestern Abend neben mir auf.

»Hast du dich entschieden?«, fragte er unvermittelt, ohne mich vorher begrüßt zu haben. »Ich habe mich entschieden«, antwortete ich. »Ich möchte ganz hier *sein*.« »Wunderbar«, erwiderte er, »dann kann ich dich ja begleiten, wenn du gestattest.« »Wer bist du denn eigentlich?«, fragte ich ihn. »Mein Name ist Nilrem. Ich bin …«, sprach er zögernd, »sagen wir: Ich bin der Gute Geist der Kathedrale.«

»Dann kannst du mir sicher ein paar Fragen zur Geschichte beantworten«, sagte ich. »Sie wirft für mich nämlich mehr Fragen auf, als sie beantwortet.« »Nur los«, forderte er mich auf. »Wer hat die Kathedrale errichtet und warum? Warum hat die Kathedrale so monumentale Ausmaße, die mit einem Stadion vergleichbar sind, obwohl der Ort Chartres im Mittelalter nur ein Marktflecken mit einigen tausend Seelen war und selbst heute nicht mehr als 87.000 Einwohner zählt? Wie konnte man es angesichts der bescheidenen Technik der damaligen Zeit schaffen, den gotischen Bau in nur 30 Jahren fertig zu stellen? Warum wurde in Chartres als einziger unter all den gotischen Kathedralen Frankreichs niemals ein König, Kardinal oder Bischof bestattet? Und woher kam das viele Geld, das nötig war, um diesen überragenden Kirchenbau zu finanzieren?«

»Das sind mehr als genug Fragen. Um sie zu beantworten, müssen wir ein wenig tiefer graben, als es die ›normalen‹ Geschichtsbücher und die Touristenführer gewöhnlich tun. Die offizielle geschichtliche Version besagt, dass der Bischof und die Domherren unter Aufbietung aller ihrer Kräfte nach 1194 den Hauptteil der Baukosten trugen und dafür weitgehend auf ihre eigenen Einkünfte verzichteten. Die Kirchenprovinz Chartres war damals wohl die größte und reichste von Frankreich. In Rom nannte man sie nur die ›große Diözese‹. Die über 900 Pfarreien mit ihren Getreideernten und ihrem Silbervorkommen sicherten dem Bischof ein Jahreseinkommen, das umgerechnet anderthalb Millionen Dollar in moderner Währung überstieg. Aber die Einnahmen aus der Kirchenprovinz können nicht ausschließlich für den Bau der Kathedrale zur Verfügung gestellt worden sein, sondern flossen auch in andere Kanäle, da, ähnlich wie bei einer Landesregierung, in der Diözese auch eine Reihe fester Zahlungsverpflichtungen bestand.

So sollen die Mittel, die Bischof und Domherren zum Wiederaufbau der Kathedrale zur Verfügung stellten, bereits nach drei Jahren restlos erschöpft gewesen sein. Es kam zu einer Krise, die so groß war, dass nicht einmal mehr die am Bau beschäftigten Arbeiter entlohnt werden konnten. Die Jungfrau Maria gab aber durch eine Reihe von Wundern zu erkennen, dass ihr an der Vollendung der Kathedrale sehr gelegen war, was dazu führte, dass die Reliquie unter der Obhut einiger Geistlicher auf einen ›Werbe-Feldzug‹ ins Ausland geschickt wurde. Dies war bereits ein Jahrhundert zuvor schon einmal geschehen, als man Geld für den Bau der romanischen Basilika benötigte.

Die Heilkraft der Kathedrale, die man unmittelbar mit der wundersamen Wirkung der Reliquie in Verbindung brachte, öffnete nicht nur die Herzen der Menschen, sondern auch ihre Geldbeutel. Arme und Reiche stifteten gleichermaßen, so dass der ›Werbe-Feldzug‹ ganz offenbar von Erfolg gekrönt war.«

»Sozusagen ein ›Sponsoring‹ nach Art des Mittelalters«, schaltete ich mich ein. »Ja, und das ›Sponsoring‹ bezog auch die Chartreser Zünfte mit ein, die nämlich – wie etliche Adlige verschiedener Regionen Frankreichs – eine Reihe der heute noch erhaltenen Glasfenster stifteten. Trotz des großartigen Opferwillens der Bevölkerung darf bezweifelt werden, ob all das gestiftete, gesammelte und zur Verfügung gestellte Geld wirklich ausreichte, um die gotische Kathedrale zu bauen. Immerhin wurde der Bau trotz der finanziellen Krise nicht unterbrochen, sondern innerhalb von nur 30 Jahren zügig fertig gestellt.

Dass noch andere Geldquellen im Spiel waren, wird auch deutlich, wenn man sich die weiteren Zusammenhänge anschaut. Chartres war ja nicht die einzige gotische Kathedrale, die in Frankreich im 12. und 13. Jahrhundert entstand, wenn auch neben Saint Denis eine der ersten. Zwischen 1150 und 1250 wurden in Frankreich 150 Kirchenbauten begonnen, darunter auch solche mit ähnlichen Größendimensionen wie Chartres, z. B. die Kathedralen in Paris, Reims, Amiens, Sens und Rouen. Während Chartres entstand, waren allein in Nordfrankreich weitere 20 Kathedralen im Bau, obwohl ganz Frankreich kaum mehr als 15 Millionen Einwohner hatte. Woher kam das Geld für all diese Kathedralen, wenn auch die anderen ihre Reliquien auf eine ›Sponsoring-Tour‹ schickten?

Und wo kamen die vielen gelernten Handwerker her, die Maurer, Steinmetze und Bildhauer, die nötig waren, um all die riesigen Kirchenschiffe nahezu gleichzeitig zu erbauen? Wie konnte das Wissen, das nötig war, um diese Kirchen alle simultan zu errichten, so schnell vervielfältigt werden, obwohl es kaum 100 Jahre vorher im Abendland so gut wie keine talentierten Baumeister und keine Sakralbauten von nennenswerter Größe oder der Raffinesse gotischer Kirchen gab?

Eigentlich müsste der gleichzeitige Bau der vielen Kathedralen neben den Personal-Engpässen auch enorme Know-how-Probleme heraufbeschworen haben, wenn man sich den Wissens- und Bildungsstand der damaligen Zeit ansieht. Es gab keine allgemeine Schulbildung, nur wenige Lehrer, und nicht einmal der Buchdruck war erfunden. Wissen musste also überwiegend ›persönlich‹ innerhalb eines kirchlichen Umfeldes weitergegeben werden und konnte nicht über Bücher oder andere Dokumentationsmedien erworben werden.

Die ungelösten Fragen legen es nahe, dass es für den Bau von Chartres wie auch der anderen gotischen Kathedralen in so kurzer Zeit noch eine andere Erklärung geben muss: Die gleichzeitige Entstehung der gotischen Kathedralen war *kein Zufall,* sondern beabsichtigt, und zwar von einer Organisation, die sowohl über die finanziellen Mittel als auch über das notwendige Wissen verfügte.«

»Welche Organisation ist das?«, fragte ich.

Die Templer. »Es gab in der damaligen Zeit nur eine einzige Organisation, die im Stande war, eine solche Leistung zu erbringen: der Templerorden. Die Templer, die offiziell als die Polizei der großen Handelsstraßen galten und Reisende vor Räuberei und Wegezöllen schützten, setzten alles daran, den Handel zu beleben und Märkte einzurichten. Die Templer waren es, die als Erste ein Bankensystem einführten. Sie berechneten für hinterlegtes Geld Aufbewahrungsgebühren, erfanden das Girokonto und forderten für entliehenes einen Zins, der jedoch niedriger war als der der Lombarden und Juden. Sie führten auch Wechsel und Schecks ein und bewirkten allgemein durch das von ihnen eingeführte Wirtschaftssystem im Abendland eine Blüte. Der Papst gewährte ihnen bedeutende Privilegien. So unterstanden sie keinem Lehnsherren und zahlten keinerlei Steuern.

Die Templer umgibt ein Geheimnis, weil von ihnen keinerlei Dokumente überliefert sind, was in erster Linie mit der gewaltsamen Auflösung des Ordens im Jahre 1314 zu tun hat. Das Geheimnis bezieht sich auf das ungewöhnliche Wissen, das die Templer besaßen und auf ihre ganz eigene Art verbreiteten, indem sie es u. a. den gotischen Kathedralen einschrieben. Auch in Chartres ist es zu finden.« »Was ist das für ein Wissen?«, fragte ich Nilrem.

»Es ist ein Wissen, das sich nur dem erschließt, der gleichzeitig sein Bewusstsein entwickelt. Es ist das *verlorene Wissen der Menschheit.*« Meinem erstaunten Gesicht sah Nilrem offenbar an, dass ich nicht verstand. Lachend sagte er: »Damit wirst du dich noch eingehend beschäftigen, wenn du dich wirklich auf die Kathedrale einlässt.

Doch zurück zu den Templern: Die offizielle Geschichtsschreibung besagt, dass neun französische Ritter, darunter Hugo von Payns und Gottfried von Saint-Omer, 1118 dem König von Jerusalem Baudouin II. ihre Absicht unterbreiteten, eine Gemeinschaft zu gründen mit der Zielsetzung, Pilger im Heiligen Land vor gewaltsamen Übergriffen zu schützen und die Straßen zu überwachen. Sie waren also keine Kreuzritter, weil sie nicht an kriegerischen Handlungen teilnahmen. Der König soll ihnen daraufhin gestattet haben, sich am Ort des salomonischen Tempels niederzulassen, weswegen sie ›Tempelritter‹ oder einfach ›Templer‹ genannt wurden.

Doch diese offizielle Version wirft wiederum mehr Fragen auf, als sie beantwortet, und scheint daher nur die halbe Wahrheit zu sein. Wenn sich die Ritter tatsächlich zusammenschlossen, um Pilger und Straßen zu schützen, wie konnten sie das mit nur neun Leuten bewältigen? Und wieso gestattete der König ihnen so bereitwillig und wohlwollend den Zugang zu den Überresten des salomonischen Tempels, der normalerweise nur ihm und seinem Hof sowie dem Klerus vorbehalten war?

Gräbt man hier ein wenig tiefer, so stellt sich heraus, dass die offizielle Ordensgründung im Jahre 1118 als eine Art Tarnung erst vorgenommen wurde, nachdem Wesentliches bereits zuvor geschehen war. Hinter der offiziellen Aufgabe der Ritter, Menschen und Straßen zu schützen, verbirgt sich eine andere, die unmittelbar mit dem Tempel Salomons zu tun hat.

Bereits vor 1118, nämlich im Jahre 1104, war Hugo von Payns, einer der Ordensgründer und übrigens ein Onkel von Stephan, dem Grafen von Blois *und Chartres* (!), im Heiligen Land gewesen. Nach seiner Rückkehr 1108 nahm er Verbindung zu Stephan Harding, dem Prior und späteren Abt des Klosters von Cîteaux auf, Stammsitz der Zisterzienser bei Dijon in Burgund, der dem Orden seinen Namen gab. Überraschend verwandelte sich das Kloster von nun an in eine Übersetzungsstube für hebräische und arabische Texte, wobei man sich von Rabbinern helfen ließ.

Stephan Harding war wie wahrscheinlich auch Hugo von Payns Schüler des Rabbi Schlomo Jitzchaki, besser bekannt unter dem Namen *Raschi von Troyes,* einem jüdischen Gelehrten, der in esoterisches Geheimwissen eingeweiht war.

Bei Raschi von Troyes war durch die Flucht von Juden aus Spanien ein gewaltiger Schatz arabischer und hebräischer Texte gelandet, darunter die *Episteln der Lauteren Brüder*. Mit diesen hat es eine besondere Bewandtnis: Vor etwa 5.000 Jahren soll der ägyptische Gott Thot, auch bekannt unter dem Namen Hermes Trismegistos, der Menschheit ihr gesamtes Wissen – Mathematik, Sprache, Astronomie, Handwerk usw. – gebracht und es in 42 Bänden niedergelegt haben. Dieses Wissen hat sich in verschiedener Form über die Grenzen aller Religionen und Kulturen hinaus auf der ganzen Welt verbreitet – wie ein Wasserstrom, der unter der allseits bekannten ›offiziellen‹ Geschichte, die sich monolithisch wie ein Steinfels präsentiert, dahinfließt und sie unbemerkt nährt.

Unter anderem wurde es von Pythagoras zur Gründung eines griechischen Geheimordens verwendet und von der hebräisch-aramäischen Bruderschaft der Essener in eine Geheimlehre mit 42 Stufen übersetzt; von den Essenern profitierte bekanntlich auch Jesus, der bei ihnen eine intensive Schulung erfuhr. Weitere Spuren führen z. B. zu den Kelten und Druiden, nachdem das Wissen über die Manichäer von Armenien nach Irland gekommen war. Das Wissen musste immer geheim gehalten werden und wurde stets nur in kleinen Zirkeln von Eingeweihten weitergegeben.«

»Warum?«, unterbrach ich Nilrem in seinem Redefluss.

»Nun, bei Agrippa von Nettesheim (S. 352) heißt es dazu: ›Wer du auch immer sein magst, der du diese Wissenschaft zu erlernen trachtest, bewahre eine so heilige Lehre mit gewissenhaftem Stillschweigen im Innersten deiner Brust und ziehe den Schleier einer unverbrüchlichen Verschwiegenheit darüber. Denn es wäre, wie Hermes sagt, eine irreligiöse Handlung bei einer von der göttlichen Majestät so sehr erfüllten Lehre, viele zu Mitwissern zu machen‹. Das Wissen muss vor profaner Neugierde geschützt werden, um es keinem Missbrauch auszusetzen.

Oft wurden die Wissenden, die Hermetiker oder Esoteriker, politisch von den Mächtigen verfolgt, wobei die Flucht jedoch den Nebeneffekt hatte, dass sich das Wissen in immer neuen Ländern bei immer wieder neu entstehenden Zirkeln ausbreitete. Schließlich kam das geheime Wissen um 400 n. Chr. auch in den Jemen, wo die 42 Traktate des Thot aus dem Griechischen ins Arabische übertragen wurden. Die dortigen Esoteriker nannten sich *Sufis*. Um 800 entstand im Irak die Bruderschaft der Ismaeliten, die ihr okkultes Wissen an Muslime, Christen, Juden und Mazda-Anhänger gleichermaßen weitergaben. 972 begann man in Kairo, die Geheimlehre der Ismaeliten in 50 Traktaten niederzuschreiben, die die 42 Bücher enthielten und ergänzten. Somit wurde das Wissen islamisiert.

Um 1000 brachte der Esoteriker *Maslama von Madrid* diese so genannten *Episteln der Lauteren Brüder* nach Spanien, von wo sie dann die Juden auf Grund ihrer Verfolgung zu Raschi von Troyes brachten. Als Raschi 1105 starb, wurden die arabisch-hebräischen

Texte offenbar von seinem Schüler Stephan von Harding ins Kloster von Cîteaux gebracht, wo sie unter Mithilfe von Rabbinern ins Lateinische übertragen und christianisiert wurden.

Die Übersetzung bereitete allerdings Probleme: Die Texte ließen sich zwar in eine andere Sprache übertragen, aber wirklich verstehen konnte sie nur, wer auch in die geheimen Lehren eingeweiht war – und das waren Stephan Harding und Hugo von Payns zunächst nicht. Es fehlte ihnen somit der Schlüssel zum Verständnis!

Hier kommt genau das zum Tragen, was ich dir vorhin sagte: Wissen und Bewusstsein – oder anders gesagt: die Funktionen der linken und rechten Gehirnhemisphäre – müssen zusammenarbeiten, um ein wirkliches Verstehen zu erzeugen. Okkulte Texte haben stets eine Oberflächen- und eine Tiefenstruktur. Nur wer die Tiefenstruktur versteht, kann einen Text wirklich entschlüsseln. Die Oberflächenstruktur wirkt auf uneingeweihte Leser bestenfalls trivial, schlimmstenfalls aber wie aneinander gereihter Unsinn. In der Bibel heißt es bei Jesaja (29, 11): ›Darum sind euch alle Offenbarungen wie die Worte eines versiegelten Buches, das man einem gibt, der lesen kann, und spricht: Lies doch das! und er spricht: ›Ich kann nicht, denn es ist versiegelt‹.‹

Um nun den Schlüssel zu den Texten zu finden, reiste Hugo von Payns bereits 1104 zum ersten Mal ins Heilige Land: Er suchte dort die arabische Bruderschaft der Baumeister auf, von der bekannt war, dass sie das geheime Wissen weitergab, und zwar ohne Rücksicht auf Religion, Volkszugehörigkeit oder politische Ansichten des Suchenden.

1114 besuchte Hugo ein weiteres Mal das Heilige Land und unterstützte sofort nach seiner Rückkehr die Gründung einer besonderen Abtei im ›Tal des Absinth‹, der Abtei von Clairvaux. Offenbar wurden die geheimen Texte zum weiteren Studium von Cîteaux nach Clairvaux gebracht, damit man ihren Inhalt ungestört weiter studieren konnte und in den übrigen Klöstern des Ordens nichts darüber verlautete.

In Clairvaux wurde der erst 25-jährige Mönch Bernhard von Fontaine, später bekannt als *Bernhard von Clairvaux,* von Stephan Harding zum Abt ernannt. Bernhard beeinflusste maßgeblich den Bau einiger gotischer Notre Dame-Kathedralen und wirkte auch beratend in Chartres mit, denn zwischen den Reisen Bernhards und dem Wirken gotischer Bauhütten gibt es überraschende Übereinstimmungen. Der Name ›Notre Dame‹ soll auch von ihm geprägt worden sein.

Als das Studium der Texte einen gewissen Reifegrad erreicht hatte, wurde Bernhard beauftragt, für den zu planenden Templerorden – einen ungewöhnlichen Orden von Mönchen, die zugleich Ritter waren – die Ordensregeln zu entwerfen. Erst als diese Arbeit abgeschlossen war, wurde 1118 offiziell der Templerorden gegründet. Der angebliche Auftrag, Straßen und Pilger zu schützen, diente somit als Vorwand, um unbemerkt das Geheimwissen pflegen und weitergeben zu können. Der Orden wuchs bald auf eine beachtliche Anzahl von Rittern in ganz Europa heran.

Man hat oft behauptet, die Templer hätten in Jerusalem die Bundeslade oder den Heiligen Gral gefunden. Wie immer man es auch nennen mag – sie haben jedenfalls den Schlüssel zum wichtigsten heiligen Wissen der Menschheit gefunden, in dem ägyptische und arabische Quellen kultur- und religionsübergreifend mit alchemistischen, gnostischen und essenischen Quellen, mit der jüdischen Kabbala, mit neuplatonischer Gnostik, mit griechischer Philosophie und pythagoräischer Zahlenmystik zu einer Einheit verschmelzen.

Der salomonische Tempel, in dem die Bundeslade nach Aussagen des Alten Testaments aufbewahrt worden sein soll, scheint dabei eine besondere Rolle gespielt zu haben. Jedenfalls haben die Templer dort Grabungen vorgenommen und möglicherweise weitere Texte oder weitere Schlüssel zu den schon vorhandenen Texten gefunden. Für Bernhard von Clairvaux waren die Gesetzestafeln der Bundeslade so bedeutsam, dass er ihnen immerhin 120 Predigten widmete.

Am Nordportal von Chartres gibt es zwei kleine Säulen, von denen eine in Stein die Szene zeigt, wie ein paar Ochsen die Bundeslade ziehen. Darunter findet sich die Inschrift: *Archa cederis* – ›Durch die Bundeslade wirst du wirken‹. Auf der zweiten Säule wird die Lade von einem Mann mit einem Tuch umhüllt; daneben sind einige Gefallene sichtbar, darunter ein Ritter im Panzerhemd – möglicherweise eine Anspielung auf die Tempelritter. Die zweite Säule trägt die Inschrift: *Hic amititur Archa cederis* – ›Hier lässt man gehen, durch die Bundeslade wirst du wirken.‹

Ohne das okkulte Wissen hätte der Templerorden sich wohl niemals innerhalb nur eines Jahrhunderts so schnell ausbreiten und das Abendland so nachhaltig beeinflussen können. Es gibt keinen besseren Beweis für die Überführung des Geheimwissens nach Frankreich als die gotischen Kathedralen. Das okkulte Wissen erklärt auch die schnelle Verbreitung des nötigen Know-hows zum Kathedralenbau. Die Blüte der Gotik fällt mit der des Templerordens zusammen, und beide gehen zusammen unter.

Leider nahmen die Templer schon 1314 ein ebenso jähes wie unerwartetes Ende, als sie der Inquisition zum Opfer fielen. Angeblich sollen Neid und Geldgier des französischen Königs Philipp des Schönen der Grund dafür gewesen sein, dass der Orden aufgehoben und verboten wurde. Doch gibt es auch Indizien dafür, dass die Auflösung des Ordens vom Papst in die Wege geleitet wurde und nicht vom König, der sich gar nicht in Geldnot befand. Durch die Besteuerung der Geistlichkeit und durch die Enteignung der Juden hatte er bereits genügend Geld zusammenbekommen, um seine Kriege zu finanzieren. Zudem hätte ihm eine Besteuerung der Besitzungen des Templerordens mehr Geld eingebracht als dessen Auflösung.

In den Inquisitionsprozessen warf man den Templern Ketzerei, Häresie und die Pflege einer Geheimlehre vor. Angeblich sollen sie einen Abgott namens ›Baphomet‹ angebetet haben, einen manchmal sogar sprechenden Januskopf aus Gold und Silber. ›Abu-fihamat‹ bedeutet im Sufismus jedoch so viel wie ›Vater des Wissens‹ und verweist auf die geistige Tätigkeit des Menschen nach der Entwicklung seines Bewusstseins. Demzufolge wäre ›Baphomet‹ kein Götze, sondern das Symbol des initiierten Wissenden.

Noch gerade rechtzeitig vor der gewaltsamen Zerschlagung konnte der Großmeister der Templer Jakob von Molay die Gesellenbruderschaft Compagnonnage gründen, an die das geheime Wissen weitergegeben wurde. Von dort soll es auf verschlungenen Pfaden über geheime freimaurerische Bruderschaften auf der ganzen Welt bis heute überliefert und gepflegt worden sein.«

Beeindruckt von den vielfältigen und weit reichenden historischen Bezügen versuchte ich, das Wesentliche noch einmal zusammenzufassen: »Das esoterische Wissen gelangte also über die Essener,

Hermetiker, Gnostiker, Okkultisten, Kabbalisten, Alchemisten, Sufis und Ismaeliten zu den Tempelrittern und bildete die Basis für das Know-how zur Erbauung gotischer Kathedralen wie Chartres. Kern des Wissens ist die Geburt des Menschen in ein neues Leben, das die dreidimensionale Welt überwindet und ihn mit den ›inneren Welten‹ verbindet.« »Richtig«, antwortete Nilrem, »darin liegt ja auch die wahre Bedeutung des Wortes ›Religion‹: *Re-ligio* ist die Wiederanbindung des Menschen an seinen Ursprung, seine spirituellen Wurzeln, letztlich an Gott. Dabei ist es im Grunde unwichtig, welcher speziellen Religion der Mensch jeweils folgt, da das Wissen in allen Religionen und Kulturen – wie auch im Menschen selbst – vorhanden ist.

Der spirituelle Bezug allen Wissens ist schrittweise seit der Renaissance, besonders aber seit der Aufklärung verloren gegangen; das Wissen wurde immer weiter profanisiert und materialisiert und ist heute ausschließlich an weltlichen Bezügen orientiert. Gott oder Spiritualität haben in der Wissenschaft keinen Platz mehr; sie wurden ausdrücklich aus ihr verbannt. Pièrre Simon de Laplace antwortete auf die Frage, wo in der von ihm entwickelten Wahrscheinlichkeitsrechnung Gott zu finden sei: ›Sire, diese Hypothese benötige ich nicht!‹ Fortan ersetzte der Laplace'sche Dämon Gott; dies war der Anfang vom Ende der Spiritualität in der Wissenschaft. Bereits Goethe beklagte dies, als er wenige Jahrzehnte nach Laplace' Äußerung Mephisto im *Faust* sagen lässt:

Wer will was Lebendigs erkennen und beschreiben
sucht erst den Geist heraus zu treiben.
Dann hat er die Teile in seiner Hand,
fehlt leider! nur das geistige Band.«

»Wo findet sich in Chartres dieses heilige Wissen?«, fragte ich. »Das okkulte Wissen ist gewissermaßen in der Formung des Steins architektonisch verschlüsselt. Es findet sich überall: In den wunderschönen bildhauerischen Skulpturen des West-, des Nord- und des Südportals, in der Gliederung des gesamten Baus, aber auch im Zauber der Glasfenster. Die ganze Kathedrale ist stein- und glasgewordener Sphärenklang«, antwortete Nilrem geheimnisvoll und fügte hinzu: »Für jedermann sichtbar ist das Wissen zugleich überall gegenwärtig und doch verborgen. Denn in seiner spirituellen Dimension entbirgt, eröffnet es sich nur dem wahrhaft Suchenden.«

Nilrem sah mir an, dass mich diese Antwort als Mitteleuropäerin des frühen 21. Jahrhunderts, gewöhnt an schnelle Problemlösungen, nicht befriedigte, und ergänzte lachend: »Etwas leichter erkennbar sind da schon die Anspielungen auf gewisse Anschauungen der Tempelritter, die deutlich ihre Spuren hinterlassen haben.«

Um wenigstens irgendetwas in der Hand zu haben, wenn schon nicht das heilige Wissen, fragte ich ungeduldig: »Wo sind diese Spuren zu finden?«

Erneut hob Nilrem zu einer längeren Erklärung an: »Die Templer machten einen deutlichen Unterschied zwischen Christus und dem Gekreuzigten. Sie weigerten sich, den Gekreuzigten als wahren Christus anzuerkennen, was man ihnen im Inquisitionsprozess ja auch vorwarf. Für die Templer war nicht die *Kreuzigung* Christi die zentrale Botschaft, sondern vielmehr die Wiederauferstehung bzw. die *Wiedergeburt*. Dementsprechend gibt es keine Darstellung eines Christus am Kreuz in den Teilen der Kathedrale, die aus dem 12. und 13. Jahrhundert stammen. Und auch heute noch sind Darstellungen von Jesus am Kreuz eher spärlich zu finden. Von Anfang an war die Kathedrale als Stätte der Geburt und nicht des Todes geplant. Daher sind auch in Chartres im Gegensatz zu den übrigen Kathedralen keine Bischöfe, Könige oder andere hohe Würdenträger früherer Zeiten bestattet.

Als Zeichen der Geburt ist *Notre Dame de Chartres* der Jungfrau Maria gewidmet, von der sich nicht weniger als 175 Darstellungen in Stein und Glas finden. Als weiblicher Aspekt Gottes symbolisiert sie mit dem Jesuskind auf dem Arm die Wiedergeburt des Neuen Menschen nach der vollen Entwicklung seines Bewusstseins.

Und dies gilt nicht nur für Chartres, sondern auch für viele andere gotische Kathedralen in Frankreich, die im gleichen Zeitraum entstanden sind: Interessanterweise heißen alle diese Kathedralen *Notre Dame,* sind also Maria gewidmet. Sie bilden eine besondere Anordnung: Die Kirchen von Bayeux, Rouen, Amiens, Laon, Reims, Paris, Chartres und einigen weiteren Orten bilden auf der Erde genau die Konstellation des Sternbildes der Jungfrau ab, wie es sich am Himmel zeigt.«

Beeindruckt von diesen Übereinstimmungen, bemerkte ich: »Dann greift hier astronomisches und architektonisches Wissen genau ineinander!« »Ja«, antwortete Nilrem, »und damit hast du bereits eine kleine Kostprobe von dem spirituellen Wissen, das die Templer mit anderen Kulturen teilten. Nicht nur in Chartres war man sich bewusst, dass der Mensch eine bestimmte Stellung in der kosmischen Ordnung einnimmt, die nicht beliebig definiert ist. ›Wie oben, so unten‹ heißt es schon in den Werken von Thot.«

Die Gotik

»All diese Kathedralen, die das Sternbild der Jungfrau bilden, befinden sich in einem Umkreis von 150 Kilometern rund um Paris«, fuhr Nilrem fort. »Und genau in diesem Umfeld hat sich der gotische Baustil entwickelt und von dort später insbesondere nach Deutschland ausgebreitet. Auch im fernen England gibt es viele Zeugnisse gotischer Baukunst, obwohl die Gotik dort nicht dieselbe Blüte erlebte wie auf dem europäischen Festland.

Die Gotik hat sich allen Versuchen, ihre Entwicklung zu rekonstruieren, stets entzogen. Man hat sie oft als Nachfolgerin des romanischen Baustils betrachtet, was sie jedoch im strengen Sinne nicht ist. Denn zum einen wurden damals romanische und gotische Kirchen gleichzeitig errichtet, zum anderen unterscheidet sich die Gotik architektonisch völlig vom romanischen Stil. Romanische Kirchengewölbe mit ihren Rundbogen wirken schwer, niedrig und eher gedrückt. Im Inneren sind Wandmalereien vorherrschend, die es in der Gotik nicht gab und die mit ihr auch ausstarben.

Zu Beginn des 12. Jahrhunderts tritt die Gotik plötzlich und ohne architektonische Vorläufer in Erscheinung. Das Wissen um den Bau dieser imposanten Kathedralen ist mit einem Mal vorhanden und speist sich aus unbekannter Quelle – eben jenem okkulten Wissen. Das Know-how zum Bau solcher Kirchen ist von Anfang an so ausgereift, dass es beim Bauen nur wenige oder gar keine Pannen gibt. So musste das Chartreser Kirchenschiff trotz seiner enormen Höhe niemals befestigt, abgestützt oder restauriert werden.

Kunsthistoriker wollen oft eine architektonische Entwicklung des Baustils festmachen und unterscheiden zwischen Früh-, Mittel-

und Spätgotik. Die Unterschiede machen sie an der Höhe der jeweiligen Kirchenbauten fest: Angeblich sollen frühgotische Kirchen niedrig, spätgotische jedoch hoch gewesen sein. Diese Unterteilung macht jedoch keinen Sinn, wie man an der Kathedrale von Chartres erkennen kann. Chartres ist neben Saint-Denis die erste gotische Kirche und zugleich auch eine der höchsten. Eine langsame Entwicklung von niedrigeren zu höheren Bauten oder eine langsame Entwicklung des architektonischen Know-hows hat also nicht stattgefunden! Eher hat es den Anschein, als ob Kirchen an bedeutenderen Orten mit größerer Wirkkraft höher sind als solche an weniger wichtigen Orten mit geringerer Wirkung.

Zwei Merkmale sind für den gotischen Baustil wesentlich: die spitzbogigen Kreuzrippengewölbe und die Berücksichtigung des Lichtes, das durch die Glasfenster fällt. Während romanische Kirchen eher dunkle Räume sind, die der Meditation, dem Gebet und der Andacht dienen, sind gotische Kirchen geradlinig und steil nach oben strebende Bauwerke, die sinnbildlich ein Abbild des Himmels darstellen. In der gotischen Kathedrale wird der Mensch aufgerichtet – ein Symbol für sein Streben nach höherem Bewusstsein.

Dass die gotischen Bauwerke trotz ihrer enormen Höhe stabil die Jahrhunderte überdauert haben, verdanken sie ihrer besonderen Geometrie. Druck- und Sogkräfte müssen in einem harmonischen Gleichgewicht stehen, damit das Gebäude nicht einstürzt. Die sich vom hohen Kirchengewölbe nach außen richtenden Druckkräfte werden von den außen angebrachten Strebepfeilern aufgefangen und in die Erde abgeleitet. Damit werden die sich nach oben wendenden Kräfte des Himmels und die sich nach unten wendenden der Erde in Einklang gebracht.

Ein besonderes Geheimnis der Stabilität besteht in der rechtwinkligen Verschränkung von Bögen und Pfeilern *(siehe Abbildung auf Seite 185)*, die komplizierte statische Berechnungen, wie sie heute bei Gebäuden üblich sind, weitgehend überflüssig machen. Von rechten Winkeln und Spitzbögen wirst du im Zusammenhang mit der Heiligen Geometrie noch mehr hören. Die Spitzbögen werden über dem Pentagramm konstruiert, einer der besonderen Formen der Heiligen Geometrie«, deutete Nilrem an, ohne weiter auf das Thema einzugehen.

»Seine besondere Wirkung entfaltet der gotische Bau aber nicht nur durch den Stein, sondern vor allem auch durch das Glas. In seiner Transparenz bildet es den Gegenpol zum undurchdringlichen Stein. Das Kichengewölbe erhält erst auf Grund seiner gezielten Durchbrechung mit farbigen Glasfenstern seine Helligkeit, aber auch seinen filigranen, ja mystischen, transzendenten Charakter. Es bekommt durch den wechselnden und in Form von Schatten wandernden Lichteinfall zudem etwas Bewegliches, das die Starre der Mauern überwindet.«

Während des ganzen Vortrags von Nilrem hatte ich auf einem der Kirchenstühle gesessen und die Reflexion des bunten Lichtes auf dem Kirchenboden beobachtet. Nun war ich erschöpft. Nilrem bemerkte dies und schlug vor, dass ich erst einmal einen ausgiebigen Rundgang um das Äußere der Kirche machen solle, um frische Luft zu schnappen und mir einen Eindruck von der Größe des Gesamtbauwerks zu verschaffen.

Besuch auf einer Baustelle

Gemächlich umrundete ich das riesige Kirchenschiff, beginnend am Westportal, vorbei am Uhrenhaus zum Nordportal, wo es dunkel, feucht und zugig zu sein schien. Das Nordportal hat eine besonders große Vorhalle. Ihre sorgfältig gestalteten Gewändefiguren sind von leicht übermenschlicher Größe und haben realitätsnahe und lebendig wirkende Gesichtszüge. Ich ging weiter zum östlichen Teil und umrundete den Chorumgang. Vom Osten aus sah ich, wie hoch die Kathedrale lag, und hatte einen wunderbaren Blick über die darunter liegende Stadt Chartres.

Weiter ging es zum wesentlich helleren und daher freundlicher anmutenden Südportal, an das die umliegenden Häuser weniger eng gebaut waren als im Norden. Ein Blick auf die Steinplastiken des Südportals zeigte einen künstlerisch völlig anderen Stil als am West- und am Nordportal, jedoch von nicht geringerer Lebendigkeit. Ich fragte mich, wie es wohl im Mittelalter um die Kathedrale ausgesehen haben mag, und plötzlich verschwamm die Straße vor meinen Augen …

»Roger, der Maurer, 16 Sous. Pièrre, der Bildhauer, ebenfalls 16 Sous. François, der Steinmetz – erst einen Tag hier – 22 Deniers.« Ein elegant gekleideter Herr, offenbar ein Geistlicher, der einigen Handwerkern ihren Lohn auszahlte, klimperte heftig mit den Münzen in seinem Ledersack.

»Darf ich bleiben, Herr?«, fragte der soeben ausbezahlte François. »Wo hast du vorher gearbeitet?« »Ich war auf den Baustellen in Mans, in *Notre Dame de Paris* und in Reims. Zuletzt war ich in *Mont-Saint-Michel.*« »Warum bist du von dort fortgegangen?« »Weil den Bauherren das Geld ausgegangen ist, Herr«, antwortete François betreten und schaute auf den Boden. »Ich habe eine Frau und drei Kinder«, fügte er noch leise hinzu, um seiner Bitte um weitere Anstellung das notwendige Gewicht zu verleihen. »Von mir aus kannst du bleiben, denn wir können hier jeden Mann gebrauchen. Aber sprich vorher noch mit dem Baumeister«, antwortete der Geistliche, bevor er sich, einige Münzen in der Hand, dem nächsten Handwerker zuwandte.

»Danke, Herr«, erwiderte François frohen Mutes und machte sich in Richtung der Holzhütten auf, die in großer Zahl vor der gerade im Entstehen begriffenen Westfassade aufgestellt waren. In einer dieser Bauhütten hoffte er, den Baumeister zu finden. François erging es wie vielen Steinmetzen und Maurern seiner Zeit, die als Wanderarbeiter von Baustelle zu Baustelle zogen.

Vor der Westfassade herrschte ein geschäftiges Treiben: Gerade war eine Fuhre mit Steinen aus einem der nahe gelegenen Steinbrüche auf einem schweren Karren herbeitransportiert worden. Die Pferde schnaubten von der immensen Anstrengung, die schweren Steine auf den Chartreser Hügel hinaufzuziehen. Der Kutscher hatte die Peitsche kräftig knallen lassen, damit die Tiere nicht kurz vor dem Ziel bockten. Schon kamen die ersten Arbeiter herbei und begannen, die schweren und unbehauenen Steinblöcke zu fünft oder sechst abzuladen. »Die großen Steine nach links vor das Nordportal, die kleinen nach rechts zu den Bauhütten«, ordnete ein Mann an. Steinmetze kamen herbei, beäugten die Größe der Steinblöcke und klopften hier und da mit dem Meißel auf den Stein. »Gute Qualität«, meinte einer von ihnen, »der Kalkstein ist feinkörnig und gut formbar, nicht zu spröde – genau richtig für die Gewändefiguren.«

Auf dem ganzen Platz war ein Klopfen und Hämmern zu vernehmen, das wohl noch bis in die fernsten Gassen des Städtchens hörbar war. Außer den vielen Handwerkern, die mit der Bearbeitung verschiedener Materialien und dem Anrühren von Gips beschäftigt waren, lief auch eine Reihe von Männern und Frauen über die Baustelle, die in schweren Tragekörben allerlei Gerät transportierten und damit als Hilfsarbeiter wichtige Zubringerdienste leisteten. Sie beförderten Holz, Werkzeug, Glas, Seile und Eisen, auch Lebensmittel.

Ein Blick nach oben zeigte mir, dass das Westportal gerade zur Hälfte fertig war. Davor erhob sich ein gigantisches hölzernes Baugerüst, auf dem sich Zimmerleute bewegten. »Hauruck! Hauruck!«, erscholl es von einer Seite, und einige Arbeiter begannen, einen soeben von einem Steinmetzen zurechtgeschnittenen Stein mit einem Flaschenzug in Schwindel erregende Höhen hinaufzuziehen, um ihn oben an der entsprechenden Stelle einzusetzen.

Am Südportal waren Maler zugange. Zu meinem großen Erstaunen bemalten sie einige bereits fertig gestellte Steinfiguren. Die Farben waren so gewählt, dass man den Figuren ihren steinernen Untergrund nicht mehr ansah. Sie sahen realistisch und lebensecht aus – gerade so wie lebende Menschen!

Der Geistliche, der eben noch die Handwerker ausbezahlt hatte, begab sich jetzt eiligen Schrittes zum Westportal in Richtung der Bauhütten. Schnurstracks ging er auf die größte Bauhütte zu, in der sich der Baumeister selbst befand. Dieser war gerade in einen Disput mit einem Steinmetzen verwickelt. »Unmöglich, dieses Holzmodell lässt sich so nicht in Stein umsetzen«, beschwerte sich der Steinmetz. »Dazu benötigen wir entweder einen härteren Stein oder ein anderes Modell. Das haben wir schon in Paris ausprobiert, und dort hat es auch nicht funktioniert!« »Doch, das geht«, meinte der Baumeister, »der Stein muss so geschnitten werden, damit er den Windstärken im oberen Teil standhalten kann«, fügte er erklärend hinzu. »Frag Pièrre, der hat erst gestern einen Stein in dieser Form bearbeitet.« »Dass ihr Baumeister aber auch immer mit solch komplizierten Wünschen kommt!«, meinte kopfschüttelnd der Steinmetz und entfernte sich.

»Gott zum Gruße«, sagte der Geistliche, der inzwischen die Bauhütte betreten hatte. »Gott zum Gruße«, antwortete der Baumeister, »was führt euch zu mir?« »Ihr wisst, dass wir nächsten Monat den Geburtstag der Heiligen Jungfrau feiern. Dann geht es wieder hoch her in der Kathedrale. Bis dahin müsst ihr das Nord- und das Südportal so weit fertig haben, dass dort die Händler ihre Waren während der Messe aufbauen können.«

»Das ist völlig ausgeschlossen«, meinte der Baumeister, »die Bildhauer können unmöglich die Gewändefiguren innerhalb des nächsten Monats fertig stellen, denn so schnell kommt der Nachschub an Steinen aus dem Steinbruch gar nicht.« »Dann müsst ihr wenigstens die Eingänge vollständig freiräumen.«

»Können die Händler nicht in der Kirche statt davor ihre Waren feilbieten?«, fragte der Baumeister. »Den Platz in der Kirche benötigen wir bereits für die Übernachtung eines Teils der Pilger – wir erwarten insgesamt rund 5.000 – und für den Verkauf von Lebensmitteln«, wandte der Geistliche ein. »Außerdem werden wir dort religiöse Andenken verkaufen, um einen Teil der Baukosten zu decken. Deshalb ist innerhalb der Kirche kein Platz für die Händler. Wir können sie nur vor den Portalen unterbringen.« »In Gottes Namen – ich werde anordnen, dass wir ein bis zwei Tage vor der Messe für die Heilige Jungfrau die Portale freiräumen.«

So mag es wohl zwischen 1194 und 1220 in Chartres zugegangen sein. Während die Bauarbeiten auf Hochtouren liefen und fast die ganze Bevölkerung von Chartres sowie viele aus anderen Städten gekommene Handwerker miteinbezogen, diente die Kathedrale zugleich – wie schon in den vorangegangenen Jahrhunderten – als Pilgerzentrum, das insbesondere an den Marienfesttagen stark frequentiert war. Das gleichzeitige Abhalten von Handelsmessen während bestimmter christlicher Feiertage war im Mittelalter üblich – das Wort »Messe« offenbart noch heute die zweifache Wortbedeutung –, und gerne wurde dafür auch das Kircheninnere in Anspruch genommen. Nach damaligen Vorstellungen beeinträchtigte der Handel mit Waren nicht die Heiligkeit des Gebäudes. Die Menschen im Mittelalter hatten ein anderes Verhältnis zur Kirche als Gebäude, als wir es heute haben; die Kirche war für sie auch ein Treffpunkt im täglichen Leben, das eine strenge Trennung zwischen »Heiligem« und »Profanem« nicht kannte.

Unter all den Handwerkern war der Baumeister – heute würde man vom »Architekten« sprechen – der herausragendste. Unter seiner Regie wurde der gesamte Bau geplant und ausgeführt. Er erstellte Grund- und Aufriss und machte entsprechende Zeichnungen sowie Skizzen. Dabei war es üblich, Baupläne zumindest zum Teil nicht nur auf Pergament, sondern auch in Form von Holzmodellen anzufertigen. Unglücklicherweise sind die Baupläne von Chartres nicht erhalten geblieben. Auch der Name des Baumeisters von Chartres ist im Gegensatz zu den Namen anderer gotischer Baumeister nicht überliefert. So ist ausgerechnet der Mann, als dessen Schüler sich die meisten gotischen Baumeister des 13. Jahrhunderts hätten betrachten können, für uns ein Unbekannter.

Dies mag sicher auch daran liegen, dass die Menschen im Mittelalter sich noch nicht in der Weise als Individualisten verstanden wie wir heute. Die Vorstellung vom Individuum mit eigenständigem Recht auf ein persönlich gestaltetes Werk entwickelte sich erst in der Aufklärung, während sich die Menschen der damaligen Zeit eher als Fortführer und Bewahrer christlicher und antiker Traditionen sahen und sich selbst in diese Linie einordneten.

Hauptwerkzeug des Baumeisters waren Winkelmaß und Zirkel. Er war in der Regel gelernter Steinmetz und verfügte über sehr gute Kenntnisse in Mathematik und Geometrie. Häufig war er zugleich auch Ingenieur. Außerdem musste er die Qualität der Arbeiten der Handwerker und Künstler auf der Baustelle überwachen und die Leute anwerben, ausbilden und gegebenenfalls entlassen.

Unter den Handwerkern und Arbeitern gab es eine Hierarchie. Die Steinmetzen nahmen verständlicherweise eine zentrale Stellung ein. Unter ihnen gab es solche, die relativ einfache Steinbearbeitungen durchführten, wie das Ausmeißeln von Friesen, Kapitellen und Ornamenten nach Modellen des Meisters, und solche, die als Bildhauer über hohe künstlerische Fähigkeiten verfügten und allseits sichtbare Steinplastiken fertigten. »Freimaurer« war, wer am freien Stein arbeiten konnte.

Neben weiteren Handwerkern wie Maurern, Zimmerleuten und Glasern gab es das Riesenheer der Hilfsarbeiter, die von den Meistern eingestellt wurden und häufig aus dem Milieu der gesellschaftlich Entwurzelten stammten. Als Leibeigene waren sie oft vor ihren Lehnsherren geflohen und suchten Zuflucht in den Städten. Auf den Baustellen trug man ihnen unterschiedliche Arbeiten auf wie den Transport von Materialien oder das Ausheben von Gruben.

Am unteren Ende der Hierarchie standen auch die Steinbrecher, die die Baustelle selbst häufig niemals zu Gesicht bekamen, sondern in den umliegenden Steinbrüchen – für Chartres war das vor allem Berchères – ihre Arbeit taten. Die physisch sehr anstrengende und häufig von Krankheiten und frühem Tod begleitete Arbeit der Steinbrecher wird meist in den Annalen vergessen, obwohl ohne sie die Kirchen niemals hätten gebaut werden können.

Unter den Handwerkern und Arbeitern gab es im Mittelalter auch Frauen – eine Tatsache, die heute nahezu unbekannt ist. Sie waren voll in das gesellschaftliche Leben eingebunden und unterlagen den gleichen Rechten und Pflichten wie die Männer. Zwar wurden alle Frauen – mit Ausnahme der Jungfrau Maria – schon damals in den Predigten des Klerus stigmatisiert, aber ihr vollständiger Ausschluss von einer aktiven Rolle in der Gesellschaft vollzog sich offenbar erst nach den Hexenprozessen im 15. Jahrhundert.

Die Krypta, ein Ort der Heilung

Für die mittelalterlichen Pilger begann der Weg in die Kathedrale nicht wie für den modernen Touristen in der Oberkirche, sondern in der Krypta, einem langen, aus dem 11. Jahrhundert stammenden umlaufenden Gang, der unter den Seitenschiffen und dem Chorumgang der heutigen Oberkirche verläuft. Der Eingang in die Krypta liegt an der Nordseite in der Nähe des dortigen Portals, wo auch ich jetzt gemeinsam mit der Reisegruppe hinabstieg.

Auf der endlos langen Treppe umfingen mich schon nach wenigen Schritten nachtschwarze Dunkelheit, Kühle und tiefe Stille. Wie auch die anderen in der Gruppe verlor ich bald völlig die Orientierung. Jemand schaltete die Deckenbeleuchtung ein, die jedoch nur eine schummrige, kerzenartige Helligkeit erzeugte. Der Raum, in dem wir ankamen, war so groß, dass ich trotz Beleuchtung das andere Ende nicht erkennen konnte.

Als sich meine Augen an die Dunkelheit gewöhnt hatten, stellte ich zu meiner Überraschung fest, dass ich in einer weiteren vollständigen Kirche gelandet war. Der lang gestreckte Raum ist mit Stühlen ausgestattet und wird oben von einer niedrigen halbkreisförmigen Decke abgeschlossen. Decke und Wände sind fast schwarz, doch kann man hier und da Spuren von Malereien entdecken. Ursprünglich mag wohl die gesamte Kapelle kunstvoll mit Decken- und Wandmalereien ausgestattet gewesen sein, doch sind sie von Kerzenruß so beeinträchtigt, dass fast nichts mehr von den Motiven erkennbar ist.

An der Kopfseite der Kapelle befindet sich ein Altar mit einer Plastik der Jungfrau Maria aus dunklem Birnbaumholz. Es handelt sich um die bekannte *Notre Dame de Sous-Terre (siehe Foto im Bildteil)* – eine moderne Plastik, die die ursprüngliche Schwarze Madonna, das einstige Heiligtum von Chartres, ersetzt, seit dieses während der Französischen Revolution barbarisch vor dem Westportal verbrannt worden ist.

In dieser Kapelle ist deutlich zu erkennen, dass man jahrhundertelang in mehreren Schichten übereinander gebaut hatte. Die einfache und schlichte Kapelle mag die »Urkirche« gewesen sein, um die und auf der nach und nach weitere Bauten entstanden. So reckte sich das Kirchenschiff mit der Zeit immer weiter in die Höhe und die Breite.

Kurz hinter der Kapelle befand sich einst der berühmte Brunnen *Puits des Saint Forts.* Sein Wasser war die Heilquelle, das Geschenk von Mutter Erde, das unter dem Einfluss eines tellurischen Stromes stand. Um der Madonna und des Brunnens willen zogen im Mittelalter die Pilger nach Chartres wie heute vielleicht nur noch nach Lourdes; die gemeinsame Wurzel von »heil« im Sinne von »gesund« und »heilig« war den Menschen damals noch deutlich bewusst; die Heilung von Krankheiten hatte für sie einen spirituellen Aspekt.

Bereits unter Bischof Fulbert wurde in der Krypta ein Lazarett eingerichtet, das sich gute fünf Jahrhunderte hielt. Kranke blieben oft viele Tage und Nächte hier, um Heilung zu erfahren. Da die Krypta sehr groß ist – sie umfasst insgesamt 29 Joche, in denen sich heute eine Reihe weiterer kleiner Kapellen befinden –, war genügend Platz für eine große Zahl von Pilgern. Man kann sich gut vorstellen, wie die Menschen im Mittelalter hier betend und singend zwischen mehreren Messen pro Tag im Halbdunkel ihre Zeit verbracht haben. Die Gesunden mögen sich nur wenige Stunden auf einem langsamen Rundgang an diesem Ort aufgehalten haben, während die Kranken Tage, vielleicht auch Wochen, hier verbrachten und auf das Wunder ihrer Heilung warteten.

Vor dem Brunnen stehend, überkam mich plötzlich ein Gefühl von Übelkeit. Auch andere Teilnehmer der Reisegruppe schienen sich nicht ganz wohl zu fühlen. Einigen war schwindelig, andere fühlten sich benommen. Fast überall schienen die einen oder anderen psychosomatischen Beschwerden zu erwachen – und dies, obwohl der Brunnen doch schon im 17. Jahrhundert zugeschüttet worden war! Der Klerus war der Ansicht, dass das Trinken des Wassers aus dem Brunnen nichts weiter als ein heidnischer Brauch sei, und beseitigte alle Spuren, die auch nur im Entferntesten auf den Brunnen hindeuteten, so dass über mehrere Jahrhunderte nicht einmal seine Lage bekannt war. Erst zu Beginn des 20. Jahrhunderts fand man den Lageplatz des Brunnens wieder, mauerte ihn im oberen Teil neu auf und versah ihn mit einem elektrischen Licht. Der Brunnen reicht 33 Meter in die Tiefe bis zur *Eure,* ist inzwischen jedoch leider versiegt.

Der Standort des Brunnens entspricht dem Heiligen Zentrum, an dem sich in der Oberkirche im Chor früher der Altar befand. Nachdem man den Brunnen zugeschüttet hatte, wurde auch der Altar verlegt. Das Zuschütten des Brunnens ist sehr bedauerlich; es ist, als ob man der Kathedrale den Hals zugeschnürt hätte.

Der Weg durch die Krypta führte uns weiter vorbei an etlichen kleineren Seitenkapellen. In einer von ihnen entdeckte ich Glasfenster mit dem roten Tatzenkreuz, ein Hinweis auf die Templer. Das Kreuz auf dem weißen Mantel wurde von den Rittern auf einem weißen Umhang vor dem Herzen getragen und symbolisierte mit seiner Form das Leiden Christi. Die vier Richtungen des Kreuzes stehen für die vier Richtungen des Universums.

Nach dem langen Rundgang, begleitet von leichten Übelkeitsgefühlen, war ich froh, die Krypta an der Südseite wieder verlassen und ins Tageslicht treten zu können. Draußen stand auch schon Nilrem, der auf mich gewartet zu haben schien.

»Die Erdströme dort unten sind sehr stark, nicht wahr«, sagte er. »Du hast es sicher bemerkt.« »Ich habe mich physisch nicht ganz wohl gefühlt.« »Genau das meine ich. Das liegt an dem starken Magnetfeld, das die Erde dort unten aussendet. Es ist Teil der Heilung, die die Menschen im Mittelalter gesucht haben. Die intensiven Erdströme vermitteln dem Menschen das Gefühl, ihn noch weiter nach unten zu ziehen, als er sich ohnehin schon fühlt. Erst danach kann die Heilung beginnen. Auch heute noch weiß jeder Arzt, dass man eine Krankheit nur dann heilen kann, wenn man sie zuvor in ein akutes Stadium überführt.

In der Krypta ist der Mensch ganz vom Schoße der Erde in einer dunklen Höhle umgeben – wie in einer Gebärmutter. Mit dem Gang durch die Krypta oder dem längeren Aufenthalt dort vollzieht er dann noch einmal alle Phasen der Schwangerschaft. Und so, wie er während der Schwangerschaft von der Mutter genährt wird, wurden die Pilger einst vom Wasser des heiligen Brunnens genährt. Bei seinem befreienden Aufstieg ins Tageslicht schließlich wird der Mensch neu geboren.

An diesem Weg durch die Krypta zeigt sich symbolisch wiederum, dass *Notre Dame de Chartres* der Wiedergeburt des Menschen geweiht ist.«

»Ist um der hydrotellurischen Kräfte willen hier die Kathedrale errichtet worden?«, fragte ich. »Ja, aber diese Kräfte wirken schon sehr viel länger hier als das Christentum. Sie sind seit Tausenden von Jahren bekannt. Die Kathedrale erhebt sich auf einem Hügel aus Granit, der aus der Kalksteinebene der Beauce herausragt. Die Polarität von Kalkstein und Granit ist es, die die besondere Wirkung ausmacht.

Während Kalkstein den Körper ermüdet wie ein Schwerkraft-Sog, wirkt ein Gang über Granit erfrischend und belebend. Der abwärts gerichtete Kalkstein hat eine zusammenziehende Qualität, der aufwärts gerichtete Granit dagegen ist ausdehnend. Der Gegensatz dieser geomantisch wirkenden Ströme bildet nicht nur für Chartres, sondern auch für andere heilige Orte einen Zugang, der die Vereinigung von himmlischen und irdischen Kräften ermöglicht. So ruhen z. B. in Stonehenge die konzentrischen Kreise massiver, aus Granit gehauener Steine auf dem Kalkstein der Ebene von Salisbury.

Nebenbei bemerkt, hat der Kalkstein Chartres auch seinen Namen gegeben. ›Chartr‹ leitet sich von dem Wort ›Kalk‹ ab, das sich auch in dem Wort ›Carnac‹ wieder findet – bekanntlich ebenso der Name der altägyptischen Hauptstadt wie eines Ortes in der Bretagne, der durch seine vorzeitlichen Megalithstraßen bekannt ist. Auch an diesen Orten kannte man also die Wirkung des Kalks in Verbindung mit Granit.

Aus gehärtetem Kalk entsteht Marmor, der ebenfalls als ›Carrara‹ bezeichnet wird. Im Hebräischen sind ›carnajim‹ die Hörner des Moses, die auch für den Geist stehen. Und im Lateinischen heißt das Fleisch ›caro‹ (Genitiv ›carnis‹), wovon sich das Wort ›In-kar-nation‹ ableitet. Cäsar berichtete nach Rom, dass in Gallien der keltische Stamm der ›Carnuten‹ den römischen Legionen trotzig Widerstand leistete.«

»Dann müsste ja der Ursprung von Chartres bereits bei den Kelten liegen«, wandte ich ein. »Genau das ist auch der Fall«, sagte Nilrem. »Wenn du willst, nehme ich dich mit auf eine Reise zu den Kelten.« Etwas unschlüssig folgte ich ihm. Was mochte er wohl vorhaben?

Reise in die Anderwelt

Als wir die Kathedrale verließen, hatte ich das Gefühl, im Nebel zu stehen, der sich bald so verdichtete, dass ich kaum mehr die Hand vor Augen sah. Ich konnte weder die Kirche noch Nilrem erkennen. Als sich die Nebel langsam lichteten, befand ich mich auf einer grünen Wiese. Doch wo waren Nilrem und die Kathedrale geblieben?

Etwas orientierungslos stapfte ich durch das saftige grüne Gras, und bald tauchten riesengroße Steine vor meinen Augen auf, die aus dem Gras herausragten. Sie lagen wie zufällig beieinander, schienen aber doch in einer bestimmten Anordnung zu stehen. Weit und breit war niemand zu sehen. Die Sonne schien hell, es wehte ein sanfter Wind, und in der Ferne sang eine Amsel.

Ich hatte keine Ahnung, wo ich war. In der Umgebung erinnerte mich nichts an den Ort Chartres oder die Kathedrale. Nilrem hatte mich in ein unbekanntes Niemandsland versetzt, um sich unbemerkt aus dem Staub zu machen! Verärgert überlegte ich, was ich nun tun und wohin ich mich wenden könnte, als ich auf einmal leise Stimmen vernahm, die langsam näher zu kommen schienen. Ich beschloss, es mir auf einem der Steine gemütlich zu machen und abzuwarten, was passieren würde.

Es näherte sich eine Gruppe von Männern und Frauen in langen weißen Gewändern, einer Prozession ähnlich. Sie sangen Lieder in einer mir unbekannten Sprache und schienen auf ein bestimmtes Ziel jenseits der Menhire zuzusteuern. Ich entschloss mich, ihnen zu folgen. Würdevollen Schrittes bewegte sich die Gruppe singend auf einen Dolmen zu: zwei unbehauene Steine, die von einer steinernen Platte abgedeckt wurden. Unter dem Dolmen folgte eine Art Höhle, eine Grotte, in die die Gruppe nun hineinging, um sich schweigend zu versammeln. Die Dolmenkammer war recht dunkel und wurde nur von einigen Fackeln leicht erhellt. In der Grotte erkannte ich einen Brunnen, der von ein paar unregelmäßig aufeinander geschichteten Steinen umzäunt wurde. Dahinter war die hölzerne Darstellung einer Schwarzen Madonna zu erkennen.

Nachdem die Gruppe schweigend einige Minuten in der Dolmenkammer zugebracht hatte, wandte sie sich um und ging in Richtung der Menhire. Jetzt hatten die Menschen einen Mann aus der Gruppe in ihre Mitte genommen und bewegten sich singend auf eine Eiche zu, die hinter den Steinen zu erkennen war. Nachdem sich alle unter der Eiche versammelt hatten, drehten sie sich nach links, wo inzwischen auf einem sandigen Boden glühende Kohlen ausgebreitet worden waren, die kräftig qualmten. Wozu diese Kohlen wohl gedacht waren, fragte ich mich, schließlich konnte man doch so dicht am Boden kein Essen zubereiten!

Der Mann, den die Gruppe in ihre Mitte genommen hatte, löste sich jetzt von den anderen, zog seine Sandalen aus und ging barfuß auf die Kohlen zu, die einen neun bis zehn Meter langen rot glühenden Teppich bildeten. Mit regungslosem Gesicht steuerte er geradewegs auf die Kohlen zu und – betrat den glühenden Teppich!

Entsetzt überlegte ich mir, dass er sich beim Gang über die Kohlen doch schrecklich verbrennen müsste. Er schritt jedoch beinahe teilnahmslos und gemächlich über die Kohlen, als ob sie Gras wären. Am Ende angekommen, drehte er sich um und ging den ganzen Weg wieder zurück. Dann zog er sich seine Sandalen wieder an und ging auf die übrigen Menschen zu. Diese zollten dem Mann jedoch keine Anerkennung für seine ungewöhnliche Tat, sondern wandten sich schweigend nach rechts, wo offenbar eine weitere Aufgabe auf den Prüfling wartete.

Dort lag ein besonders großer Stein, der schief auf einem weiteren Menhir lag. Die Augen aller richteten sich schweigend auf den schräg liegenden Stein, der wohl etliche Tonnen wog. Der Prüfling platzierte sich in gebührendem Abstand davor und – nichts passierte! Minutenlang starrten alle den Stein an, ohne sich zu rühren. Erneut fragte ich mich, was hier eigentlich vorging.

Plötzlich schien der Stein sich ganz leicht zu bewegen. Dann kam er richtig in Schwung und wackelte tüchtig hin und her. Wie konnte es nur möglich sein, dass ein so schwerer Stein plötzlich anfing, sich zu bewegen, obwohl niemand zu sehen war, der ihn berührte? Schließlich kam der Stein wieder zur Ruhe, und die Gruppe drehte sich erneut der Eiche zu, in der Mitte den Prüfling. Nachdem sich alle innerlich gesammelt hatten, verließen sie gemeinsam singend das Gelände in die Richtung, aus der sie gekommen waren.

Während ich noch überlegte, was diese seltsame Zeremonie zu bedeuten hatte, wurde ich wieder in dichten Nebel gehüllt, der mich jede Orientierung verlieren ließ. Als die Nebel sich lichteten, fand ich mich auf den Stufen des Westportals der Kathedrale wieder. Da kam Nilrem auf mich zu.

»Wo bin ich gewesen?«, fragte ich ihn. »Du warst die ganze Zeit in Chartres am Ort der Kathedrale«, antwortete er. Ungläubig sah ich ihn an. »Ich habe dich lediglich ein wenig in der Zeit versetzt. Du warst einige Jahrhunderte vor der christlichen Zeitrechnung in Chartres.« »Du bist wohl so eine Art David Copperfield!«, sagte ich vorwurfsvoll und leicht verärgert über den unvermuteten Zeitsprung. Nilrem lachte herzhaft. »Ich bin nicht mehr und nicht weniger ein Zauberer, als auch du und alle anderen Menschen Zauberer sind. Die meisten von euch haben nur in den letzten Jahrhunderten verlernt, wie man mit dem ›Zauberstab‹ umgeht. Und sie haben das ›Zauberbuch‹ verlegt, das sie nun nicht mehr finden können!« »Du sprichst in Rätseln«, sagte ich irritiert. »Erkläre mir, was in Chartres in vorchristlicher Zeit passiert ist«, forderte ich ihn auf.

»Die heutige Kathedrale befindet sich am Standort eines alten keltischen Heiligtums. Der Kern des Heiligtums war eine Dolmenkammer mit einer *virgo paritura,* einer gebärenden Jungfrau in Gestalt einer Schwarzen Madonna als Sinnbild der Fruchtbarkeit. An diesem Ort steht heute die Krypta mit ihrer Marienstatue aus Birnbaumholz.

Die Kelten wussten, dass an diesem Ort besondere erdmagnetische Kräfte wirken, die einen heilenden Einfluss haben. Man nannte diese Ströme früher ›Wouivres‹, und sie wurden häufig als geflügelte Schlangen dargestellt. Der Standort der Kathedrale ist also von jeher durch die Ausmündung des Erdstroms vorgegeben.

Am Nordportal befindet sich übrigens eine Steinplastik von Moses, der eine Säule mit Kapitell trägt, die Tempelsäule. An ihr klettert ein kleiner geflügelter Drache, die Wouivre, empor *(siehe Foto im Bildteil).* In der Bibel, im 4. Buch Mose (21, 9) heißt es: ›Da machte Mose eine eherne Schlange und richtete sie hoch auf. Und wenn jemanden eine Schlange biss, so sah er die eherne Schlange an und blieb leben.‹ An die heilende Kraft der Schlange erinnert natürlich auch der Äskulapstab, der heute noch das Zeichen der Ärzte und Apotheker ist.

Zurück zu den Kelten: Sie errichteten ihre Heiligtümer gerne an von der Natur auserwählten Stätten, denn sie lebten ganz in Einklang mit den Kräften der Natur. Das keltische Volk bewohnte während seiner Blütezeit im ersten Jahrtausend vor Christus ein mächtiges Reich, das im Osten bis zum Schwarzen Meer und im Süden bis nach Portugal und Spanien reichte. Es wurde vor allem durch die Römer und später durch das Christentum immer weiter zurückgedrängt und verschwand schließlich völlig.

Um das zentrale Heiligtum der Kelten hier in Chartres rankt sich folgende Legende: Der große Gott der Kelten hieß ›Belen‹, zu Deutsch ›Widder‹, da damals die Sonne zur Zeit der Frühlings-Tag-und-Nacht-Gleiche im Zeichen des Widders stand. Belen besaß eine Gefährtin: Belisama. Beide sind für viele Orte in Frankreich zu Namensgebern geworden. Namen wie *Bellegarde* oder *Blénau,* aber auch die *Beauce* – das Gebiet, in dem Chartres liegt – zeugen davon. Belisama hatte von Belen einen jungfräulich geborenen Sohn namens *Gargantua,*›den vom Riesenstein‹.

Gargantua trug – ähnlich wie Obelix – Riesensteine in bestimmte Gebiete, um deren Fruchtbarkeit zu fördern. Einer dieser Riesensteine ›landete‹ auch in Chartres. Er war so heilig, dass ein ganzes Volk damit beauftragt wurde, ihn zu hüten. Diese Männer nannte man ›Carnuten‹, die ›Hüter des Steins‹. Und der Ort, an dem sich der Stein befand, hieß ›Carnut-Is‹, eben ›Chartres‹.«

»Diese wortgeschichtlichen Zusammenhänge sind ja ganz interessant«, unterbrach ich Nilrem in seinem Vortrag, »aber erkläre mir doch bitte, was es mit der merkwürdigen keltischen Zeremonie auf sich hat, der ich beigewohnt habe.« »Nur Geduld«, antwortete Nilrem, »darauf komme ich jetzt zu sprechen.

Das Heiligtum der Druiden erfüllte verschiedene Funktionen. Es diente unter anderem der Beobachtung der Gestirne, aber auch als Versammlungsstätte der Priester. Außerdem wurden hier Schüler in das geheime Wissen eingeweiht, von dem ich dir ja schon berichtet habe.

Die Ausbildung der Einzuweihenden nahm 20 bis 30 Jahre in Anspruch, während der einem Schüler das gesamte Wissen seiner Kultur mündlich übermittelt wurde, und er es praktisch erproben musste. Man unterschied drei Grade unter den Eingeweihten: Der erste Grad war der des *Barden,* der seine künstlerischen Fähigkeiten entwickeln und viele Verse auswendig lernen musste. Barden waren also Dichter und Musiker. Auf der zweiten Stufe standen die *Ovaten,* die Seher und Heiler waren, Orakel deuten konnten und sich mit dem Einfluss tellurischer Ströme auf den Menschen befassten. Mit anderen Worten: Sie waren Ärzte, Rechtsexperten, Mathematiker und Astronomen.

Auf der dritten und höchsten Stufe schließlich standen die *Druiden,* die noch weiter gehendes Wissen erwerben mussten. Sie hatten über Fähigkeiten zu verfügen, die du wahrscheinlich als ›Zauberei‹ bezeichnen würdest«, sagte Nilrem schmunzelnd. »Das heißt, sie mussten paranormale Fertigkeiten beherrschen wie Hellsichtigkeit und Telekinese. Das Wort ›Druide‹ enthält übrigens die Silbe ›wid‹ oder ›vid‹, die sowohl im Keltischen als auch im Sanskrit so viel wie ›wissen, sehen‹ bedeutet. Der Druide erst ist der wahrhaft Sehende.

Auf jeder Stufe gab es natürlich auch eine Prüfung, und du hast bei einer Druidenprüfung zugeschaut, die allerdings noch mehr

Schritte umfasste, als du sie gesehen hast. Mit dem Gang über die glühenden Kohlen musste der Prüfling zunächst seine vollkommene Beherrschung des Geistes demonstrieren. In einem Zustand der Trance, wenn die linke und die rechte Großhirnhemisphäre völlig synchron arbeiten, empfindet der Mensch keinen Schmerz mehr und verletzt sich auch nicht, wie der Prüfling erfolgreich vorführen konnte. Dies war die Voraussetzung für den zweiten Teil der Prüfung, in welcher der Prüfling seine telekinetischen Fähigkeiten unter Beweis stellen sollte. Das heißt, er musste zeigen, dass er im Stande ist, einen Stein mit bloßer Gedankenkraft zu bewegen. Da ihm dies gelungen ist, kann er sich in der Anderwelt sicher bewegen.«

»Dann habe ich also einer Zeremonie der Druiden beigewohnt, wie sie sich auf dem Gelände der Kathedrale vor mehr als 2000 Jahren abgespielt hat«, fasste ich Nilrems Ausführungen zusammen. »Richtig«, antwortete Nilrem. »Und um jetzt noch den Bogen von den Kelten zum Christentum zu schlagen, erzähle ich dir die christliche Legende, die sich um Chartres rankt: Joseph von Arimatheia, der Onkel von Jesus, wurde von einem Engel aufgetragen, das von Christus beim letzten Abendmahl gebrauchte Gefäß, den Heiligen Gral, westwärts zu tragen, bis er einen Ort fände, wo sein Stab, in die Erde eingepflanzt, blühte. An dieser Stelle sollte der Gral seine Heimat finden.

Joseph und seine Begleiter brachen von Palästina auf und kamen zunächst bis Chartres. Sie sandten einen Boten nach Ephesus zu Maria, der Mutter von Jesus, und baten um Erlaubnis, ihr den Ort weihen zu dürfen. Durch diese Weihe war Chartres zum ersten Mal mit dem Christentum verbunden und auch mit dem Heiligen Gral. Am Nordportal findet sich unweit von Moses eine Steinplastik von Melchizedek, der in seiner linken Hand den Heiligen Gral trägt *(siehe Foto im Bildteil)*. Nach der Legende reiste Joseph dann weiter nach England, wo er seinen Stab in Avalon, dem heutigen Glastonbury, einpflanzte und wo noch heute ein Nachkomme dieses alten Dornbuschs blüht. Die Reise von Joseph von Arimatheia soll um 70 nach Christus stattgefunden haben.«

Teil 2
Der Schlüssel zur Heiligen Geometrie und Zahlensymbolik der Kathedrale

Man kann keine heilige Baukunst schaffen ohne eine gewisse Kenntnis der kosmischen Gesetze, die auf die unwandelbaren Gesetze des Geistes Antwort geben.
Titus Burckhardt 1955, S. 74

Aber du hast alles geordnet mit Maß, Zahl und Gewicht. Denn großes Vermögen ist allezeit bei dir, und wer kann der Macht deines Armes widerstehen.
Weish. Salomo 11, 21

Die Geometrie ist der Archetyp für die Schönheit der Welt.
Johannes Kepler

Der erste Trunk aus dem Becher der Naturwissenschaften macht atheistisch, doch auf dem Grund des Bechers wartet Gott.
Max Planck

Die Blume des Lebens

Als ich am nächsten Morgen in die Kathedrale kam, begrüßte mich Nilrem schon von weitem. Ausgerüstet mit ein paar riesengroßen Papierrollen und einem überdimensionalen Zirkel stand er in der Nähe des Labyrinths. »Heute will ich dir über die Heilige Geometrie erzählen«, sagte er, »damit du wenigstens in Ansätzen etwas von dem heiligen Wissen kennen lernst.« Erfreut, nun endlich etwas von diesem außergewöhnlichen Wissen mitzubekommen, war ich gespannt auf seinen Vortrag.

»Aber zuerst müssen wir das Labyrinth freiräumen. Hilf mir bitte, die Stuhlreihen beiseite zu schaffen, damit wir einen freien Blick und Platz zum Zeichnen haben«, bat er mich. In der Tat ist das Labyrinth, das im Mittelalter frei zugänglich war, heute rechts und links von Stuhlreihen so vollgestellt, dass in der Mitte des Kirchenschiffs und durch die Mitte des Labyrinths gerade noch ein schmaler Durchgang bleibt. Das Labyrinth systematisch abzugehen, wie es im Mittelalter üblich war, ist damit heute nur noch unter außergewöhnlichen Umständen und zu besonderen Anlässen möglich. In der Zustellung des Labyrinths bewahrheitet sich überraschend eine Aussage des Philosophen Martin Heidegger: Die Wahrheit, das Sein, ist eine Lichtung, die jedoch durch das »Gestell« der Technik verborgen ist. So kommt es, dass der Mensch das Sein mit dem Gestell verwechselt und dadurch der Seinsvergessenheit anheim fällt.

Nilrem und ich befreiten das Labyrinth von seinem Stuhl-Gestell, um der Wahrheit eine Lichtung zu geben, das Sein zu entbergen. Diese Arbeit war ausgesprochen mühevoll, anstrengend und zeitaufwendig, mussten wir doch mehr als 20 Stuhlreihen wegräumen und ca. 30 Meter weit tragen, was mehr als eine halbe Stunde in Anspruch nahm.

Als wir fertig waren, begann Nilrem mit seinem Vortrag: »Gleich zu Beginn eine Warnung: Für alles, was ich dir jetzt erzähle, gibt es immer einen verstandesmäßigen und einen emotionalen Aspekt. Die Menschen von heute sind darin ausgebildet, in erster Linie oder ausschließlich ihren Verstand zu benutzen, vernachlässigen aber die emotionale, die erfahrungsmäßige Seite. So erscheint ihnen alles Wissen letztlich fade und nichts sagend oder auch beliebig und zufällig. Das rein rationale Denken hat immer die Tendenz, Wahrheiten hinwegzuerklären oder in ihrer Bedeutung herunterzuspielen. Erst wenn es gelingt, das Wissen wieder mit seiner emotionalen Seite zu verknüpfen – linke und rechte Großhirnhemisphäre synchron zu benutzen –, erfährt man dessen spirituellen Charakter, dessen symbolischen Gehalt und dessen wahre Tiefe. Dann setzt das Staunen ein, mit dem die ›Wiedergeburt‹ beginnen kann. Und dann erst erschließt sich dieses Wissen wirklich.

Alle Naturgesetze lassen sich direkt aus heiligen geometrischen Formen ableiten. Die Heilige Geometrie ist eine Art Sprache, die sich in viele andere Sprachen übersetzen lässt. Mit Sprachen meine ich hier nicht nur Englisch, Französisch oder Spanisch, sondern auch Architektur, Astronomie, Physik, Biologie usw. Die Heilige Geometrie ist die Ursprache des Universums und besteht aus Formen und Proportionen. Nach Thot ist sie die wichtigste Lehre überhaupt.

Am Anfang der Heiligen Geometrie steht Gott, der dreidimensional durch eine Kugel und zweidimensional durch einen Kreis symbolisiert wird.« Nilrem zeichnete mit seinem Zirkel einen Kreis auf eine Papierrolle. »Bereits Platon beschreibt in seinem *Timaios* die Kugel als die vollendetste geometrische Form. Mit der Kugel wird ein Raum erschaffen. Aus dieser Kugel nun entfaltet sich die gesamte Geometrie der Schöpfung. Alles, was jemals erschaffen wurde und jemals erschaffen werden wird – gleich, ob es sich um physikalische Gesetze, um Planeten, um biologische Formen, um uns selbst oder um unsere eigenen bescheidenen Kreationen handelt –, basiert auf dieser Formensprache.

Gotische Kathedralen wie Chartres sind nach Methoden der angewandten Heiligen Geometrie gebaut. Leider ist dieses Wissen heute weitgehend verloren und muss erst mühsam wieder gefunden werden. Wir können nur staunend unter Mühen rekonstruieren, wie die gotischen Baumeister den gesamten Formenreichtum dieser Sprache beherrschten und in vollendete Bauwerke umsetzten.

Ausgehend von der Kugel bzw. dem Kreis entfalten sich alle weiteren Formen der Geometrie, und zwar nach einer ganz einfach zu verstehenden Regel. Sie besteht darin, sich an den Rand der Kugel zu begeben und dort eine weitere Kugel zu zeichnen. Man könnte es auch so ausdrücken: Gott war neugierig und wollte sehen, was ›es sonst noch‹ zu erfahren gäbe. Daher begab er sich an den Rand seiner selbst und projizierte eine weitere Kugel nach ›draußen‹. Mathematisch gesprochen: Auf der äußeren Kreislinie der ersten Kugel wird der Zirkel angesetzt und eine weitere Kugel gezeichnet. Jetzt haben wir zwei Kugeln, die sich in der Mitte überschneiden – und stehen damit bereits vor einer bekannten Form mit einer besonderen Bedeutung.« Nilrem zeichnete die folgende Form auf das Papier:

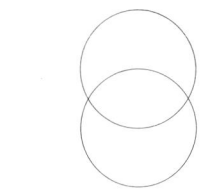

Die Überschneidung zweier Kreise bildet eine Fischblase

Die Fischblase. »Der Bereich, in dem sich die beiden Kugeln überschneiden, bildet eine so genannte *Vesica piscis* oder ›Fischblase‹, auch ›Mandorla‹ genannt. Die *Vesica piscis* kann in vielen mittelalterlichen Kirchen gefunden werden und ist natürlich auch in Chartres an zentraler Stelle zu sehen, nämlich am Westportal. Dort, genau in der Mitte über dem Haupteingang, sitzt Jesus in einer steinernen *Vesica piscis (siehe Foto im Bildteil)* – eine Darstellung, die sich in ähnlicher Form auch in anderen Kathedralen findet.

Die *Vesica piscis* ist auch das Symbol der Fruchtbarkeit und der Weiblichkeit. Bekanntlich haben die Vulva und die Vagina bei Tier und Mensch die Form einer Fischblase. Wenn Jesus in der Fischblase sitzt, so ist damit also die vollkommene Ausgewogenheit zwischen dem männlichen und dem weiblichen Aspekt gemeint. Wo nur das Verstandesdenken vorherrscht, ist diese Ausgewogenheit nicht gegeben, da es nur für die männliche Seite steht.

Die Form einer Fischblase hat übrigens auch das menschliche Auge, bekanntlich das geheimnisvollste Organ des Körpers, da bis heute niemand weiß, wie wir es schaffen, die durch die Pupille einfallenden Lichtstrahlen als Formen und Körper zu interpretieren.

Die Fischblase ist eine von vielen mystischen Schulen oft benutzte Figur. Im Christentum symbolisiert sie auch die Speer-

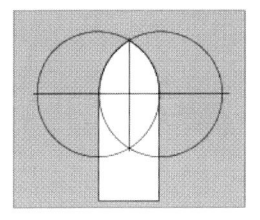

Der gotische Spitzbogen entsteht aus der Vesica

wunden in Christi Lenden. Das Zeichen der frühen Christen war bekanntlich der Fisch, dessen Form ebenfalls der Fischblase entspricht. Die Christen wählten den Fisch als ihr Zeichen, weil damals die Frühlings-Tag-und-Nacht-Gleiche, astronomisch gesehen, im Zeichen der Fische stand, während sie zur Zeit der Kelten bekanntlich noch im Zeichen des Widders war.

Außerdem ist auch in der am meisten charakteristischen Form des gotischen Baustils, nämlich dem Spitzbogen, eine *Vesica piscis* verborgen. Der Bogen wird von der oberen Hälfte der Vesica gebildet, wie die obige Zeichnung zeigt.

Der Geist oder Gott hat also begonnen, um den Äquator der Ausgangskugel oder des Ausgangskreises zu wandern. Aber die zweite Kugel ist ihm noch nicht genug, denn er will das ›Seiende‹ weiter erkunden bzw. erschaffen. So begibt er sich nach der bekannten Regel wiederum an den äußersten Rand seiner bisherigen ›Erfahrung‹ und erschafft eine weitere Kugel. Der äußerste Rand befindet sich jeweils am Schnittpunkt der beiden Kreise. Setzt man dort den Zirkel an, so entsteht die folgende Figur:

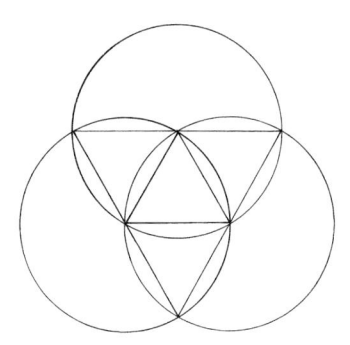

*Drei Kreise bilden mehrere Schnittpunkte,
die sich zu gleichseitigen Dreiecken verbinden lassen*

Es sind jetzt sechs Schnittpunkte entstanden. Verbindet man jeweils die drei inneren und die drei äußeren Schnittpunkte durch Linien, so ergeben sich mehrere gleichseitige Dreiecke, deren Winkel jeweils 60 Grad betragen. Fährt man auf diese Weise fort, so lassen sich noch vier weitere Kreise zeichnen, bis das entstandene Muster vollständig ist. Es lassen sich also sechs Kreise in gleichen Abständen um einen Kreis herum anordnen, wobei sich eine wunderschöne Blume mit sechs Blütenblättern ergibt. Dabei sind sechs größere und sechs kleinere Fischblasen entstanden.

Die ersten sechs Tage der Schöpfung

Die Natur tut nichts anderes, als für alle Zeiten diesen Schöpfungsprozess Gottes nachzuahmen – woraus der ganze Formenreichtum alles Seienden hervorgegangen ist! Die Heilige Geometrie erzeugt also die ›morpho-genetische‹, die form-bildende, Struktur der Realität. Man könnte auch sagen, dass Gott sich auf diese Weise in die Welt hineinmultipliziert.

Nebenbei bemerkt, wird anhand der sechs äußeren Kreise jetzt auch verständlich, wieso für die Pythagoräer die Sechs eine ›vollkommene Zahl‹ war. ›Vollkommen‹ im mathematischen Sinne bedeutet, dass sowohl $1 + 2 + 3$ als auch $1 \times 2 \times 3 = 6$ ergibt. Addition und Multiplikation führen nur bei wenigen Zahlen, eben den vollkommenen, zum selben Resultat. Vollkommen ist die Sechs auch deshalb, weil sie für die Schöpfung steht. Denn sie ist das Produkt der ersten weiblichen Zahl, der Zwei, und der ersten männlichen Zahl, der Drei.

Die insgesamt sieben Kreise bzw. Kugeln stehen in der Bibel für die sieben Tage der Schöpfung. Auch im babylonischen Schöpfungsmythos und in anderen Mythen ist von sieben Schöpfungstagen die Rede. Der Mondzyklus hat ebenfalls mit der Sieben zu tun, da er 7×4 Tage beträgt, wobei sich die Gestalt des Mondes jeden siebten Tag ändert. Der Lebensbaum wird mit sieben Zweigen mit jeweils sieben Blättern dargestellt, woraus wahrscheinlich der siebenarmige Leuchter des Judentums, die Menora, entstanden ist. Nicht zuletzt kannte das Mittelalter auch die sieben Freien Künste, von denen du im Zusammenhang mit der Schule von Chartres noch mehr erfahren wirst. Und das Kirchenschiff von Chartres hat

Die Blume des Lebens

im westlichen Teil zwischen dem Königsportal und der Vierung genau sieben Pfeiler auf jeder Seite.

Die Ausdehnung der göttlichen Selbsterkundung ist jedoch mit den ersten sieben Kreisen noch nicht abgeschlossen, sondern schreitet spiralig weiter fort, und zwar in der bekannten Weise: Um die Schnittpunkte wird wiederum jeweils ein weiterer Kreis gezeichnet. Erneut lassen sich sechs Kreise um die bisherigen sechs äußeren Kreise anordnen. Setzt man diese Rotationsbewegung noch ein weiteres Mal fort, so hat man insgesamt 19 Kreise: einen inneren und 3×6 äußere Kreise.

Die aus den 19 Kreisen entstandene geometrische Figur nennt man die ›Blume des Lebens‹ (siehe oben). Sie wird außen häufig von zwei konzentrischen Kreisen umgeben. Abbildungen dieser Blume des Lebens finden sich auf der ganzen Welt in verschiedenen Ausführungen, z. B. an ägyptischen Tempeln.«

»Findet sich auch in Chartres die Blume des Lebens?«, schaltete ich mich in Nilrems spannenden Vortrag ein. »Ja, indirekt schon.

Die Blume des Lebens auf dem Kirchengrundriss

Es gibt zwar keine Abbildung von der Blume des Lebens, aber dennoch ist sie versteckt im Grundriss der Kathedrale zu finden.« »Wie genau ist sie darin zu erkennen?«, fragte ich. »Es wird jetzt deine Aufgabe sein, die Blume des Lebens im Grundriss aufzufinden!«, antwortete Nilrem zu meiner Überraschung. »Wie soll ich das denn bewerkstelligen?«, entgegnete ich verwirrt. »Ich gebe dir einen Hinweis«, sagte Nilrem, »über den Grundriss der Kathedrale lassen sich genau 3 gleichseitige Dreiecke spannen. Und wie ich dir ja erklärte, lassen sich in die Schnittmengen der Kreise gleichseitige Dreiecke einzeichnen.«

Mit einer Grundrisszeichnung der Kathedrale unter dem Arm begab ich mich ins Maison Saint Yves, um meine Hausaufgaben zu erledigen. Ich rechnete und probierte eine ganze Weile, bis ich merkte, dass es gar nichts zu rechnen gab! Alles, was ich brauchte, waren ein Zirkel und vielleicht noch ein Lineal. Als ich mit meinen Aufgaben fertig war, kehrte ich zurück in die Kathedrale und zeigte Nilrem das oben abgebildete Resultat.

»Sehr gut«, kommentierte er, »du hast es herausgefunden! Und wie du siehst, brauchst du dafür keinerlei Messgeräte oder Apparate. Der Messapparat ist in der Heiligen Geometrie so ›eingebaut‹, dass man ohne irgendwelche Taschenrechner oder Ähnliches auskommt. Der Baumeister von Chartres und die anderen Baumeister der damaligen Zeit verfügten ja auch nicht über komplizierte Softwareprogramme und Computer; dennoch haben sie es geschafft, hervorragende Bau- und Kunstwerke zu erschaffen, die sich über Jahrhunderte hinweg erhalten haben. Zwar gab es damals die ›Elle von Chartres‹ als Längenmaß, das heute mit verschiedenen Längen angegeben wird, aber im Wesentlichen kam man mit einem Zirkel und einem Winkelmaß aus, heute noch bekannt als das Zeichen der Freimaurer.

Dabei sind beide streng genommen bereits Hilfsmittel, denn ein rechter Winkel lässt sich auch mit einer bloßen Schnur konstruieren. Und ein Kreis lässt sich ziehen, indem man eine Schnur an einem Pflock befestigt und sich mit straff gespannter Schnur einmal um den Pflock herumbewegt. Gott hat das Universum so einfach geschaffen, dass man es fast mit seinen bloßen Händen begreifen kann. Erst das Verstandesdenken macht die Dinge kompliziert.«

»Wenn man sich die Blume des Lebens anschaut, so stellt man fest, dass der innerste Kreis, der für Gott steht, genau die Vierung umfasst, am oberen Ende das Heilige Zentrum berührt, unter dem in der Krypta früher der Brunnen war, und am unteren Ende genau das Labyrinth in der Mitte durchschneidet«, erklärte ich – stolz, von der Heiligen Geometrie bereits so viel verstanden zu haben.

»Richtig«, sagte Nilrem, »und wenn du genau hinschaust, dann siehst du, dass ein anderer Kreis ganz genau das Labyrinth in seiner Mitte hat. Man kann nur staunen, wie geschickt all die verschiedenen Elemente des Kirchenschiffs angeordnet sind. Nichts ist zufällig – weder in seiner Lage noch in seiner exakten Größe!

Das Merkaba-Feld der Kathedrale

Drei wichtige Zentren des Kirchenschiffs berührt der innerste Kreis, und drei äußere Kreisanordnungen hat die Blume des Lebens. So wird verständlich, wieso diese Zahl in der Mystik eine besondere Rolle spielt. Das Wort ›Druide‹ enthält die Wortstämme von ›drei‹ und ›drehen‹, denn das Dreifache kommt geometrisch durch Drehung zu Stande. Während die Eins die Zahl des Urgrundes und die Zwei die Zahl der Polarität ist, ist die Drei die erste Zahl der Synthese.

Im Christentum gibt es bekanntlich die Dreifaltigkeit, die in anderer Form auch in anderen Kulturkreisen auftaucht. Im Taoismus heißt es: Das Tao erzeugt die Einheit, die Einheit erzeugt die Zweiheit, und die Dreiheit schließlich erzeugt alle Dinge. Im Sumerischen findet sich die Dreiheit der Götter Anu, Enlil und Ea – Himmel, Luft und Erde, und im Altbabylonischen die astrale Dreiheit Sin, Schamasch und Ischtar – Mond, Sonne und Venus. In der indischen Kultur existiert die große Dreiheit von Brahma, Shiva und Vishnu – Schöpfer, Zerstörer und Erhalter; auch erscheinen dort Gruppen von 3 x 11 = 33 Göttern.

Man hat die Drei auch als das ›Jenseits‹, das ›Trans‹, bezeichnet, weil ›drei‹ im Lateinischen ›tres‹ heißt. Diesen Wortstamm hat die Drei auch im Englischen (›three‹), im Französischen (›trois‹) und in anderen romanischen Sprachen beibehalten.

Ein gleichseitiges Dreieck«, fuhr Nilrem in seinen Erläuterungen fort, »lässt sich nicht nur in jeden der Kreise der Blume des Lebens einzeichnen, sondern auch in die Blume selbst. Wenn wir zwei genau gegenüberliegende und sich gegenseitig durchdringende Dreiecke einzeichnen, erhalten wir den bekannten Sechsstern, der auch als ›Davidstern‹ bezeichnet wird. Er ist jedoch keine Erfindung der jüdischen Kultur, wie immer geglaubt wird, sondern sehr viel älter.

Bei unseren Überlegungen müssen wir stets bedenken, dass sich die Dinge nicht nur zwei-, sondern auch dreidimensional betrachten lassen. Dementsprechend bildet ein gleichseitiges Dreieck einen Tetraeder; ›tetra‹ heißt ›vier‹, und ein Tetraeder hat vier Spitzen. Zwei ineinander geschobene Tetraeder bilden einen Sterntetraeder. Im Grunde ist also der Davidstern eine zweidimensionale Abbildung des dreidimensionalen Sterntetraeders.

Beim Sterntetraeder nun ist die Acht von konstitutiver Bedeutung, da es acht Spitzen hat. Die Acht erscheint in verschiedenen Kulturen als Glück bringende Zahl: Nach der Vorstellung des Islam gibt es acht Paradiese, und acht Engel tragen den Gottesthron; der indische Yoga hat acht Glieder (Ashthanga); nach biblischer Vorstellung wurden acht Menschen in der Arche Noah gerettet, und Abraham hatte acht Söhne. Im Namen Jesus, griechisch ΙΗΣΟΥΣ

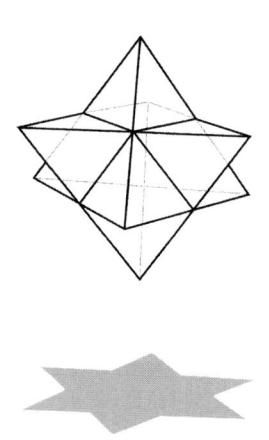

*Das dreidimensionale Sterntetraeder zeigt sich
zweidimensional als Davidstern*

geschrieben, verbirgt sich nach der Kabbala die Summe von 888 und damit, gut sichtbar, sowohl die Drei als auch die Acht. Dies ist ein deutlicher Hinweis auf die Verbindung zwischen Jesus und dem Sterntetraeder.

Mit dem Sterntetraeder hat es eine besondere Bewandtnis: Von ihm sind nämlich alle auf der dreidimensionalen Ebene existierenden Formen, auch lebende Wesen, umgeben. Man könnte es so ausdrücken: Die auf der dreidimensionalen Ebene existierenden Formen sind eine Projektion eines unsichtbaren Tetraeders aus einer höheren Dimension, einer ›Anderwelt‹. Die Sterntetraeder sind als unsichtbare – Physiker würden sagen: energetische – Formen wahrnehmbar. Sie lassen sich jedoch eindeutig geometrisch auch auf der dreidimensionalen Ebene sichtbar machen, wie du am Kirchengrundriss von Chartres erkennen kannst. Und sie lassen sich z. B. ebenso in den Proportionen des menschlichen Körpers erkennen.

Als energetische Formen haben die Sterntetraeder einen besonderen Namen: Sie heißen *Mer-Ka-Ba*. Das Wort ›Mer‹ steht für gegeneinander rotierende Lichtfelder, ›Ka‹ für den Geist und ›Ba‹ für den Körper oder die Realität. ›Ka‹ ist identisch mit dem chinesischen ›Ch'i‹ und dem indischen ›Prana‹ und steht für die Lebensenergie, die immer in vibrierender Bewegung ist; das altchinesische Schriftzeichen für Ch'i bedeutet ›Gefäß, Werkzeug‹ und ist verwandt mit dem keltisch-christlichen Symbol des Heiligen Grals. ›Ba‹ hießen bei den Ägyptern auch die Pyramiden. ›Merkaba‹ (hebr. מֶרְכָּבָה) heißt, aus dem Hebräischen übersetzt, einfach ›Fahrzeug‹, abgeleitet von ›rachaw‹, was ›aufsteigen, reiten, fahren‹ bedeutet. Bei Hesekiel in der Bibel wird die Merkaba als ›Rad in den Rädern‹ erwähnt.

Trotz der hebräischen Wortprägung ist davon auszugehen, dass die Merkaba ebenso wenig wie der Davidstern jüdischen Ursprungs ist. Aber offenbar sind beide vor allem durch die jüdische Kultur bekannt geworden. Das mag daran liegen, dass das geheime Wissen, wie ich dir erzählte, in Form der *Episteln der Lauteren Brüder* über die spanischen Juden nach Frankreich ins Kloster von Clairvaux kam und dort ins Lateinische übersetzt und christianisiert wurde.

Der Begriff des ›Fahrzeugs‹ spielt z. B. auch im Buddhismus eine besondere Rolle: Die vier Richtungen des Buddhismus heißen Mahayana-Buddhismus oder das ›große Fahrzeug‹, Hinayana-Buddhismus oder das ›kleine Fahrzeug‹, Vajrayana oder das ›Diamant-Fahrzeug‹ und ›Mantrayana‹ oder das ›Fahrzeug der Mantren‹.

Die beiden ineinander greifenden Tetraeder der Merkaba sind gegenläufig rotierende Lichtfelder, die bei Lebewesen durch Atemmuster erzeugt werden. Die zwei Tetraeder symbolisieren die männliche und die weibliche Energie in vollkommenem Gleichgewicht. Das männliche oder Sonnentetraeder ist elektrisch und linksdrehend, das weibliche oder Erdtetraeder ist magnetisch und rechtsdrehend. In rotierender Form sehen Merkaba-Felder aus wie spiralförmige Galaxien.

Die Merkaba ist ein ›Fahrzeug‹, das dazu dient, Geist und Körper von einer Dimension in eine andere zu befördern, den Menschen sozusagen in die Anderwelt zu tragen.« »Was die Druiden und alle, die über das geheime Wissen verfügen, natürlich spielend beherrschen«, führte ich Nilrems letzten Satz fort. »Und was heute wieder jeder Mensch lernen kann, z. B. wenn er die Merkaba-Meditation praktiziert«, fügte Nilrem hinzu. »Deine Aufgabe ist jetzt …« »Lass mich raten«, unterbrach ich Nilrem, »das Merkaba-Feld um die Kathedrale von Chartres zu identifizieren.« »Richtig«, antwortete Nilrem.

Diese Aufgabe war bedeutend einfacher als das Finden der Blume des Lebens, und schon bald konnte ich Nilrem die richtige Lösung präsentieren *(siehe Foto im Bildteil).*

»Hält man sich vor Augen, dass das Kirchenschiff ca. 234 Meter lang ist, mit Einbeziehung des Westportals sogar ca. 261 Meter, so kann man sich leicht vorstellen, wie gigantisch das Merkaba-Feld ist, das um die Kathedrale rotiert«, setzte Nilrem seinen Vortrag fort. »Dabei darf man nicht vergessen, es sich dreidimensional vorzustellen. Es reicht also nach unten auch in die Krypta hinein, und es strahlt energetisch in alle Richtungen weit über die Kathedrale aus.

In der Kathedrale gibt es ein kleineres Merkaba-Feld, das das Labyrinth umschließt *(siehe Foto im Bildteil)*. Es ist genau so konstruiert, dass die Spitze des einen Tetraeders das Labyrinth umfasst, während das Feld oben die Vierung berührt und unten in das Westportal hineinreicht.

Die Labyrinth-Merkaba ist genau ein Neuntel so groß wie das gesamte Merkaba-Feld der Kathedrale. Anhand der Fläche der Labyrinth-Merkaba lässt sich errechnen, dass diese genau 1536-mal so groß ist wie die Merkaba eines einzelnen Menschen. Und die Merkaba der Kathedrale ist genau 13.824-mal so groß wie diejenige eines einzelnen Menschen. Damit sind wir erneut auf eine besondere Zahl gestoßen, auch wenn es auf den ersten Blick nicht so aussehen mag. Deine Aufgabe ist es jetzt herauszufinden, wie diese Zahl zu Stande kommt und was es von der Zahlensymbolik her mit ihr auf sich hat«, schloss Nilrem seinen Vortrag und schickte mich erneut mit Hausaufgaben in mein Zimmer ins Maison Saint Yves.

Diesmal kam ich ums Rechnen nicht herum und brauchte eine ganze Weile, bis ich zu einem Ergebnis gekommen war, das mich allerdings nicht so recht befriedigte. Mit ein paar von Zahlenkolonnen angefüllten Papierblättern begab ich mich zurück in die Kathedrale zu Nilrem, der schon im Labyrinth auf mich wartete.

»Was hast du herausgefunden?«, fragte er.

»Rein rechnerisch kommt die 13.824 so zu Stande: Die ineinandergeschachtelten Tetraeder im Labyrinth stehen größenmäßig jeweils im Verhältnis 1 : 4 zueinander. Es gibt davon fünf Tetraeder, wobei ins innerste sechs Menschen mit ihren Merkaba-Feldern passen. Somit ergibt sich für die Merkaba-Größe eines Menschen die Proportion: 1 : 9 : 4 : 4 : 4 : 4 : 6, was multipliziert 13.824 ergibt. Und diese Zahl hat die Quersumme 18 (1+3+8+2+4), womit wir wieder bei der Anzahl der äußeren Kreise in der Blume des Lebens angelangt sind. Die 18 hat natürlich mit der 9 zu tun, also mit 3×3, was als Hinweis auf die dreifache Drehung in der Blume und auch auf die Dreifaltigkeit verstanden werden kann. Die Verbindung zur Neun und zur Drei wird noch deutlicher, wenn wir die Quersumme anders zusammensetzen, nämlich aus $13+82+4$, was 99 ergibt. Aber ist das schon alles?«, fragte ich.

»Nein«, antwortete Nilrem, »das ist noch längst nicht alles. In der 13.824 ist noch weit mehr verborgen. Die Quersumme kann übrigens auch aus $138 + 24$ gebildet werden, was 162 ergibt und damit wiederum die Quersumme 9 ergibt. Außerdem ergibt $1+38+24=63$, was erneut die Quersumme 9 hat. Dieses Spiel lässt sich noch weitertreiben, denn wie auch immer man die Quersumme von 13.824 zusammensetzt, am Ende ergibt sich immer 18 oder 9, obwohl der numerische Wert bei der Addition jeweils völlig verschieden ist!

Zerlegung von 13.824	Summe	Quersumme
$1+3+8+2+4=$	18	9
$13+8+2+4=$	27	9
$13+82+4=$	99	$18 = 2 \times 9$
$138+2+4=$	144	9
$138+24=$	162	9
$1382+4=$	1386	$18 = 2 \times 9$
$1+38+2+4=$	45	9
$1+38+24=$	63	9
$1+382+4=$	387	$18 = 2 \times 9$
$1+3824=$	3825	$18 = 2 \times 9$
$1+3+82+4=$	90	9
$1+3+8+24=$	36	9
$13+8+24=$	45	9
$1+3+824=$	828	$18 = 2 \times 9$
$13+824=$	837	$18 = 2 \times 9$

Kurioserweise kann man mit der rätselhaften 13.824 noch mehr verschiedene Rechenoperationen durchführen und erhält immer wieder als Quersumme die 9. Egal, ob man 13.824 mit 2, 3, 4, 5, 6, 7, 8 oder 9 multipliziert, das Ergebnis der jeweiligen Quersumme bleibt 9. Auch wenn man 13.824 quadriert oder mit 4 potenziert, ergibt sich wiederum die Quersumme 9. Und $\sqrt{13.824} = 117,5755$, was vor dem Komma wiederum die Quersumme 9 ergibt.

Die Neun als 3×3 enthält eine deutliche Anspielung auf Jesus, der ja bekanntlich genau 33 Jahre lebte. Auch im Labyrinth findet sich die 33 wieder. Im Islam hat Gott 99 Namen, ebenso der Prophet Mohammed. Die Neun verweist zudem auf die große Muttergöttin, auf den weiblichen Aspekt der Schöpfung und damit auf Maria, der die Kiche geweiht ist; sie wird aus der Null als Symbol für das kosmische Weltei durch Teilung geboren. Außerdem gibt es genau neun Engelchöre, die am Südportal der Kathedrale in den Steinskulpturen abgebildet sind *(siehe Foto im Bildteil);* sie spielen in der Schule von Chartres und im Glauben des Mittelalters eine Rolle.

Und bei dieser Häufung der Zahl 9 wundert es nicht, dass die Kathedrale ursprünglich neun Türme bekommen sollte – im Gegensatz zu allen anderen gotischen Kathedralen, bei denen immer nur sieben Türme angelegt sind. Von diesen neun Türmen wurden aber nur zwei vollendet.

Zurück zur 18: Sie entspricht zahlensymbolisch auch der 108 und ist dann rechnerisch $1^1 \times 2^2 \times 3^3$, enthält also die ersten drei Zahlen – ein Hinweis auf die Dreifaltigkeit – und bezieht durch ihre Potenzierung auch höhere Dimensionen mit ein. Die Umkehrzahl 81 entspricht der Anzahl der stabilen chemischen Elemente in unserer Welt. 1089, also 108 ›plus‹ 9, ist genau 33×33.

Außerdem enthält die 108 einen Bezug zum Pentagramm – von dem ich noch erzählen werde –, denn einer der Winkel im Pentagramm hat genau 108 Grad. Weiterhin spielt die 108 auch in der altindischen Medizin des Ayurveda eine wichtige Rolle: Der menschliche Körper hat genau 108 Marmas oder Energieknotenpunkte, die in der chinesischen Akupunktur als Meridiane bekannt sind. In der hinduistischen Tradition gibt es 108 Stufen der Wiedergeburt, und Vishnu hat 108 Namen. 18, 108 und 1080 steht für den Heiligen Geist oder die Quelle der Weisheit.

13.824 setzt sich aus den Ziffern 1-2-3-4-8 zusammen und enthält somit genau diejenigen Zahlen, die zur Bildung eines Sterntetraeders notwendig sind: Ein Dreieck bildet in der dritten Dimension ein Tetraeder mit vier Ecken, das als Sterntetraeder auf acht

Ecken erweitert wird. Andere Zahlen, wie etwa fünf oder sieben, die für die Bildung des Sterntetraeders nicht benötigt werden, spielen hier auch keine Rolle.

Weiterhin ist 13.824 genau 144 x 8 x 12, und dies ist ein sehr deutlicher Hinweis auf höhere Bewusstseinsdimensionen und darauf, wie der Mensch in Chartres in diese hineingehoben wird! Doch davon will ich dir später Genaueres erzählen«, unterbrach Nilrem zu meiner Enttäuschung seinen Vortrag, denn gerade davon hätte ich gerne noch mehr gehört.

»Wenn ich deine bisherigen Ausführungen zusammenfasse«, so sagte ich,»dann zeigt sich, dass sich hinter den Bedeutungen der Zahlen geometrische Muster und Proportionen verbergen. Die Zahlensymbolik versteht Ziffern niemals quantitativ von ihrem abzählbaren numerischen Wert her, wie das die moderne ›profane‹ Mathematik ausschließlich tut. Vielmehr geht es ihr um den qualitativen, den *symbolischen* Gehalt der Zahlen. Man könnte Zahlen daher auch als Archetypen bezeichnen.

Dabei wird häufig anders gerechnet, wenn z.B. Quersummen ermittelt werden, die es in der heutigen Mathematik nicht gibt, oder wenn Zahlen vertauscht werden oder eine Null eingefügt wird. Rein *quantitativ* betrachtet, ändert sich dadurch natürlich jedes Mal der numerische Wert, aber das ist *qualitativ* im Hinblick auf den Gehalt der Aussage nicht entscheidend, denn es geht hier nicht um das bloße Abzählen von Faktischem.

Weiterhin sind die Grundrechenarten in der Zahlensymbolik nicht Addition und Subtraktion, sondern vielmehr Multiplikation und Division. Denn wenn Gott sich aus einer Kugel heraus in die Welt ›hineindividiert‹ hat, so ist klar, dass Dividieren und Wurzelziehen in niedrigere Dimensionen hineinführen, Multiplizieren und Potenzieren hingegen in höhere Dimensionen. Mit den Rechenarten der Addition und Subtraktion bewegt man sich hingegen immer innerhalb ein und derselben Bewusstseinsebene und kann diese nicht verlassen.«

»Du bist eine gelehrige Schülerin und hast es richtig wiedergegeben!«, sagte Nilrem zu meiner Freude.»Und jetzt wollen wir noch einen Augenblick überlegen, was es mit dem riesigen Merkaba-Feld der Kathedrale auf sich hat.

An der Größe des Merkaba-Feldes eines einzelnen Menschen im Vergleich zur Kathedrale sehen wir, dass deren Größe keineswegs zufällig ist und auch nicht am vordergründigen ›Bedarf‹ der Menschen zur Zeit des Baus orientiert war. Was sollte ein Marktflecken mit wenig über 1.000 Einwohnern mit solch einer gewaltigen Kirche anfangen, die sich kaum füllen ließ, zumal es in der näheren Umgebung, auch in Chartres selbst, weitere Kirchen gab und gibt?

Nein, die Größe der Kathedrale bemisst sich offenbar am einzelnen Menschen, genau wie Parmenides gesagt hat: ›Der Mensch ist das Maß aller Dinge.‹ Die Proportionen sind gezielt so gewählt, dass sie zur spirituellen Weiterentwicklung des Menschen beitragen und ihn auf eine höhere Bewusstseinsebene emporheben, indem sie sein Merkaba-Feld aktivieren. Wie das geschieht, ist Teil des verlorenen Wissens der Menschheit, das erst wieder neu belebt werden muss.

Die Merkaba steht übrigens auch in einem engen Zusammenhang mit den Ereignissen um das Leben von Jesus in Jerusalem. So bilden die Orte des Passionsgeschehens einen Sechsstern bzw. ein Sterntetraeder. Die Stätten des Abendmahls, des Gebets, der Verhaftung, der Verurteilung, der Kreuzigung und der Himmelfahrt Jesu liegen einschließlich des Gartens Getsemane und des Felsendoms entweder genau auf den Eckpunkten eines Sechssterns oder im Wirkungsfeld des betreffenden Sterntetraeders.

Der Baum des Lebens

Nachdem wir das Merkaba-Feld um die Kathedrale identifiziert haben, lässt sich nun auch der Weltenbaum bzw. der Lebensbaum in ihr erkennen. Er wird ebenfalls der jüdischen Kabbala zugeschrieben, obwohl er sich in den Mythologien *vieler* Völker findet. Er ist außerdem in Ägypten in Karnak und Luxor, auf Säulen geritzt, zu sehen.

Der Baum des Lebens setzt sich aus 10 Sphären zusammen, den so genannten ›Sephiroth‹. Der Singular ›Sephira‹ bedeutet so viel wie ›Glanz‹, aber auch ›Zahl‹; wiederum werden hier Zahlen als metaphysische Weltprinzipien verstanden. Der Wortstamm von ›Sephira‹ ist in den Wörtern ›Ziffer‹, ›Chiffre‹ und ›Sphäre‹ erhal-

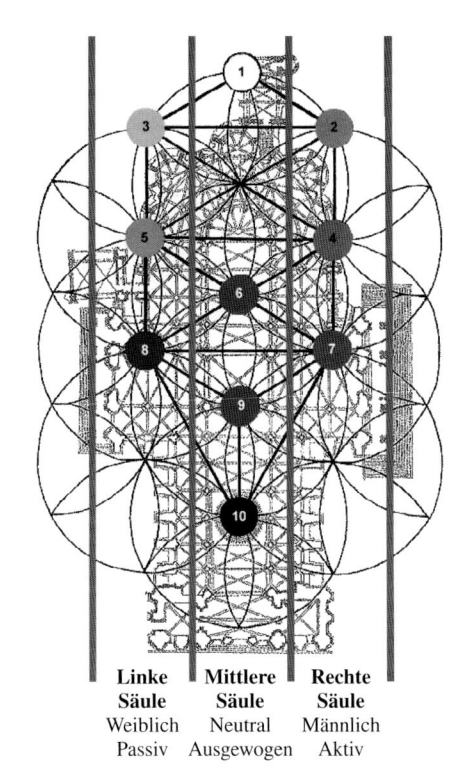

Linke	Mittlere	Rechte
Säule	Säule	Säule
Weiblich	Neutral	Männlich
Passiv	Ausgewogen	Aktiv

Der Baum des Lebens auf dem Kirchengrundriss

ten. ›Sepher‹ heißt im Hebräischen auch ›Buch‹ – jenes geheimnisvolle Buch, das der in der Fischblase sitzende Jesus am Westportal in seinen Händen hält. Der Bezug zu einem Buch ist gar nicht erstaunlich, denn zwischen Zahlen und Sprache gibt es nach der Kabbala eine Entsprechung; ›Sprache‹ heißt übrigens im Holländischen ›taal‹, was eine deutliche Verbindung zum Wort ›Zahl‹ hat.

Die 10 Sphären des Lebensbaumes, die Sephiroth, verkörpern verschiedene Stadien der Manifestation Gottes und damit der Evolution, die durch die Pfade angedeutet wird. Die einzelnen Sphären haben folgende Bedeutung:

Die 10 Sphären des Lebensbaumes

1. Krone	4. Gnade	7. Sieg	10. Königreich
2. Weisheit	5. Strenge	8. Herrlichkeit	
3. Verstehen	6. Schönheit	9. Fundament	

Es lässt sich darin eine Übereinstimmung mit der Platzierung einiger Elemente im Kirchenschiff erkennen. Sphäre 6, die ›Schönheit‹, berührt das Heilige Zentrum. Bemerkenswert, dass die Sphäre 9 die Vierung trifft, die in der Tat in Kirchen das ›Fundament‹ bildet, weil Kirchen in der Regel von der Vierung aus entstanden, sich von dort gewissermaßen ausbreiteten. Das ›Königreich‹ liegt im Labyrinth, weil der Mensch dort den Pfad der Selbstwerdung entlangschreitet.

Morgen erzähle ich dir dann mehr darüber, wie der Mensch durch den Aufstieg in höhere Bewusstseinsebenen zur Selbstwerdung schreitet.« Mit diesen Worten schloss Nilrem seinen Vortrag. Erschöpft von der ersten Einführung in das geheime Wissen, die einen ganzen Tag gedauert hatte, begab ich mich ins Maison Saint Yves. Des Nachts tanzten geometrische Muster und Zahlen durch meine Träume und drehten sich vergnügt um die Kathedrale, bis ich am nächsten Morgen erwachte. Nach dem Frühstück begab ich mich in die Kirche, wo Nilrem, wieder ausgerüstet mit Papier und Zirkel, auf mich wartete.

Die Ordnung des Kosmos und des Bewusstseins

»Beginnen wir mit der Harmonik«, fing er seinen Vortrag an. »Wie ich dir gestern erklärte, liegen in der Heiligen Geometrie die Regeln zum Aufbau des Universums, also die Naturgesetze, verborgen. Man könnte sagen: Der Kosmos entfaltet sich harmonisch aus der Einheit Gottes. Der Gedanke Gottes, sichtbar gemacht in der Geometrie, tritt durch Schwingung oder Resonanz in die materielle Realität, und zwar indem er sich harmonisch entfaltet. Harmonisch – besser gesagt: harmonikal – bedeutet, dass der Entfaltung bestimmte Zahlenverhältnisse oder Proportionen zu Grunde liegen. Diese Zahlenverhältnisse finden sich auch in der Musik wieder, die ja bekanntlich hörbar gemachte Schwingung ist.

Die chromatische Tonleiter besteht aus insgesamt 13 Moll- und Durtönen, die auf dem Klavier den acht weißen und den fünf schwarzen Tasten entsprechen; genau genommen, sind es 12 Töne, denn der 13. gehört bereits zur nächsten Oktave.

Es ist Bestandteil des uralten Wissens der Menschheit, dass es ebenso viele Bewusstseinsdimensionen wie Töne auf der Tonleiter gibt. Genauer gesagt, ist das natürlich umgekehrt: Die Tonleiter richtet sich nach den Bewusstseinsdimensionen, denn nach Thot gilt: ›Wie oben, so unten‹. Es gibt also 12 Bewusstseinsdimensionen, von denen jede noch einmal 12-fach in Zwischendimensionen unterteilt ist, genauso wie es zu den 12 Haupttönen jeweils noch 12 Obertöne gibt; so kommt es insgesamt zur Zahl von 144 (12 x 12) Bewusstseinsdimensionen.

Die Zahl 144 spielt auch in der Bibel eine wichtige Rolle. So berichtet Johannes in der Offenbarung (7, 4): ›Und ich hörte die Zahl derer, die versiegelt wurden: 144.000, die versiegelt waren von allen Geschlechtern Israels.‹ ... ›Und ich hörte eine Stimme vom Himmel wie eines großen Wassers und wie eine Stimme großen Donners: Und die Stimme, die ich hörte, war wie von Harfenspielern, die auf ihren Harfen spielen, und sie sangen ein neues Lied vor dem Thron und vor den vier Ältesten; und niemand konnte das Lied lernen außer den 144.000, die erkauft sind von der Erde. Diese sind's, die sich mit Frauen nicht befleckt haben, denn sie sind jungfräulich, und folgen dem Lamme nach, wo es hingeht. Diese sind erkauft aus den Menschen zu Erstlingen Gott und dem Lamm, und in ihrem Munde ist kein Falsch gefunden, sie sind unsträflich‹ (14, 2–5).

Hier ist von den 144.000 Menschen die Rede, die den Bewusstseins-Quantensprung auf der Erde, das ›neue Lied vor dem Thron Gottes‹, maßgeblich bewirken und mitgestalten werden, ausgedrückt in einer Sprache, die der damaligen Zeit entspricht. Für jede Bewusstseinsdimension steht symbolisch genau ein Mensch.

Wenn man nicht die chromatische, sondern die diatonische Tonleiter nimmt, so hat diese ohne die fünf Halbtonschritte acht Grund-Töne von Oktave zu Oktave. Insofern kann man die Zahl der Bewusstseinsdimensionen auch mit acht angeben bzw. insgesamt mit 8 x 8 = 64. Im Hinblick auf alle Bewusstseinsdimensionen steht die quergestellte 8, die Lemniskate (∞), in der Mathematik noch heute für die Unendlichkeit.«

»Nach der christlichen Anschauung gibt es aber doch nur *zwei* Bewusstseinsdimensionen, das Diesseits und das Jenseits«, wandte ich ein, erstaunt über Nilrems Ausführungen. »Diese Darstellung ist sehr stark vergröbernd, wenn auch seit Jahrhunderten von der Kirche gepflegt«, antwortete Nilrem. »Sie diente auf eine gewisse Art der Manipulierung der Menschen bzw. der Machtausübung und Kontrolle über sie. Denn wenn es außer Diesseits und Jenseits nichts gibt, dann kann sich der Mensch auch evolutionär in ›diesem‹ Leben nicht fortentwickeln; er kann nur sterben, aber ansonsten keine höheren Dimensionen erreichen. Somit ist er von allen weiteren Dimensionen und auch von den Wurzeln seines Selbst abgeschnitten.

Für das so genannte Jenseits braucht der Mensch dann Priester als vermeintliche Autoritäten, da ihm diese angeblich das erklären können, was ihm selbst nicht zugänglich zu sein scheint. Wer von den Wurzeln seines Selbst abgeschnitten ist, lässt sich leicht manipulieren und von gewissen Mächten zu deren Zwecken missbrauchen. Doch die Epoche der Fremdbeherrschung auf dem Planeten Erde geht jetzt zu Ende. Es wird Zeit, dass die Menschen erwachen und erkennen, dass sie selbst Meister ihres Schicksals sind und keine so genannten Autoritäten – kirchliche oder andere – brauchen, um ihr Leben zu gestalten. Das Wissen um die höheren Bewusstseinsdimensionen kann ihnen beim Erwachen helfen, doch letztlich ist es auch hier nicht das Wissen, sondern das *Erfahren und Erleben* dieser Dimensionen, das zählt!

Im Übrigen stammt die Auffassung, dass es nur zwei Bewusstseinsdimensionen gibt, weder von Christus noch von der frühen christlichen Kirche, sondern von der katholischen Kirche der nachfolgenden Jahrhunderte. In dem Moment, als die Kirche die Möglichkeit der Wiedergeburt zu leugnen begann – das war auf dem Zweiten Konzil von Konstantinopel im Jahre 553 n. Chr., als dieser Glaube für ›heidnisch‹ erklärt wurde –, reduzierte sie die Zahl der Dimensionen auf zwei. Nun konnte es außer dem Diesseits als irdischer und dem Jenseits als göttlicher Sphäre nichts mehr geben! Eine Wiedergeburt in ein anderes irdisches Leben oder gar eine andere Bewusstseinsdimension war damit ausgeschlossen. Damit fiel auch das Wissen um weitere Dimensionen und die Erinnerung der Menschen an ihre eigenen früheren Leben mehr und mehr ins Dunkel.

Frühe Kirchenväter wie Origines, dessen Lehre in Konstantinopel verboten wurde, und ebenso gnostische und platonische Strömungen innerhalb des Christentums hatten der Wiedergeburt zugestimmt. Auch bei Jesus selbst und gleichfalls in anderen Kulturen findet sich eine symbolische Verwendung der Zahlen, die eindeutig auf die Akzeptanz mehrerer Bewusstseinsdimensionen verweist: Jesus hat sich nicht umsonst exakt 12 Apostel als Begleiter ausgesucht und lebte genau 12.144 Tage. Die Tafelrunde des Königs Artus bestand aus 12 Rittern; 12 war auch die Zahl der Stämme Israels. Die Babylonier kannten 12 Pforten des Himmels, und für uns hat das Jahr 12 Monate. 64 (8x8) ist die Zahl der Hexagramme im chinesischen *I Ging,* die Anzahl der Felder auf jedem Schachbrett und ebenso die Zahl der Tripletts des genetischen Codes.

Beide Zahlen, die 12 und die 8, sind Teiler der 13.824. 12x12 = 144, und jetzt verstehst du auch, wieso die Proportion 1:13.824, die der Größe des menschlichen Merkaba-Feldes im Vergleich zu dem der Kathedrale zu Grunde liegt, bedeutsam ist: 13.824 = 144x8x12. Daraus lässt sich entnehmen, dass das Merkaba-Feld der Kathedrale einerseits alle Bewusstseinsdimensionen enthält und andererseits seine Proportion geeignet ist, um den Menschen bis in die 8. Bewusstseinsdimension emporzuheben. Gegenwärtig befinden wir Menschen uns überwiegend erst in der dritten Dimension. Eine Anhebung von der dritten bis in die achte Dimension entspräche also einer gewaltigen Ausdehnung des Bewusstseins mit einer enormen Potenzierung des bisherigen Wissens! Diese Anhebung wird durch Resonanzverstärkung bewirkt. Man kann also sagen: Das Kirchenschiff wirkt wie ein großer Resonanzkörper, der die Schwingung des Einzelnen so verstärkt, dass er dadurch mächtig emporgehoben wird.

Wenn man die Zahl 13.824 ›sprechen‹ lässt, so kann man sie entsprechend ihrer Zusammensetzung symbolisch interpretieren *(siehe Tabelle auf der folgenden Seite).*

Dass die Zahl 13.824 eng mit Jesus verbunden ist, lässt sich auch folgendermaßen belegen. 13.824, dividiert durch die Anzahl seiner Lebenstage 12.144, ergibt: 1,1383399, und 1 183,38 wird als die Zahl der Tage von Jesu *eigentlicher* Wirkungszeit angegeben.

Übrigens wird die Anzahl der Bewusstseinsdimensionen nur vereinfachend als 12 x 12 = 144 angegeben; genau genommen beträgt

13.824	Interpretation
$= 144 \times 8 \times 12$	Von allen Bewusstseinsdimensionen (144) wird der Mensch hier in die achte erhoben.
$= 8 \times 12 \times 144$	Jesu Leben (12.144 Tage) in der dritten Dimension, auf der Erde (einfache 8)
$= 12^3 \times 8$	• Die dritte Dimension wird zur achten erweitert. *Oder:* • Die 12 Apostel begleiteten in der dritten Dimension Jesus, soweit sie ihm hier (als einfache 8) folgen konnten.
$= 8^3 \times 3^3$	• Jesus (888) bewirkt durch dreifache Drehung (durch Entfaltung der dreifach gedrehten Kundalini) eine Anhebung des Menschen. *Oder:* • Jesus lebt (33 = Anzahl seiner Lebensjahre).
$= 108 \times (2 \times 64)$	Der Heilige Geist (108) und alle Bewusstseinsdimensionen (64) in ihrer Polarität (2)
$= 108 \times 128$	• Der Heilige Geist in der achten Bewusstseinsdimension (12/8) *oder:* • Der Heilige Geist und die achte Oktave bzw. Dimension, (die in der pythagoräischen Skala mit 128 beginnt)
$= 72 \times 2 \times 12 \times 8$	• Die 72 Heiligen Namen Gottes, zweifach gesungen in der achten Dimension, *oder:* • Die 72 Jünger Jesu (sie verkünden 24 Stunden die Trinität = 3 × 24), zweifach in der achten Dimension, *oder:* • Zwei Winkel des Pentagramms (72 × 2) und die achte Dimension. (Im Kirchenschiff finden sich zwei Pentagramme.)
$= 144 \times 64 \times (3:2)$	In der Kathedrale sind alle Bewusstseinsdimensionen (144/64) in einer Quinte (3:2) verschlüsselt. (Das Verhältnis vom Längs- zum Querschiff bildet eine rechtwinklige Quinte.)

sie natürlich $12^{12} = 8.916.100.448.256$ – eine gigantisch hohe Zahl, deren Quersumme wiederum 9 ergibt! Genauso gut kann man die Anzahl der Dimensionen korrekt mit $8^8 = 16.777.216$ angeben – eine Zahl mit der Quersumme 1, die für das Eine, für Gott, steht.

Die achte Dimension, die zahlensymbolisch vereinfacht als 128 oder als 12 × 8 geschrieben wird, ist genau genommen: $12^8 = 429.981.696$ (Quersumme 9). Teilt man diese Zahl durch 13.824, so ergibt sich eine *ganze* Zahl ohne Bruch bzw. Zahlen hinter dem Komma: 429.981.696 : 13.824 = 31.104 (Quersumme 9). 31.104 gleicht auffällig der transzendenten Zahl Pi (π) = 3,14.

Die einzelnen Bewusstseinsdimensionen unterscheiden sich in ihrer Wellenlänge voneinander. Höhere Dimensionen schwingen auf einer höheren Frequenz mit kürzerer Wellenlänge als niedrige, was akustisch einem höheren Ton entspricht. Kann man die Wellenlänge seines Bewusstseins ändern, so verschwindet man buchstäblich aus dieser Welt und taucht in einer anderen – einer Anderwelt, einem parallelen Universum – wieder auf, und zwar genau in derjenigen Dimension, auf deren Frequenz man sich eingestellt hat. In das geheime Wissen Eingeweihte wie die Druiden beherrschten diese Technik, während sie heute so gut wie vergessen ist.

Die Grundwellenlänge der dritten Dimension, in der wir leben, beträgt rund 7,23 Zentimeter, und so erstaunt es nicht, dass $\sqrt{3} = 1,732$. 7,23 Zentimeter entspricht dem Durchschnitt der Klänge aller Objekte in diesem Universum und ist auch die Wellenlänge von ›Om‹, dem indischen Mantra. 1 : 13.824 = 0,0000723; daran zeigt sich, dass das Merkaba-Feld der Kathedrale genau auf die Wellenlänge dieses Universums abgestimmt ist!

Es verbirgt sich noch mehr in dieser Zahl: 273 Tage dauert eine Schwangerschaft; 273 weiße Steine sind im Labyrinth der Kathedrale vorhanden; 27,23 Tage braucht der Mond für seinen Umlauf um die Erde, bei –273 Grad Celsius liegt der absolute Nullpunkt. Diese Zahl entspricht auch der Wurzel aus Phi (φ) – dem goldenen Schnitt, von dem du noch hören wirst: $\sqrt{1,6180339} = 1,273$, woraus ersichtlich ist, dass die Zahl etwas mit dem universalen Maß der Schönheit im Kosmos zu tun hat. Und die Quersumme von 723 oder 273 beträgt wiederum 12.«

»Geheimnisse über Geheimnisse …«, sagte ich fasziniert von all diesen Zusammenhängen, über die ich nur staunen konnte. »Welche Proportionen finden sich denn, abgesehen vom Merkaba-Feld, noch in der Kathedrale?«, fragte ich.

»Um das zu erkennen, müssen wir uns zunächst vor das Westportal begeben«, antwortete Nilrem, und wir machten uns auf den Weg dorthin.

Harmonikale Verhältnisse in der Kathedrale

» I̲m rechten Seitenportal erkennst du im Tympanon, also im Bogenfeld über dem Portal, den Philosophen Pythagoras, wie er auf einem Saiteninstrument spielt *(siehe Foto im Bildteil)*. Pythagoras kannte alle Bewusstseinsdimensionen und ihre Verschlüsselung in den Zahlenverhältnissen, denn er war in Ägypten in die Mysterien eingeweiht worden und gründete dann später in Griechenland eine eigene Schule. Er hat auch in der Schule von Chartres, über die du noch einiges erfahren wirst, eine wichtige Rolle gespielt. Für Pythagoras waren Mathematik, Philosophie, Astronomie und Musik eines. Er soll auch das Wort ›Kosmos‹ (griech. κόσμος) geprägt haben, das für ihn die Bedeutungen ›Ordnung, Vollkommenheit, Schönheit, Harmonie‹ hatte. Der Kosmos war für ihn lebendig – die lebendige Göttlichkeit –, nicht nur eine Ansammlung toter Materie, die aus einem anonymen Urknall hervorgegangen ist, wie das Universum von den Physikern heute verstanden wird.

Das Instrument, das Pythagoras in der Hand hält, ist ein Monochord, auf dem er Experimente zur Harmonielehre durchführte. Das Monochord ist im Grunde kein Musikinstrument, da es nur eine Saite hat. Schwingt die ganze Saite, so erklingt deren Grundton, entsprechend der Proportion 1:1. Die Saite lässt sich durch einen Steg beliebig abteilen. Bringt man den Steg genau auf der Mitte an, so erklingt ein Ton, der gegenüber dem ersten genau eine Oktave höher liegt; es besteht hier also die Proportion 1:2.

Eine Unterteilung des Monochords im Verhältnis 2:3 lässt eine Quinte erklingen, bei 3:4 handelt es sich um eine Quarte, bei 4:5 um die große Terz usw. Auch hier erkennen wir wieder, wie die Vielfalt durch Division aus der Ureins entsteht.

Diese und weitere Schwingungsverhältnisse finden wir nun im Kirchenschiff der Kathedrale wieder:

- Die Vierung beruht auf dem Verhältnis 1:1, der Prim,
- die Oktave (1:2) bestimmt u. a. das Verhältnis der Breite des Mittelschiffs zur Breite des Langhauses,
- die Breite des Langhauses zur Gesamtlänge entspricht mit 1:4 der Doppeloktave,

- die Strecke vom Labyrinthmittelpunkt bis zur Wand des Chorumgangs im Verhältnis zur Gesamtlänge entspricht der Quarte (3 : 4), ebenso die Breite des Chors zur Länge des Querhauses,
- die Höhe der Arkaden zur Gesamthöhe enthält mit 2:3 die Quinte usw.«

»Dann ist ja die ganze Kathedrale im Grunde steingewordene Musik!«, unterbrach ich Nilrem. »Ja, genau. Von Pythagoras ist der Satz überliefert: ›Alles ist Zahl.‹ Und Bernhard von Clairvaux, der ja in Chartres beim Bau beratend mitwirkte, sagte: ›Was ist Gott? Er ist Länge, Breite, Höhe, Tiefe.‹ Mittlerweile haben sogar die modernen Quantenphysiker erkannt, dass die Wellenlängen abgestrahlten Lichts bei Elektronen sich nach den Zahlenverhältnissen der Akustik berechnen lassen.

Rechter Winkel und Rotation

Noch einmal zurück zu den Bewusstseinsdimensionen: Alle Dimensionen sind gleichzeitig im *Hier und Jetzt* miteinander verbunden; jeder Punkt in Raum und Zeit enthält sie alle. Die Dimensionen unterscheiden sich nur durch die jeweilige Frequenz, wobei jede Dimension von der nächsten jeweils durch eine 90-Grad-Drehung getrennt ist. Übrigens ist $12 \times 90 = 1080$, was sowohl auf die Bewusstseinsdimensionen und den rechten Winkel hindeutet als auch wiederum die Zahlen 18 und 108 aufgreift. Übersetzt bedeutet diese Gleichung: Die 12-fache Vollziehung des rechten Winkels führt zum Heiligen Geist (108) bzw. ebenfalls zur höchsten Bewusstseinsdimension. Der rechte Winkel ist unter allen Winkeln etwas Besonderes. Er lässt sich ganz einfach mit Hilfe einer Schnur konstruieren.«

Mit diesen Worten drückte mir Nilrem eine Schnur in die Hand und forderte mich auf, daraus einen rechten Winkel zu bilden. Ratlos sah ich ihn an und probierte dann einige Minuten, ohne auf die Lösung zu kommen. Ich hatte keine Ahnung, wie ich einen rechten Winkel ohne Winkelmaß einzig und allein mit Hilfe einer Schnur bilden sollte!

»Es ist ganz einfach«, ließ Nilrem wie erwartet verlauten. »Schon die Baumeister von Chartres haben diese Technik beherrscht. Wie ich dir ja bereits erzählte, verfügten sie nicht über komplizierte technische Hilfsmittel und erschufen dennoch herausragende Werke. In die Schnur werden in gleichmäßigen Abständen 12 Knoten gebunden. Dann wird im Verhältnis 3:4:5 ein Dreieck gebildet. Genau dort, wo die Seite mit den 3 Knoten die Seite mit den 4 Knoten berührt, ergibt sich ein rechter Winkel. Diese einfache Technik war bereits den Ägyptern und ebenso Pythagoras geläufig.

Zudem hat das entstandene Dreieck noch eine weitere besondere Eigenschaft. Es ist nämlich das einzige überhaupt, dessen Seitenlängen eine arithmetische Folge bilden, und das einzige mit ganzzahligen Seitenlängen, dessen Fläche der Hälfte seines Umfangs entspricht. Daneben gibt es nur zwei pythagoräische Dreiecke mit Flächen, die ihrem Umfang entsprechen, und zwar 5:12:13 und 6:8:10.

Zurück zum rechten Winkel: Er ist auch bereits beim Übergang vom zweiten zum dritten Kreis in der Blume des Lebens erkennbar, und zwar in der sich bildenden Schnittmenge zwischen den drei Kreisen. Wer in höhere Bewusstseinsdimensionen emporsteigt, also jeweils Drehungen von 90 Grad vollzieht, gelangt zu höheren Erkenntnissen. Daher hieß der rechte Winkel bei den Griechen ›Gnomon‹, der ›Erkenner‹, weil sie wussten, dass sie mit ihm ein inneres Erkenntnisinstrument besaßen.

Im Wort ›Gnomon‹ steckt die Sanskritwurzel ›jña‹, was ebenfalls ›wissen, erkennen‹ bedeutet; diese Wurzel hat sich außer im Griechischen auch im Lateinischen (›cognoscere‹ = ›erkennen‹) und in den modernen Sprachen erhalten, z.B. im englischen ›knowledge‹ (›Wissen‹).

Dieselbe Wurzel ist auch in Wörtern enthalten, denen man dies nicht auf den ersten Blick ansieht, z. B. in ›Gen‹ und ›Genom‹, in Lateinisch ›gignere‹ = ›gebären‹, im Griechischen ›gynē‹ (griech. γυνή) = Frau, im Sanskritwort ›agnim‹ = ›Feuer‹, dem ersten Wort des *Rigveda,* und in ›ajna‹ = Auge – alles Wörter, die zeigen, worin man Erkenntnis sah bzw. sieht!

Interessanterweise kommt sie aber ebenso in völlig anderen Wörtern vor, z.B. im Wort ›Knie‹. Das Knie ist ja eines der wenigen

Körperglieder, die wir im rechten Winkel abknicken können. Dass in der katholischen Kirche auf Knien gebetet wird, hat also einen tieferen Sinn und sollte ursprünglich das Aufsteigen in höhere Dimensionen befördern. Das Labyrinth in Chartres wurde im Mittelalter nicht begangen, sondern auf Knien abgeschritten. Auch im tibetischen Buddhismus sind spezielle Meditationstechniken bekannt, bei denen sich die Meditierenden oft mehrere hundert Kilometer (!) auf Knien fortbewegen.

Außerdem ist die Wurzel jn- / gn- / kn- auch in ›Engel‹ und in ›Winkel‹ enthalten. ›Engel‹ bedeutet also in etwa so viel wie ›Winkelwesen‹ oder ›Wesen aus höherer Dimension‹. Nicht zuletzt kennen wir im Deutschen die scherzhafte Redewendung ›jemanden um die Ecke bringen‹, was ja bekanntlich eine etwas unsanfte Beförderung in eine höhere Dimension zum Ausdruck bringt.

Höhere Erkenntnis ist also einerseits eine Frage des 90-Grad-Winkels und andererseits der Drehung. Schon aus der Betrachtung der Blume des Lebens wissen wir, dass durch Rotation der Kosmos überhaupt erst entsteht! Wenn wir jetzt einmal die Blume des Lebens selbst rotieren lassen, dann erkennen wir etwas Bemerkenswertes: Der Kreis in der Mitte, der für Gott steht, bewegt sich selbst nicht, während die Formen um ihn herum sich verzerren. Der Kreis oder die Kugel ist, da absolut symmetrisch, gegen jede Rotation resistent. Daraus ersiehst du, warum Gott von Aristoteles auch als ›der unbewegte Beweger‹ bezeichnet worden ist *(siehe Abbildung auf der folgenden Seite)*.

Rotation ist natürlich auch das Prinzip der Aufrechterhaltung eines Merkaba-Feldes. Deine Aufgabe ist es nun, in der Kathedrale nach weiteren Elementen der Rotation zu suchen.«

Mit meinem neuen Auftrag machte ich mich auf den Weg und hielt in der Kirche und um sie herum nach Elementen Ausschau, die eine Drehung zeigten. Froh, keine Rechenaufgaben lösen zu müssen, ließ ich mir viel Zeit, bis ich wieder zu Nilrem zurückkehrte.

»Der deutlichste Hinweis auf die Rotation findet sich in den Fensterrosen« *(siehe Fotos im Bildteil),* begann ich meine Erläuterungen. »In der Westrose und der Südrose sitzt jeweils Jesus im Zentrum, umgeben von Engeln, Aposteln und einigen anderen Gestalten, die um ihn herum angeordnet sind. In der Nordrose sitzt

Die Blume des Lebens, in Rotation versetzt

Maria mit Jesus in der Mitte und wird umrankt von Königen aus dem Geschlecht Davids sowie einigen Propheten. Bei allen drei Rosen fällt die 12-fache Gliederung auf: Die Mitte ist immer von 12 Gestalten umgeben, die noch einmal jeweils von 3- oder 4-mal 12 Gestalten umrankt sind.

Außer den drei großen Fensterrosen gibt es 34 mittelgroße Fensterrosen, die über das Mittelschiff verteilt sind, sowie sechs winzig kleine Fensterrosen im Chor. Die kleineren Fensterrosen sind allerdings für den Betrachter nicht immer sehr gut zu erkennen, weil sie sehr hoch oben liegen. Einige der kleineren Fensterrosen bilden Adlige, Bischöfe oder Heilige ab, andere zeigen Christus-Darstellungen.

Weiterhin habe ich runde Säulen im Chorumgang gefunden, der selbst, genau wie die Krypta, einen Winkel von 180 Grad bildet – worin wieder die geheimnisvollen Zahlen 108 und 18 verborgen sind. Beim Gang durch die Krypta oder um den Chor vollzieht der Mensch, philosophisch gesprochen, eine ›Umkehr‹.

Außerdem ist auch das kreisrunde Labyrinth nicht zu vergessen. Besonders sind mir einige Gewändefiguren am Nord- und am Südportal aufgefallen, die auf Säulen stehen, die sich zu drehen scheinen *(siehe Foto im Bildteil)*. Am oberen Ende der Säulen befinden sich Eichenblätter.«

»Das ist richtig«, kommentierte Nilrem, »und wenn du genau hinschaust, wirst du in der Kirche noch mehr Hinweise auf die Rotation finden. Die Säulen am Nordportal, die sich zu drehen scheinen, verweisen auf den *Weltenbaum* oder die Welteneiche, die sich in vielen Mythologien findet.

Schau jetzt einmal auf die Südrose«, sagte Nilrem, und ich traute meinen Augen nicht: Plötzlich fing sie an, sich in einer Weise zu drehen, wie ich es nicht für möglich gehalten hätte *(siehe Foto im Bildteil)!*

»Wenn du genau hinsiehst, erkennst du jetzt im Inneren der Rose das Yin-Yang-Symbol wieder. Es entsteht einfach dadurch, dass sich durch die Drehung jeweils alle helleren Farben und Formen zu einem hellen Tropfen und alle dunkleren Farben und Formen zu einem dunklen Tropfen in der Mitte vereinigen. Das aus der chinesischen Kultur bekannte Yin-Yang-Symbol kommt also ebenfalls durch Rotation zu Stande und ist ein Symbol des Kosmos.«

Vor lauter Heiliger Geometrie und Rotation begann sich mir im Kopf langsam alles zu drehen. Niemals hätte ich vermutet, dass das heilige Wissen so umfassend ist und so unglaublich viele Bezüge in verschiedene Richtungen aufweist! Plötzlich schienen viele Dinge Sinn zu machen, die vorher ganz zufällig zu sein schienen oder keinerlei Bezug zueinander hatten. Verbindungen zwischen scheinbar ganz verschiedenen Religionen und Kulturen wurden sichtbar, und Wissen, das ich für grundverschieden voneinander gehalten hatte, schien aus ein und derselben Quelle zu schöpfen.

Obwohl ich mich schon beinahe überfordert fühlte, war Nilrem in seinen Ausführungen nicht zu bremsen, und so fuhr er mit seinen Erklärungen fort, nachdem ich in der Stadt zusammen mit meiner Reisegruppe ein Mittagessen eingenommen hatte.

Ewigkeit ist die Zeit Gottes

Als ich in der Kathedrale ankam, kniete Nilrem im Labyrinth und hatte schon wieder Papierrollen und Zirkel ausgebreitet. Täuschte ich mich, oder sah mein wandlungsfähiger Freund mit seiner wilden grauen Haarmähne und dem Schnauzbart jetzt ein wenig aus wie Einstein?

»In den nächsten Stunden werde ich dir etwas über Raumzeit und moderne Physik erzählen«, begann er seinen Vortrag. »Über Physik?«, fragte ich ungläubig. »Was hat denn Chartres mit Physik zu tun?« Ohne meine Frage direkt zu beantworten, legte er los:

»Ihr Einfaltspinsel des beginnenden 21. Jahrhunderts seid in einer Fachidiotie befangen, die auf die Trennung der Wissenschaften an der Universität seit der Aufklärung zurückgeht. Was ursprünglich nur einen organisatorischen Sinn hatte – nämlich einzelne Wissensgebiete personell und für Forschung und Lehre zu trennen – hat sich völlig verselbstständigt.

So schickt ihr die Physiker los, um die Materie zu erforschen, und die Mathematiker, um sie anschließend zu berechnen. Gleichzeitig schickt ihr die Kunsthistoriker und die Archäologen los, um die Kunstwerke vergangener Jahrhunderte und Jahrtausende zu interpretieren. Dann schickt ihr die Literaturwissenschaftler los, damit sie euch die Mythen, Mythologien und Archetypen in den Werken der Weltliteratur erklären. Weiter schickt ihr die Psychologen los, damit sie eure kranken Seelen kurieren sollen. Nicht zuletzt schickt ihr dann die Philosophen los, die euch den Sinn des Lebens erklären sollen, und die Theologen, damit sich euch etwas über Gott erzählen. Und jeder der Wissenschaftler ist in seinem Ressortdenken befangen und beharrt eigensinnig darauf, dass ›sein‹ Fachgebiet mit allen übrigen nichts zu tun habe.

Dabei merkt ihr überhaupt nicht, dass all die verschiedenen Wissensgebiete eines sind, dass sie nur *einen* Ursprung haben – haben *können!* Es gehört zu den tiefsten Erkenntnissen der Mystiker aller Zeiten und Kulturen, dass im Grunde alles *eines* ist – und dieses Eine ist Gott.«

Nach einer Schweigepause, während der Nilrem andächtig in Richtung Altar blickte, fuhr er fort: »Sieh her«, sagte er und schob mit einer Handbewegung all seine mitgebrachten Papierrollen zur Seite, »sieht das nicht aus wie ein menschliches Gehirn?« Nilrem deutete auf das Labyrinth. »Mit den vielen Windungen und der Teilung in zwei Hälften erinnert es tatsächlich an ein Gehirn«, räumte ich ein und wunderte mich über Nilrem, den ich noch nie so aufgeregt erlebt hatte.

»Wie du weißt, hat das Großhirn eine linke Hemisphäre, die für Verstandesdenken und Logik verantwortlich ist, und eine rechte, die für Intuition und Emotionen zuständig ist. Eure Wissenschaftler beschränken sich jedoch auf das reine Verstandeswissen und erkennen deshalb die Zusammenhänge nicht. Sie sehen nicht, dass die Erkenntnisse in allen Wissenschaften im Grunde analog zu denselben Resultaten führen *müssen,* weil alles Wissen sich aus derselben Quelle speist.

Für sie zerfällt alles Wissen in eine unübersichtliche Menge von einzelnen Fakten, die nichts miteinander zu tun haben; Gemeinsamkeiten zwischen verschiedenen Bereichen werden von den Wissenschaftlern als bloße ›Zufälle‹ interpretiert. Es ist so, als ob sie sich erst die Augen verbunden hätten und nun wunderten, dass sie nichts sehen können!

Die Physiker z. B. glauben noch immer, dass sie es nur mit ›Materie‹ zu tun haben. Sie verstehen nicht, dass Materie nichts anderes ist als *verdichteter Geist,* obwohl die Relativitätstheorie und die Quantenphysik schon zu Beginn des 20. Jahrhunderts den Weg dorthin gewiesen haben. Physiker wie Erwin Schrödinger, Werner Heisenberg, Niels Bohr und Albert Einstein« – bei diesem Namen strich sich Nilrem über seinen kleinen Schnauzbart – »erahnten und berührten oft höhere Dimensionen, ohne sie richtig in ihre Forschungen und Überlegungen einbeziehen zu können. Das geht eben nur, wenn man beide Gehirnhälften benutzt. Die Philosophen nannten einst ein Denken, das beide Gehirnhälften umfasst, ›Vernunft‹ – im Gegensatz zum ›Verstand‹.

Schon euer Schul- und Ausbildungssystem begünstigt jedoch einseitig das Verstandesdenken. So seid ihr intellektuell über- und zugleich emotional unterentwickelt. Auf diese Weise kommen Aggressionen, Gewalt, Kriege, blinde Profitgier und egozentriertes Machtdenken auf eurem Planeten zu Stande, die euch nun so viele Probleme bereiten. Hoch entwickelte Kulturen kennen solche Probleme nicht; sie lassen sich von der Liebe leiten.

›Man sieht nur mit dem Herzen gut‹, sagte schon Antoine de Saint-Exupéry. Das wussten auch die Hüter des geheimen Wissens. Liebe ist der ›kosmische Leim‹, der all die Welten im Innersten zusammenhält! Und mit dem Grad an Liebesfähigkeit öffnet sich auch der Zugang zum derzeit verlorenen Wissen. Ohne Liebe bleibt das Wissen versiegelt und schützt sich damit selbst vor Missbrauch.

Eure Physiker glauben, dass die Naturgesetze nur auf der materiellen Ebene gelten. Dem ist aber nicht so. Naturgesetze sind, wie alles im Kosmos, geistiger Art und haben transzendenten Charakter. Es ist möglich, durch sie den Weg zu Gott …«

Der letzte Satz Nilrems wurde durch ein vertrautes Geräusch unterbrochen, das Quietschen des linken Seitenflügels vom Westportal. Herein kam ein Tourist, hinter dem die schwere Holztür polternd ins Schloss fiel. Einen kurzen Moment lang hatte ich den Blick von Nilrem abgewandt, aber das hatte schon genügt, damit er unvermutet verschwand – und mit ihm der Zirkel und seine Papierrollen, die er mitgebracht hatte. Aber nicht nur er war verschwunden, sondern blitzartig standen auch alle Stuhlreihen, die wir so mühsam zur Seite geräumt hatten, wieder an ihrem Platz. Wie konnte das nur in Sekundenbruchteilen geschehen?

Nun war ich also wieder umgeben von der künstlichen Welt des »Gestells«, und die Lichtung der Wahrheit, die sich soeben zu öffnen begonnen hatte, war wieder zugestellt. Während ich überlegte, ob ich die Kathedrale verlassen sollte, verschwand der Tourist wieder und mit ihm eine ganze Reisegruppe. Die Kirche leerte sich.

»Nilrem!«, rief ich überrascht. Mein unberechenbarer Freund hatte sich wieder mitten im Labyrinth materialisiert, bewaffnet mit Papierrollen und Zirkel. »Erst müssen wir wieder die Stühle beiseite räumen, bevor es weitergehen kann«, sagte er. »Muss das sein?«, fragte ich, denn der Gedanke an das anstrengende halbstündige Stühlerücken behagte mir gar nicht. »Das muss sein«, antwortete Nilrem, »aber es geht auch einfacher als beim letzten Mal.« Er schnippte mit den Fingern – und siehe da, in Sekundenschnelle war das Labyrinth freigeräumt, ohne dass ich die Bewegung der Stühle auch nur gesehen hätte!

»Zeit, meine kleine Touristin, Zeit ist ebenso dehnbar wie stauchbar«, sagte Nilrem. »Mit anderen Worten: Die Raumzeit lässt sich krümmen – womit wir beim Thema wären. Übrigens, genauso wie sich hier die Stuhlreihen in ›Sekunden‹-Schnelle bewegt haben, wurden z. B. auch die ägyptischen Pyramiden und Stonehenge errichtet.« »Wie meinst du das?«, fragte ich. »Niemand hat bis heute herausfinden können, wie die tonnenschweren Steinquader an ihre Position gekommen sind, zumal es doch damals an Transportfahrzeugen und Kränen gefehlt hat und in Ägypten die Anzahl der erforderlichen Menschen die Anzahl der Einwohner des Landes weit überstiegen hätte.

Nun, die Erbauer haben die Steine mit ihren Gedanken bewegt. Materie lässt sich mit Hilfe von Gedanken formen und bewegen.«

»Aber die Steine waren extrem schwer«, wandte ich ein und erinnerte mich an den Stein der Druiden, den der Prüfling zwar zum Wackeln bringen konnte, aber nicht fortbewegte. »Darauf kommt es nicht an«, erklärte Nilrem, »entscheidend ist nicht die Masse der Materie, das Gewicht, sondern vielmehr die Stärke der Gedanken und Gefühle.

Materie bzw. Masse ist letztlich nichts anderes als Energie, dividiert durch das Quadrat der Lichtgeschwindigkeit, wie schon Einstein seinerzeit erkannte. Es kommt nur darauf an, seine Gedanken in Resonanz mit der Energie zu bringen, um ihnen eine entsprechend hohe Wirkkraft zu verleihen.

Einstein erkannte in seiner Relativitätstheorie, dass Raum und Zeit miteinander verbunden sind; seither spricht man von der ›Raumzeit‹. Bauwerke, die nach der Heiligen Geometrie in Einklang mit den Naturgesetzen errichtet sind, bleiben nicht umsonst wie die Pyramiden jahrtausendelang stehen, während Gebäude nach moderner Technik eine viel geringere Lebensdauer haben. Die Kathedrale hat in ihrer jetzigen Form als gotisches Bauwerk aus dem 13. Jahrhundert die Zeiten unbeschadet überstanden und ist auch nicht mehr wie in den Jahrhunderten zuvor Bränden oder anderen Katastrophen ausgesetzt gewesen.

Geometrische Formen erzeugen Raumzeit-Strukturen, und so, wie der Raum in jeder Bewusstseinsdimension anders ist, so verläuft auch die Zeit in jeder Dimension anders. Grundsätzlich gilt: Je niedriger die Dimension, desto schneller verläuft für die dortigen Wesen die Zeit; je höher die Dimension, desto langsamer wird die Zeit. Im ersten Falle wird die Zeit gestaucht, im zweiten gedehnt.

Die Zeitdauer hängt mit der jeweiligen Wellenlänge zusammen, auf der die Bewusstseinsdimension schwingt; wie ich dir erklärte, schwingen höhere Ebenen auf kürzeren Wellenlängen. Wesen, die aus höheren Dimensionen nach ›unten‹ schauen, haben die Empfindung, dass dort unten alles unglaublich schnell geht. Aus der indischen Mythologie ist bekannt, dass die hoch stehenden Götter, die auf die Erde herniederschauten, diese als ›Matya loka‹, als ›Ort des Todes‹, betrachteten. Denn sie hatten den Eindruck, dass die Menschen da unten in ›Sekundenschnelle‹ geboren wurden, lebten und starben – gerade so, wie wir das Leben einer Eintagsfliege betrachten.

Ähnliches wie aus der indischen ist auch aus der tibetischen Kultur überliefert. Im *Kandjur,* einem der heiligen Texte des Lamaismus, der 108 (!) Folianten und 1.083 (!) Bücher umfasst, gibt es sogar eine genaue Tabelle, wie ›Götterjahre‹ in ›Menschenjahre‹ umzurechnen sind. Mit ›Göttern‹ sind dabei Wesen höherer Dimensionen gemeint, deren Vermögen das menschliche weit überschreitet, also keine ›Konkurrenten‹ zu dem *einen* Gott. Im ›ersten Himmel‹, so heißt es dort, entspricht ein Tag 50 Erdenjahren, im ›zweiten Himmel‹ 100 Erdenjahren, im ›dritten Himmel‹ 200 Erdenjahren usw.

Auch die Lebenszeit der Wesen in den höheren Himmeln überschreitet die des Menschen ganz gewaltig. So sollen die Wesen des ›sechsten Himmels‹ umgerechnet 9.216.000.000 (= $144 \times 64 \times 10^6$) irdische Jahre leben. Übrigens hat diese Zahl wiederum einen bemerkenswerten Bezug zur Größenproportion des Merkaba-Feldes der Kathedrale: Teilt man 13.824 durch 1,5 (= Zahlenverhältnis der Quinte von 3:2), so erhält man 9.216.

Einstein wäre allerdings mit dieser Interpretation von Zeit und Bewusstseinsdimensionen nicht einverstanden, denn er glaubte, dass die Zeit die ›vierte Dimension‹ sei; ob es überhaupt weitere Dimensionen gibt, darüber schweigt sich die Physik derzeit aus – eines der Dinge, vor denen sie gerne auf Grund des Denkens in engen Fachgrenzen die Augen verschließt, weil das angeblich zu ›mystisch‹ ist. Ich denke jedoch, dass die Zeit keine ›Dimension‹, sondern ein ›Aspekt‹ ist, der alle Dimensionen gleichermaßen begleitet, wobei sich lediglich die Geschwindigkeit des Zeitablaufs und das Zeiterleben verändert. So jedenfalls sagen es viele alte Texte.

Zurück zu Chartres und unserer Zeitrechnung: Da Chartres eine Kathedrale ist, die Menschen auf eine höhere Bewusstseinsebene emporhebt, ist sie auch ein Ort, an dem die Zeit ›anders‹ verläuft. Physikalisch ausgedrückt: Es gibt hier eine Raumzeitkrümmung, denn die Schwerkraft, die Gravitation, ist hier höher als an anderen Orten, was nicht zuletzt mit dem riesigen Merkaba-Feld zusammenhängt, das hier rotiert, und mit den hohen erdmagnetischen Kräften. Weil wir uns auch in Chartres nach wie vor in der dritten Dimension befinden, ist die Zeitkrümmung natürlich nicht so stark wie an anderen Orten irgendwo draußen im Weltraum oder in höheren Dimensionen, aber vielleicht lässt sie sich trotzdem feststellen. Deine Aufgabe ist es jetzt herauszufinden, ob und wie die Zeit in der Kathedrale gekrümmt ist.«

Völlig überrascht von dieser so ganz unerwarteten Aufgabe, fragte ich, wie ich das anstellen solle. Nilrem gab mir daraufhin zwei baugleiche mechanische Präzisionsstoppuhren und erklärte: »Du schaltest beide gleichzeitig ein und deponierst dann die eine weit außerhalb der Kathedrale und ihres Merkaba-Feldes. Die andere nimmst du mit zur Kathedrale und hältst dich innerhalb ihres Merkaba-Feldes eine ganze Weile auf. Wenn du zurückkommst, dann vergleichst du, wie viel Zeit nach den beiden Uhren jeweils vergangen ist.«

Ich tat, was mir Nilrem aufgetragen hatte, und ließ eine der beiden Uhren in meinem Zimmer im Maison Saint Yves. Die andere nahm ich mit zur Kathedrale. Um mir während des Experiments die Zeit zu vertreiben, beschloss ich, mir die drei Portale, denen ich bisher noch wenig Aufmerksamkeit geschenkt hatte, genauer anzuschauen. Ich begann mit dem Königsportal.

Die drei Portale

Das Königsportal. Das Königs- oder Westportal *(siehe Fotos im Bildteil)* ist der Haupteingang in die Kathedrale. Er ist dreigegliedert und hat drei Eingänge. Über dem mittleren Portal sitzt Jesus in der Fischblase. Sehr lebendig wirken die Steinplastiken bzw. Gewändefiguren, die für den Betrachter von ihrer Höhe her am besten zu erkennen sind; von den ursprünglich 24 Statuen sind heute nur noch 19 vorhanden. Die Zahl 24 entspricht der Anzahl der Bücher des Alten Testaments. Besonders beeindruckend ist von allen Plastiken für mich die Königin von Saba mit ihrem geheimnisvollen Lächeln. Sie steht zwischen David und Salomo *(siehe Foto im Bildteil)*.

In mehrfacher Hinsicht findet sich die Zahl 12 im Westportal: Unter der Fischblase finden sich die 12 Apostel und darüber jeweils links und rechts sechs Engel. Von den 12 Engeln haben sieben ein Astrolabium in der Hand, das der Positionsbestimmung von Ster-

Die Südrose

*Die Südrose, in Rotation versetzt,
zeigt im Inneren das Yin-Yang-Symbol*

*Blick bei Nacht auf das Kirchenschiff
von der Südseite*

*Einige Gewändefiguren am Südportal
stehen auf dem rotierenden Weltenbaum*

*Südportal: in der Mitte Jesus mit segnender Geste,
im Tympanon darüber u. a. die Engelhierarchie*

*Südportal Mitte: Ausschnitt aus der Engelhierarchie
des Dionysius Areopagita*

*Südportal links: die Märtyrer
Vincentius, Dionysius Areopagita, Rusticus, Georg*

*Südportal Mitte, Wägen der Seelen:
die Guten werden von Engeln geleitet*

*Südportal Mitte, Wägen der Seelen:
die Bösen werden von Dämonen abgeführt*

*Nordportal Mitte, von links nach rechts:
Melchizedek mit Gral, Abraham mit Isaak, Moses, Samuel, David*

*Grundriss der Kathedrale
mit Merkaba-Feld der Kirche und des Labyrinths*

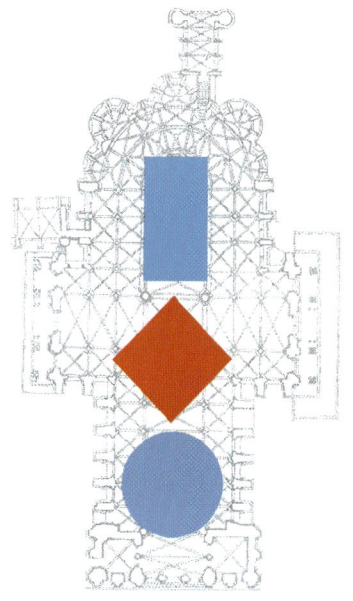

*Die drei Gralstafeln
auf dem Grundriss der Kathedrale*

*Blick auf ein Glasfenster von außen
aus nächster Nähe*

nen dient. Rechts und links neben den Aposteln sind Elias und Henoch, die in den Himmel aufgenommen wurden, ohne durch den Tod gegangen zu sein. Um die Fischblase herum sind die vier Evangelisten Matthäus, Markus, Lukas und Johannes in Tiergestalt zu sehen.

Das linke Seitenportal ist der Himmelfahrt Jesu gewidmet, um die herum in den Archivolten die 12 Tierkreiszeichen angeordnet sind. Das rechte Seitenportal thematisiert im dreigeteilten Tympanon – also in den Bogenfeldern über dem Portal – die Geburt Jesu in ihren verschiedenen Stadien. Unten finden sich Verkündigung, Heimsuchung und Schwangerschaft Marias, darüber die Darstellung Jesu im Tempel und oben Maria mit Jesus auf dem Arm. Bemerkenswerterweise ist um diese Szene herum in den Archivolten, also in den Bogenläufen um das Tympanon, etwas dargestellt, das man unter den bisherigen biblischen Motiven gar nicht vermutet, nämlich die sieben Freien Künste des Mittelalters, also der zentrale Wissenskanon der damaligen Zeit. Zu Dialektik, Rhetorik, Geometrie, Arithmetik, Astronomie, Grammatik und Musik gesellen sich jeweils typische Gelehrte dieser Wissenschaften: Aristoteles, Cicero, Euklid, Boethius, Ptolemäus, Donatus und Pythagoras *(siehe Fotos im Bildteil)*.

Geradezu humorvoll mutet die Darstellung der Grammatik auf der rechten Seite an. Sie wird als Lehrerin mit Zuchtrute dargestellt und hat zwei Schüler unter sich: einen braven, fleißigen und einen unartigen. Der fleißige ist bekleidet und in sein Buch vertieft, während der faule beinahe nackt ist, sich nicht für sein Buch interessiert und zu allem Überfluss auch noch den fleißigen an den Haaren zieht. »Streber« waren unter den Schülern wohl auch im Mittelalter nicht sehr beliebt.

Das Südportal. Vom Westportal wandte ich mich Richtung Südportal. Zunächst kam ich an der Stelle vorbei, wo die mittelalterlichen Pilger nach ihrer Wallfahrt die Kathedrale verließen. Es finden sich an der südlichen Seite von rechts nach links drei Steinplastiken: ein Wildschwein, ein Leier spielender Esel und ein Engel mit einer Sonnenuhr. Der Ausgang für die Pilger lag symbolisch entsprechend der kosmischen Ordnung genau zwischen dem Engel und dem Esel; der Mensch nimmt also exakt die Mit-

Der Engel mit der Sonnenuhr

telstellung zwischen dem Animalischen und dem Himmlischen ein.

Das Wildschwein, französisch »la truie qui file«, die »spinnende Sau«, von der leider heute nur noch ein Rest zu erkennen ist, steht für die niederen Antriebe im Menschen und für die Verirrung des Verstandesdenkens, gewissermaßen für den »Spinner«.

Das Südportal ist wie das Westportal dreigeteilt *(siehe Fotos im Bildteil)*. Im mittleren Flügel findet sich eine Steinplastik von Jesus, der eine segnende Geste macht. Auch am Südportal gibt es eine große Anzahl von Gewändefiguren, die durch die Eindringlichkeit ihrer künstlerischen Darstellung beeindrucken. Sie weisen einen anderen Stil auf als die Plastiken am Westportal und sind sicher von mehreren verschiedenen Bildhauern gestaltet worden.

Im Mittelportal finden sich links und rechts neben Jesus die 12 Aposteln. Darüber ist im Türsturz die Wägung der Seelen dargestellt *(siehe Fotos im Bildteil):* Auf der einen Seite werden die guten Seelen von Engeln geleitet, auf der anderen Seite die Verdammten von Teufeln abgeholt. Während die bösen Seelen bekleidet sind, sind die guten unbekleidet – ein Zeichen für ihre Reinheit und Unschuld. Über dem Türsturz in den Archivolten sind die neun Chöre der Engel zu finden, eine Himmlische Hierarchie, die auf den Kirchenvater Dionysius Areopagita zurückgeht *(siehe Fotos im Bildteil).*

Das linke Seitenportal ist das Portal der Märtyrer, deren Leiden man ihren Gesichtszügen ablesen kann *(siehe Foto im Bildteil).* Das rechte Seitenportal ist den Bekennern gewidmet, die durch ihren vorbildlichen Lebenswandel zu den herausragenden Gestalten der Kirche zählen.

Das Nordportal. Weiter ging es zum Nordportal, dessen bildhauerische Werke leider unter der Feuchtigkeit und Zugigkeit dieser Seite besonders leiden. Das Nordportal ist der Verherrlichung der Jungfrau und der Kirche gewidmet, und so findet sich im mittleren Flügel zentral eine Darstellung von Anna und Maria, überwiegend begleitet von Gestalten des Alten Testaments wie Melchizedek,

*Nordportal Mitte; von links nach rechts:
Jesaias, Jeremias, Simeon, Johannes der Täufer*

Die Königin von Saba und Salomo am Nordportal

Abraham mit Isaak, Moses, Jesaias, Jeremias, Johannes dem Täufer usw. *(siehe Foto im Bildteil).*

Das linke Portal ist der Jungfrau gewidmet, während das rechte das Alte Testament thematisiert. Rechts findet sich eine zweite Darstellung der Königin von Saba mit Salomo, deren künstlerisch völlig andere Gestaltung als am Westportal erneut auf die Vielzahl der Bildhauer hinweist, die an diesen grandiosen Portalen mit ihren unzähligen Skulpturen beteiligt waren. Die Königin von Saba wird nach Matthäus und Lukas beim Weltgericht anwesend sein. Zugleich ist sie Symbol der Kirche und steht neben Salomo, den sie wegen seiner Weisheit aufsuchte.

Das Nordportal hat eine besonders große überdachte Vorhalle, denn hier wurden im Mittelalter Verträge geschlossen und auch finanzielle Transaktionen durchgeführt. Bei Messen diente es der Unterbringung einer größen Anzahl von Händlern.

Das Zeitexperiment

Nach diesem kleinen Rundgang, der eine Stunde gedauert hatte, kehrte ich zurück und verglich die beiden Stoppuhren. »Eine knappe Sekunde«, gab ich Nilrem auf seine Frage von vorhin zur Antwort. »Eine knappe Sekunde geht die Zeit im Bereich der Kathedrale langsamer.«

Nilrem sah meinem Gesicht wohl die Enttäuschung über die geringe Zeitdiskrepanz an und erklärte: »Eine Sekunde pro Stunde – das ist bereits ein großer Unterschied! Rechne das einmal auf die Lebenszeit eines Menschen hoch: Angenommen, ein Mensch hielte sich sein ganzes Leben lang nur in der Kathedrale auf, während sein zugleich geborener Zwillingsbruder die Kathedrale niemals betreten würde; nehmen wir weiter an, der Betreffende würde 75 Jahre alt. Wie viel Zeit würde er dann im Vergleich zu seinem gleichaltrigen Zwillingsbruder gewinnen bzw. um wie viel würde seine innere Uhr langsamer laufen?«

»24 Sekunden pro Tag entsprechen in 75 Lebensjahren 657.000 Sekunden bzw. 7,6 Tagen«, errechnete ich. »Er wäre also knapp 8 Tage ›jünger‹ als sein Bruder.« »Richtig. Er bewegt sich auf einer höheren Dimension, die schneller schwingt; dadurch altert er langsamer. Hier haben wir sozusagen eine kleine Variante des einsteinschen Zwillingsparadoxons.«

»Wie kommt es zu dieser Zeitkrümmung bzw. -dehnung?«, fragte ich, noch immer nicht ganz überzeugt von den Ausführungen meines Freundes. »Raumzeitkrümmung«, korrigierte mich Nilrem. »Denn Raum und Zeit können nicht getrennt voneinander gedacht werden.

Zum einen liegt es an der Heiligen Geometrie des Bauwerks, die eine Resonanz mit höheren Bewusstseinsebenen herstellt. Zum anderen liegt es auch an den geomantisch nachweisbaren hohen Erdenergien, die du ja in der Krypta zu spüren bekommen hast. Beide schaffen, physikalisch gesprochen, eine kleine Verwerfung in der Raumzeit. Dieser Effekt ist übrigens auch schon an anderen heiligen Orten auf der Welt nachgewiesen worden.«

Für heute hatte ich genug über Physik und Raumzeitkrümmung gehört. Froh, dass mich Nilrem aus seinen »Diensten« entließ, begab ich mich erschöpft ins Maison Saint Yves.

Die Frucht des Lebens
und die fünf platonischen Festkörper

»Nach unserem gestrigen Ausflug in die Physik setzen wir heute unsere Betrachtung der Heiligen Geometrie fort«, begann Nilrem am nächsten Tag seinen Vortrag, vor sich wieder Papierrollen und Zirkel.

»Schau dir noch einmal die Blume des Lebens an. Sie wird gewöhnlich mit 19 Kreisen dargestellt, aber natürlich endet die Schöpfung nicht nach dem 19. Kreis, sondern geht in gleicher Weise ins Unendliche und in alle Ewigkeit weiter. Wenn ich hier von ›Schöpfung‹ spreche, so meine ich alle Aspekte von ihr, z.B. auch die Entstehung des menschlichen Lebens im Mutterleib, deren Zellen sich in gleicher Weise entwickeln bzw. teilen wie die Blume des Lebens.

Wenn du die unvollständigen Kreise an ihrem Rand vervollständigst, ergibt sich eine neue Figur, die so genannte ›Frucht des Lebens‹. Diese enthält ganz genau 13 vollständige Kreise.

Wenn du nun alle Kreismitten miteinander verbindest, erhältst du ein Muster, das als der ›Würfel des Metatron‹ bekannt ist. ›Metatron‹, zu Deutsch ›der neben dem Thron Stehende‹, ist der höchste aller Engel.« »Welche Engel gibt es denn noch?«, unterbrach ich Nilrem. »Über die weiteren Engel und deren Hierarchie wirst du noch im Zusammenhang mit der Schule von Chartres Genaueres hören«, antwortete Nilrem.

»Der Würfel des Metatron ist eines der grundlegenden Schöpfungs- bzw. Informationsmuster des Universums. Denn in ihm ver-

Die Frucht des Lebens

Der Würfel des Metatron

bergen sich fünf besondere Körper, die als die ›platonischen Körper‹ bekannt sind. Je nachdem, welche Linien dieses Würfels man betrachtet und miteinander verbindet, ergeben sich also folgende fünf geometrischen Körper: der Würfel, das Tetraeder, das Oktaeder, das Ikosaeder und das Dodekaeder.

Platon, der in der Schule von Chartres ebenfalls eine besondere Rolle gespielt hat, setzte in seinem Werk *Timaios* diese fünf Körper den fünf Elementen gleich, aus denen die Welt besteht: Das Tetraeder ordnete er dem Feuer zu, den Würfel der Erde, das Oktaeder der Luft, das Ikosaeder dem Wasser und das Dodekaeder dem Universum.

Die fünf Körper passen übrigens nicht nur in den Würfel des Metatron, sondern auch noch in einen anderen geometrischen Körper. Kannst du dir vorstellen, in welchen?«, fragte Nilrem.

»Vielleicht in die Kugel«, antwortete ich. »Richtig, denn die Kugel steht ja für Gott, und in ihm hat bekanntlich alles Platz. Die platonischen Körper sind die fünf einzigen *regelmäßigen* Körper, die so in eine Kugel hineinpassen, dass sämtliche Eckpunkte die Kugel berühren.

Johannes Kepler fand heraus, dass die platonischen Körper, wenn sie in eine Kugel und ineinander eingefügt werden, die Proportion der Distanzen zwischen den Planeten des Sonnensystems darstellen; es ist also auch, wie zu erwarten, ein Bezug zur Zeit in ihnen vorhanden. Und die Moleküle, die sich chemisch aus der Zusammensetzung von Atomen ergeben, bilden, wie Chemiker schon seit langem wissen, stets Formen, die auf einen der fünf Körper zurückgehen. Zudem leiten sich alle Formen, die Kristalle bilden können, immer vom Würfel her.

Wissenschaftlich wurde festgestellt, dass das DNA-Molekül, welches die Informationen für das menschliche Erbgut trägt, durch eine Verbindung von Ikosaedern und Dodekaedern zu Stande kommt. Letztlich beruhen also auch die Chromosomen auf geometrischen Mustern. Dabei entstehen Winkel von 72 Grad, womit wir wieder einmal bei einer ganz besonderen Zahl angelangt sind: Nach der Kabbala hat Gott 72 Namen, und in China gibt es 72 Heilige. Nach den christlichen Exegeten hat Jesus 72 Jünger, da diese 24 Stunden lang die Trinität verkünden (3 x 24). Außerdem ist 72 genau die Hälfte von 144, und nicht zuletzt haben einige Winkel im Pentagramm, von dem du noch hören wirst, 72 Grad.

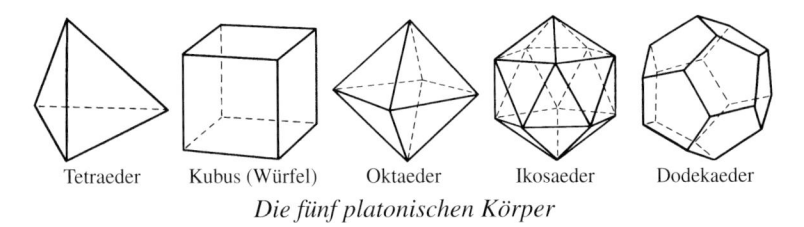

Tetraeder   Kubus (Würfel)   Oktaeder   Ikosaeder   Dodekaeder
Die fünf platonischen Körper

Bei allen platonischen Körpern sind die Flächen, die sich bilden, und die Winkel zwischen diesen Flächen immer gleich groß: Der Würfel hat sechs viereckige Flächen, die jeweils Winkel von 90 Grad bilden; das Tetraeder hat vier dreieckige Flächen, die jeweils Winkel von 60 Grad haben; das Oktaeder hat acht dreieckige Flächen (griech. ›octa‹ = ›acht‹) und Winkel mit 60 Grad; das Ikosaeder (griech. ›eikosin‹ = ›zwanzig‹) hat 20 dreieckige Flächen und 60 Grad-Winkel; das Dodekaeder (griech. ›dōdeka‹ = ›zwölf‹; ›penta‹ = ›fünf‹), auch ›Pentagon-Dodekaeder‹ genannt, besitzt 12 Flächen, die sich jeweils aus Fünfecken zusammensetzen, und weist 108-Grad-Winkel auf.

Das Dodekaeder ist eine besonders heilige Form – so heilig, dass der Name dieses Körpers in der Schule des Pythagoras nicht laut ausgesprochen werden durfte; wer es dennoch tat, wurde auf der Stelle umgebracht. Ein Mitglied der Schule wurde gesteinigt und in einer Abwassergrube ersäuft, als herauskam, dass es einem Außenstehenden das Geheimnis des Dodekaeders verraten hatte.«
»Worin besteht denn das Geheimnis dieses Körpers?«, fragte ich.

Chartres auf dem planetaren Gitternetz der Erde

»D as Dodekaeder bildet die Grundform eines Gitternetzes, das sich um die ganze Erde spannt. Wenn man die jeweilige Mitte der Flächen eines Dodekaeders durch gerade Linien verbindet, entsteht ein Ikosaeder. Legt man ein solches Dodekaeder bzw. Ikosaeder um die Weltkugel, dann bilden die Linien, die die einzelnen Flächen verbinden, die so genannten *Leylines,* auf denen die wichtigsten heiligen Stätten der Erde liegen, darunter die ägyptischen und die südamerikanischen Pyramiden, Stonehenge, aber auch Chartres.

Bisher sind die heiligen Orte der Welt erst zu einem kleinen Teil identifiziert und aufgefunden worden, es gibt jedoch die Vermutung, dass es sich um 88.888 handelt, da 888 die Christus-Zahl ist und das Gitternetz auch als das ›Christus-Gitter‹ bezeichnet wird. Möglicherweise sind sie gestaffelt nach ihrer Bedeutung: 8 wichtigste Orte, 88 wichtige, 888 weniger wichtige usw. Die Lage der heiligen Orte ist also nicht zufällig, sondern wie von einem höheren Bewusstsein geplant und dann nach einem identifizierbaren geometrischen Muster angeordnet. Es gibt auch die Vermutung, dass alle heiligen Orte auf einer Fibonacci-Spirale liegen, also nach dem goldenen Schnitt angeordnet sind.

Das planetare Gitter hat einen männlichen, einen weiblichen und einen neutralen Aspekt; man könnte auch sagen: Es ist entsprechend der Dreifaltigkeit gegliedert. Der männliche Aspekt findet sich z. B. in Ägypten, der weibliche z. B. in Yucatan und der neutrale in Tibet. Es ist evident, dass Chartres dem weiblichen Aspekt zugeordnet ist.

An allen heiligen Orten gibt es besondere elektromagnetische Felder, aber auch Zeitverwerfungen, die dazu geeignet sind, Menschen in eine höhere Bewusstseinsdimension emporzuheben. An den Knotenpunkten der Leylines wirken besonders starke Kräfte, die du ja in Chartres zum Teil schon kennen gelernt hast. Geomantisch sind diese Kräfte problemlos identifizierbar. Es findet sich an den Kraftorten immer unterirdisch fließendes Wasser, das nach oben abstrahlt.

Mit Hilfe des von Alfred Bovis entwickelten Biometers wurde bereits einwandfei die Intensität der Strahlung in der Kathedrale gemessen; es konnten geomantisch mehrere Kreuzungspunkte von Kraftfeldern gefunden werden. Während 6500 Boviseinheiten ein neutraler Mittelwert für alle Orte sind, wurden in Chartres weit höhere Maße festgestellt. So wurden im Chor 11.000 Einheiten gemessen und in den Gängen des Labyrinths 8.000 bis 13.500 Einheiten, die sich im Zentrum sogar auf 18.000 Einheiten steigern. Die energetische Konzentration von 18.000 Bovis enspricht dem Initiationsort des Pharaos in Ägypten! Daraus darf man schließen, dass das Labyrinth-Innere geeignet ist, den Menschen bis zur Erleuchtung zu führen. In der allerletzten Windung des Labyrinths vor Betreten seines Zentrums liegt der Wert jedoch mit 2.000 Bovis extrem niedrig. Dem Menschen wird also zunächst Energie abgezogen, bevor er angehoben wird.

In der Kathedrale von Chartres scheint jeder Pfeiler des Mittelschiffs auf zwei unterirdisch sich kreuzenden Wasserkanälen zu stehen. Somit wird praktisch der ganze Innenraum der Kathedrale der Wirkung unterirdisch fließenden Wassers ausgesetzt, das auch heute noch spürbar ist, selbst wenn der Brunnen in der Krypta versiegt ist.

Im Chor hat man sogar, genau wie in Santiago de Compostela, 14 regelmäßige unterirdische Wasserläufe identifiziert. Lange war man sich nicht im Klaren darüber, ob diese Regelmäßigkeit Zufall ist oder ob die Kanäle von Menschenhand errichtet worden waren. Von Santiago de Compostela weiß man inzwischen, dass sie von Menschen angelegt wurden, und so darf man davon ausgehen, dass dies in Chartres auch der Fall ist, wobei man die natürlichen unterirdischen Wasserströmungen geschickt ausnutzte.

Die energetischen Knotenpunkte kannst du selbst erkunden. Die Krypta hast du ja schon besucht. Ein weiterer Energiepunkt liegt um den dritten Pfeiler im Chor, ein dritter führt durch das Labyrinth, und der vierte liegt in der Mitte des Westportals, genau unter dem in der Vesica sitzenden Christus. Darüber hinaus gibt es noch mehrere kleinere Kraftfelder.«

Da der Chor zumeist nicht zugänglich ist, begab ich mich zum Westportal unter den mittleren Eingang, um das dortige Kraftfeld zu testen. Es dauerte eine ganze Weile, bis ich etwas spürte. Voraussetzung, um überhaupt etwas zu bemerken, ist eine entspannte Körperhaltung, die eine Öffnung zur Erde hat – z. B. die Grundposition des Tai Ch'i. Nach einem längeren Aufenthalt auf diesem Kraftfeld stellte sich bei mir eine Harmonisierung ein, die sich als körperliches und emotionales Wohlgefühl bemerkbar machte und lange anhielt. Ich kehrte zurück zu Nilrem, der noch einmal auf die beiden platonischen Körper zu sprechen kam, die das Gitternetz der Erde ausmachen:

»Das Ikosaeder, das im Dodekaeder enthalten ist, setzt sich aus dreieckigen Flächen zusammen, und daher kannst du dir auch leicht die Beziehung zur Merkaba bzw. zum Sterntetraeder vorstellen, das ja ebenfalls aus Dreiecken besteht. Von den Experten für Leylines wurde festgestellt, dass jeweils immer fünf heilige Orte mit besonderen Kraftzonen miteinander verbunden sind, worin die Beziehung zum Pentagramm sichtbar wird.

Das Pentagramm

Das Pentagramm als Teil des Dodekaeders wollen wir uns jetzt einmal genauer anschauen. Bei den Pythagoräern war das Pentagramm ein geheimes Erkennungszeichen, mit dem sie sich als zum Göttlichen Strebende vor anderen auszeichneten. Sie nannten es, vielleicht um es vor anderen zu verbergen, ›Gesundheit‹ und gaben jedem seiner Ecken einen Buchstaben, die alle zusammen dieses Wort bildeten. Auch bei den Kelten war das Pentagramm als so genannter ›Drudenfuß‹ ein geheimes Erkennungszeichen. Dort repräsentiert es das Eingebundensein des Menschen in den Kreislauf der Natur.

Das Pentagramm hat fünf Ecken, und die Fünf ist die erste Zahl, die überhaupt die Bildung einer Sternfigur zulässt. Außerdem spielt die Fünf in der belebten Natur eine besondere Rolle, da die Anzahl von Blütenblättern oftmals fünf beträgt und Lebewesen häufig fünf Zehen oder Finger haben. Die Zahl fünf wird auch mit Maria und mit der Venus verbunden. Der Mensch bildet, wenn er mit gespreizten Armen und Beinen dasteht, einschließlich seines Kopfes ein Pentagramm, und daher wird die Fünf ebenso als die Zahl des Menschen angesehen.

Aus fünf Buchstaben wird im Griechischen das Wort ›Fisch‹ gebildet: ›ichthys‹ (griech. ἰχθύς), bekanntlich das Zeichen der frühen Christen. Die Initialen dieses Wortes bedeuten zugleich: ›Iēsous Christos theou yios sōtēr‹ (griech. Ἰησους Χριστός Θεού Υἱός Σωτήρ) oder ›Jesus Christus, Gottes Sohn, Retter‹.

Im Abendland gibt es die alchemistische Idee der ›Quinta essentia‹, des ›fünften Seienden‹, das nicht als fünftes zu den vier üblichen Elementen hinzutritt, sondern die feinstofflich-geistig gedachte Einheitssubstanz der vier Elemente darstellt. Daher wird noch heute das Wort ›Quintessenz‹ als Bezeichnung für den Kern wesentlicher Inhalte verwendet.

Wenn man ein Pentagramm in einen Kreis einzeichnet und alle Achsen miteinander verbindet, so ergeben sich sieben verschiedene Winkel, mit denen es wiederum eine besondere Bewandtnis hat: Es finden sich ausschließlich Winkel mit 18, 36, 54, 72, 90, 108 und 144 Grad; interessanterweise bildet die Quersumme aller dieser Winkel stets 9. Genau fünf (= griech. ›penta‹) der sieben Winkel (18, 18, 36, 54, 90, 144) ergeben eine Fibonacci-Zahlenfolge, und dieselben fünf Winkel addieren sich zur Kreissumme 360 Grad. Heraus fallen die Winkel 72 und 108 Grad, die addiert eine halbe Kreissumme oder 180 Grad bilden. Addiert man alle Winkelsummen, so erhält man 540 Grad (Quersumme 9) oder anderthalb Kreise, und 1,5 entspricht wiederum musikalisch der Quinte (3:2). Der 1,5-fache Kreis bzw. die 1,5-fache Drehung lässt auch an den Spin bzw. Drehimpuls von Elektronen in den Atomen denken.

Die beiden herausragenden Winkel im Pentagramm haben 144 und 108 Grad. Der *äußere* Transformationswinkel, der jeweils zur nächsten Ecke des Pentagramms führt, hat 108 Grad – wie sich auch die Winkel der Strebebögen, die *von außen* das Kirchenschiff abstützen, mit 108 Grad gegen die Kathedrale neigen *(siehe Abbildung auf Seite 185)*. Der *innere* Transformationswinkel, der durch das Zentrum des Pentagramms führt, hat 144 Grad.

Die 144 Grad kommen, genau genommen, nur zu Stande, wenn man zwei Winkel zusammenaddiert. Das hat aber seine Berechtigung, denn in der Pflanzenwelt etwa entspricht dies häufig der Entwicklung der Blattstellung, die oft auch einem Pentagramm folgt. Die Blätter bilden sich nicht in der Reihenfolge A-B-C-D-E, sondern A-C-E-B-D; der Blätterwuchs ist also erst nach zwei Umdrehungen komplett. Von Blatt zu Blatt entsteht jedes Mal der Transformationswinkel mit 144 Grad – jener geheimnisvollen

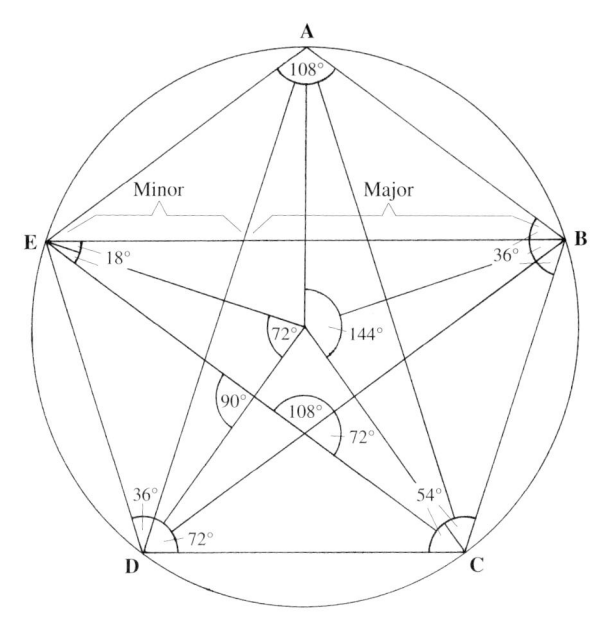

Das Pentagramm und seine Winkel

Pentagramm in der Chorschranke

Zahl, die der Anzahl aller Bewusstseinsdimensionen entspricht! Vielleicht ist dies ein beredter Ausdruck des Satzes von Plotin: ›Gott schläft im Stein, Gott atmet in der Pflanze, Gott träumt im Tier, und Gott erwacht im Menschen.‹

Deine Aufgabe ist es jetzt, das Pentagramm in der Kathedrale zu identifizieren.« Schon gewöhnt an solche Aufträge, machte ich mich wieder auf den Weg. Ich suchte und suchte, konnte aber so gut wie nichts finden. Keine Pfeiler, keine Glasfenster, keine Steinskulpturen und auch sonst keine künstlerischen Werke schienen auf ein Pentagramm oder wenigstens auf eine Fünfheit hinzudeuten. Was bezweckte Nilrem nur mit dieser Aufgabe?

»Ich habe nur eine einzige Darstellung eines Pentagramms finden können, und zwar am schmiedeeisernen Tor des Chorumgangs«, gab ich ihm zur Antwort. »Das ist richtig«, sagte Nilrem. »Dort findet sich ein Pentagramm, eingebettet in ein Oktogon *(siehe Abbildung auf Seite 93).* Aber Pentagramme müssen nicht immer sichtbar sein, wenn sie als Schöpfungsprinzipien wirksam sind. Untersuche einmal die Maße der Vierung, des ›Herzens‹ der Kathedrale«, beauftragte er mich.

Ich schaute mir die Vierung auf einem Kirchengrundriss an, konnte aber beim besten Willen nicht entdecken, wo darin ein Pentagramm eingebettet sein sollte. Zwar ist die Vierung, wie schon der Name sagt, viereckig, allerdings nicht quadratisch. Denn wenn sie ein Quadrat bilden würde, ließe sich leicht ein Kreis in sie einzeichnen, und in einem Kreis wiederum lässt sich mühelos ein Pentagramm unterbringen. Erneut musste ich mir von Nilrem die Lösung zeigen lassen.

»Die Vierung der Kathedrale von Chartres ist leicht rechteckig: Ihre Breite beträgt entsprechend der Breite des Mittelschiffs 16,40 Meter, ihre Länge 13,99 Meter. Wenn du einen Kreis mit dem Radius 13,99 Meter schlägst und in den Kreis ein Pentagramm einzeichnest, so haben die fünf Seiten des Pentagramms jeweils eine Seitenlänge von 16,40 Meter«, löste Nilrem dieses geometrische Problem zu meiner Überraschung. »Du siehst also, dass die rechteckige Form der Vierung durchaus einen Bezug zum Fünfeck des Pentagramms hat, auch wenn dies auf den ersten Blick nicht erkennbar ist.

Der goldene Schnitt

Und hier eine weitere Aufgabe für dich: Teile eine Strecke asymmetrisch so, dass der kleinere Teil (K) sich zum größeren (G) genauso verhält wie der größere zum Ganzen (H), also: K:G=G:H.« Erneut begab ich mich in mein Zimmer im Maison Saint Yves und begann zu rechnen und zu tüfteln, wobei ich meinen Zirkel strapazierte, aber zu keinem Ergebnis kam. Dass Nilrem auch häufig so schwierige Aufgaben stellen musste! Erfolglos kehrte ich zu ihm zurück und ließ mir von ihm die Lösung präsentieren:

»Es ist wie immer ganz einfach: Du zeichnest eine Strecke von beliebiger Länge (AB), die du hälftig teilst (C). Die so gewonnene Länge CB trägst du jetzt im rechten Winkel zu AB nach oben ab (BD). Du verbindest A mit D, so dass ein Dreieck entsteht. Auf der Strecke AD, der Hypotenuse, trägst du dann noch einmal die Länge der Strecke CB ab. Auf der Hypotenuse sind nun zwei Strecken mit den Längen AE und ED entstanden. Die längere von beiden, nämlich AE, entspricht jetzt genau dem gesuchten ›Teiler‹, der die Strecke AB nach dem Verhältnis des goldenen Schnitts teilt. Das Ziel der Teilung ist im Punkt F erreicht.

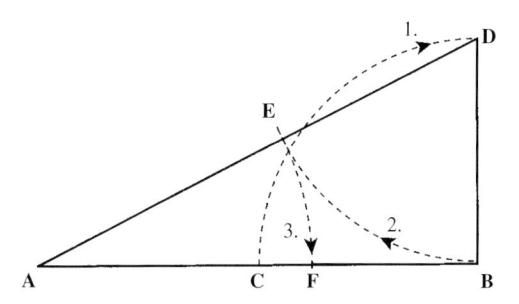

Die Konstruktion des goldenen Schnitts aus einer Strecke

Wenn du nun die Länge von AF durch FB dividierst, erhältst du den Wert 1,618; derselbe Wert entsteht bei der Division von AB durch AF. Dieses Verhältnis bezeichnet man als den ›goldenen Schnitt‹ oder auch als die ›göttliche Proportion‹.

Der Phi-Quotient (φ) ist eine transzendente Zahl, die unendlich viele Stellen hinter dem Komma hat: 1,6180339… – eine Zahl, die

Mathematiker darum als ›irrational‹ bezeichnen, weil sie der Verstand nicht fassen kann. Das eigentlich Merkwürdige an dieser Zahl ist: Obwohl unendlich, produziert sie, übertragen auf die dreidimensionale Welt, endliche und genaue – und nicht etwa unendlich lange – Strecken bzw. Raumproportionen. Darin liegt ihr Geheimnis. So ist hier erneut zu erkennen, dass die Ganzheit, die vollständige Zahl Phi, ausschließlich bei Gott zu finden ist, während sie in unserer dreidimensionalen Welt nur gebrochen, gewissermaßen als ›Fraktal‹, erscheint. Denn die göttliche Einheit hat sich in die Welt ›hineinindividiert‹.

Der goldene Schnitt findet sich in ›unendlicher‹ Zahl überall in der Natur, z. B. in den Proportionen des menschlichen Körpers, in denen der Tiere und Pflanzen und im menschlichen Herzschlag. Natürlich findet er sich auch in vielen Kunstwerken – in Bauwerken ebenso wie in der Malerei.

Formen, die dem goldenen Schnitt entsprechen, empfinden wir subjektiv als ›schön‹, was bei Formen, die nicht auf ihm basieren, nicht der Fall ist. So kommt im goldenen Schnitt mit seinem Bezug zur Transzendenz die Einheit des ›Guten, Wahren und Schönen‹ zum Ausdruck, die wir heute weitgehend verloren haben, die Platon aber noch gegenwärtig war und die er als ›Kalokagathia‹ (griech. καλοκἀγαθία) bezeichnete.

Der goldene Schnitt ist auch im Pentagramm verborgen, und zwar beispielsweise bei der Teilung der Seite AD in Minor und Major *(siehe Zeichnung S. 93)*. Es ist sogar möglich, aus einer simplen Strecke mit Hilfe des goldenen Schnitts ein Pentagramm zu erzeugen, was uns hier aber nicht beschäftigen soll.

Noch über eine weitere rätselhafte Eigenschaft verfügt der goldene Schnitt: Er lässt sich nämlich innerhalb einer nach ihm geteilten Strecke immer weiter fortführen. Dazu muss man einfach auf der längeren der beiden Strecken, dem Major (AF), die kürzere, den Minor (FB), noch einmal auftragen und erhält dadurch erneut eine ›göttliche‹ Proportion. Die kürzere der beiden Strecken wird nämlich bei AF zur längeren, die AF wiederum nach dem goldenen Schnitt teilt – und so fort. Dies nennt man das ›Prinzip der stetigen Teilung‹.

Deine Aufgabe ist nun …« »Ich weiß«, unterbrach ich Nilrem, »den goldenen Schnitt in der Kathedrale zu suchen.«

$^A/_C = {^B}/_A = \varphi = 1{,}618$

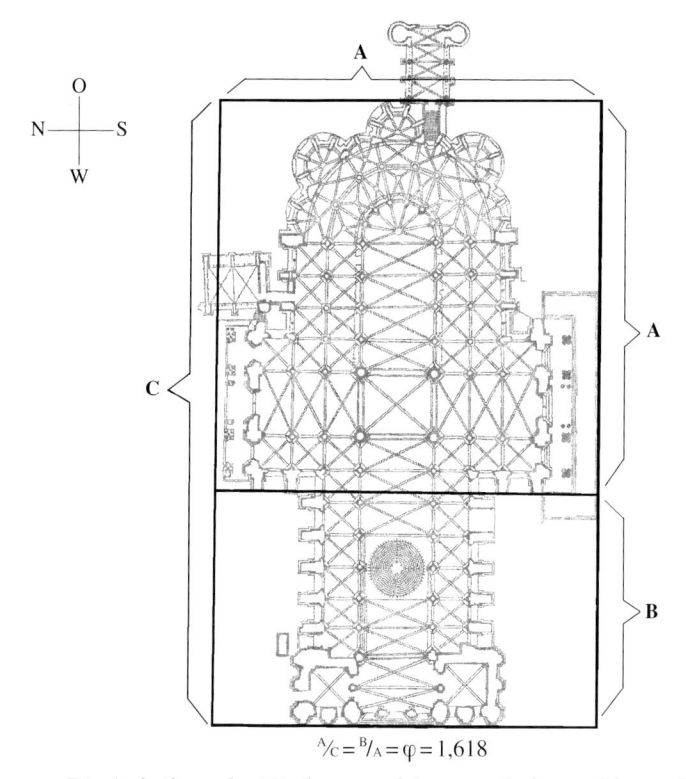

Die Aufteilung des Kirchengrundrisses nach dem goldenen Schnitt

Ich machte mich auf den Weg, sah aber bald, dass ich mit dem bloßen Augenmaß wenig erkennen konnte. So versuchte ich es erneut mit Zirkel, Lineal und dem Phi-Quotienten. Diesmal wurde ich fündig.

»Der goldene Schnitt findet sich in vielen Raumproportionen in der Kathedrale«, gab ich zur Antwort – froh, meinem Lehrer endlich einmal eine Lösung präsentieren zu können. »Er ist z. B. in der Gliederung des Westportals verborgen, aber auch im Grundriss: Das Verhältnis der Länge zur Breite des Kirchenschiffs entspricht ganz genau dem goldenen Schnitt – so genau, dass sogar die Treppenstufen vor dem Nord- und dem Südportal exakt dort beginnen, wo sie entsprechend der Proportion anfangen müssen.

Auch die Gewändefiguren am Südportal sind nach dem goldenen Schnitt und nach dem Prinzip der stetigen Teilung gegliedert.«

»Richtig«, antwortete Nilrem. »Und darüber hinaus gibt es noch eine Reihe weiterer Stellen, an denen der goldene Schnitt verbor-

Kopfpartie

Schultern

Hände mit Buch

Unterkörper

Kopfpartie $\times \varphi^4$ = Gesamtkörpergröße

Goldener Schnitt bei einigen Gewändefiguren am Westportal

gen ist. Er findet sich z. B. auch im Aufriss der Kathedrale wieder, also in der Höhengliederung des Kirchenschiffs. Und er ist sogar in der Dicke der Pfeiler verborgen.

Schon seit Jahren versuchen Ingenieure herauszubekommen, wie dick die Pfeiler sind, die die Vierung eingrenzen. Dies lässt sich natürlich ›nachträglich‹, also nach Fertigstellung eines Baus, nur schwer berechnen, zumal an mehreren Stellen über die Jahrhunderte winzige Steinchen herausgebrochen sind, was die Genauigkeit des Messergebnisses um mehrere Millimeter beeinträchtigt.

Man ist nun der Ansicht (vgl. Villette S. 12), die Dicke dieser Pfeiler betrüge in etwa 2,41 Meter und es bestünde eine Beziehung zur Breite und zur Länge der Vierung nach dem Verhältnis: 16,40 m – 13,99 m = 2,41 m.

Diese Gleichung hätte jedoch die Ingenieure stutzig machen müssen, denn wo ein Verhältnis der Addition oder Subtraktion vorliegt, ist meistens ein goldener Schnitt verborgen! Die Grundrechenarten des Universums sind ja, wie ich dir erklärte, Multiplikation und Division, nicht aber Addition und Subtraktion. Eine bloß ›additive‹ Aufteilung eines Raumgefüges macht nach den Re-

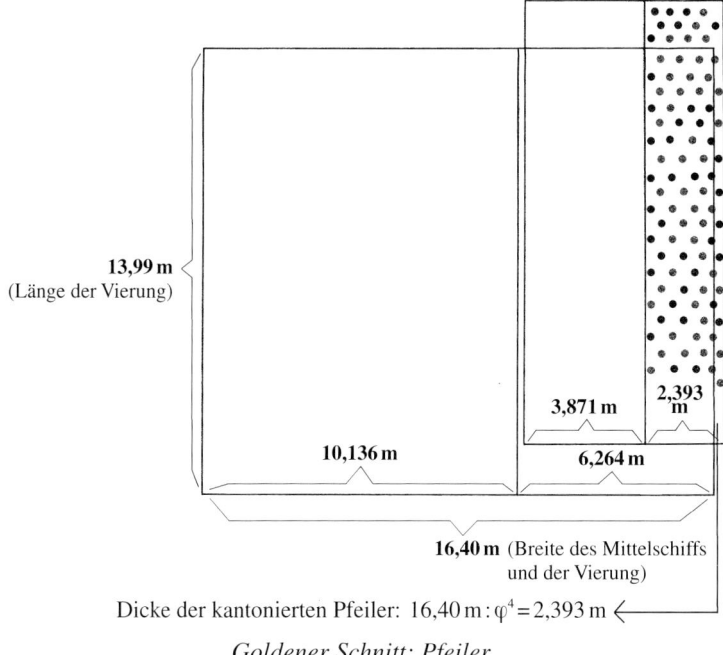

13,99 m
(Länge der Vierung)

3,871 m   2,393 m

10,136 m   6,264 m

16,40 m (Breite des Mittelschiffs und der Vierung)

Dicke der kantonierten Pfeiler: 16,40 m : φ^4 = 2,393 m

Goldener Schnitt: Pfeiler

geln der Heiligen Geometrie keinen Sinn und entspricht eher modernem Denken und profanen Bauten. In der Tat lässt sich nämlich die Dicke der Pfeiler nach dem Prinzip der stetigen Teilung aus der Breite des Mittelschiffs errechnen!

Danach beträgt die Dicke genau 2,393 Meter. Es handelt sich hier um dasselbe Verhältnis, das du bereits bei den Gewändefiguren entdeckt hast. Somit kann man sagen: Die Größe der Köpfe der Steinplastiken im Verhältnis zu ihrer Gesamtkörpergröße entspricht genau der Dicke der Vierungspfeiler im Verhältnis zur Breite des Mittelschiffs. Das Größenverhältnis beträgt jeweils genau 1:4 bzw. eine Doppeloktave.

Es ist also wieder einmal ganz einfach, und aufwendige ingenieurwissenschaftliche Berechnungen hätte man sich sparen können. Schließlich haben die mittelalterlichen Baumeister ihre Kirchen auch mit den simplen Mitteln von Zirkel und Winkelmaß konstruieren müssen.«

»Wie wurde denn überhaupt eine Kirche gebaut? Ich meine, wo und wie hat man denn begonnen, wenn man eine Kirche errichten wollte?«, fragte ich.

Die geometrische Konstruktion der Kathedrale

»Damit du dir das vorstellen kannst, muss ich ein wenig weiter ausholen«, setzte Nilrem erneut zu einem längeren Vortrag an. »Ein Tempel – gleich ob es sich nun um einen christlichen oder den einer anderen Religion handelt – wurde niemals einfach irgendwo ›hingestellt‹. Es bedurfte einer ersten Formel in ›heiliger Sprache‹, denn der Tempel wurde stets als Abbild des gesamten Universums betrachtet: ›Wie oben, so unten‹, heißt es ja bekanntlich bei Thot.

Die Baustätte selbst wurde zunächst entsprechend den von ihr ausgehenden Kräften ausgewählt. In Chartres sind diese geomantisch wirksamen Kräfte, wie du weißt, auf die besondere Verbindung von Kalkstein, Granit und Wasser zurückzuführen, wie sie auf dem Chartreser Hügel vorherrschen. Zudem darf davon ausgegangen werden, dass die Planer auch das Dodekaeder, also das planetare Gitternetz, kannten, welches die Erde umspannt, und von daher bestimmte Orte auswählten.

Stand nun der Ort im Groben fest, so begann die Feinabstimmung mit dem Kosmos, die in der so genannten *Ostung* ihren Ausdruck fand. Der Vorgang der Ostung ist universell und findet sich in China und Japan genauso wie in Indien und im Abendland. Er läuft folgendermaßen ab: An der gewählten Stätte wird ein Pfahl in die Erde gesetzt und aufgerichtet. Dieser Pfahl wird als ›Gnomon‹ bezeichnet, der, wie du dich erinnerst, ebenso den rechten Winkel bei den Griechen benennt; außerdem wird er auch ›Omphalos‹ oder ›Nabel‹ genannt. Der Pfahl steht symbolisch für die Weltenachse, um die sich der Weltenbaum dreht. Dementsprechend wird um den Pfahl mit einer Schnur ein Kreis gezogen, auf dem sich nun der Schatten des Omphalos wie auf einer Sonnenuhr abzeichnet. Sicherlich wird für diese Prozedur nicht irgendein beliebiger Tag im Jahr gewählt, sondern ein religiös herausragender. Bei Chartres mag dies einer der vier Marienfesttage gewesen sein.

Die zwei äußersten Punkte des Schattens am Morgen und am Abend gaben auf dem Kreis zwei Punkte an. Die Verbindung dieser Punkte markierte die Ost-West-Achse. Von dem östlichen und dem westlichen Punkt der Achse wurden zwei Kreise geschlagen,

W · O
Omphalos

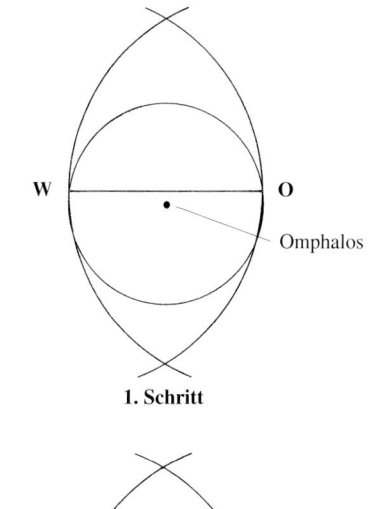

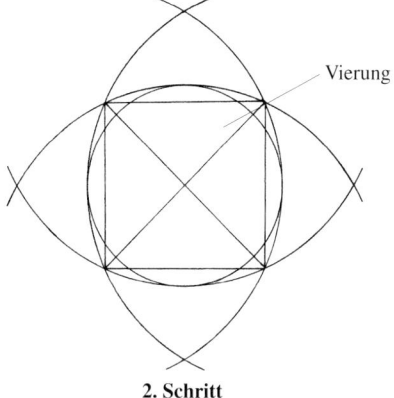

1. Schritt

Vierung

2. Schritt

Die Ostung in zwei Schritten

deren Überschneidung eine Fischblase erzeugte. Die Fischblase markierte mit ihren Schnittpunkten die Nord-Süd-Achse. Erneut siehst du hier, wie sich der Schöpfungsvorgang Gottes entsprechend der Blume des Lebens wiederholte. Um den nördlichen und den südlichen Schnittpunkt schlug man ebenfalls jeweils einen Kreis. Die inneren Schnittpunkte der Kreise markierten nun die vier Eckpunkte eines Quadrats, das sich als die Quadratur eines Kreises darstellt, der denselben Radius wie der ursprüngliche Sonnenkreis hat.

Das Quadrat bildete die Vierung des Tempels, gewissermaßen sein Herz. Ausgehend von der Vierung wurde nun der übrige Bau errichtet, indem man das grundlegende Viereck in kleinere Vierecke hälftig unterteilte und die übrigen Maße ableitete. Man könnte sagen, dass der gesamte Bau wie ein Kristall um die Vierung herumwuchs. Dabei wurde bei christlichen Kirchen aus praktischen Erwägungen in der Regel mit dem Bau des Chors begonnen, um möglichst schnell einen Raum für Gottesdienste zur Verfügung zu haben. Mit einer Mauer wurde der Chor dann zum Langhaus abgeschlossen, damit dort ungestört weitergebaut werden konnte.«

»Aber in Chartres ist die Vierung nicht quadratisch, sondern rechteckig«, wandte ich ein. »Also muss sie anders konstruiert worden sein als durch die Ostung.« »Das ist richtig. In Chartres war alles ein bisschen anders«, antwortete Nilrem. »Denn der heutige gotische Bau war ja, wie du weißt, nicht der erste, sondern wurde nach dem Brand von 1194 über der abgebrannten Vorgängerkirche errichtet.

Es ist davon auszugehen, dass der erste und ursprüngliche Bau der Kirche vom Heiligen Zentrum aus geostet wurde, also von dem Ort, wo in der Krypta oder der seinerzeitigen Urkirche der Heilige Brunnen stand. Dort ist sicher damals eine Vierung entstanden, die aber für die Vierung des gotischen Baus ganz offensichtlich nicht mehr relevant war.

Darum haben sich schon viele Leute den Kopf darüber zerbrochen, aus welchem Maß sich die heutige Länge der Vierung von 13,99 Meter ableitet. Die Breite der Vierung von 16,40 Meter, die natürlich mit der Breite des Mittelschiffs zwischen den zentralen Pfeilern übereinstimmt, war für den gotischen Bau durch die Breite der kleineren Vorgängerkirche bereits vorgegeben, nicht jedoch die Länge von 13,99 Meter. *Eine* Konstruktionsmöglichkeit der Länge der Vierung aus einem Pentagramm haben wir schon besprochen; allerdings gibt es auch noch eine weitere, viel einfachere geometrische Lösung, die nicht nur die Vierung, sondern auch das gesamte Kirchenschiff in seiner Länge und Breite miteinbezieht und dabei Bezug nimmt auf das Heilige Zentrum!

Das Problem bei der heutigen Rekonstruktion des gesamten Kirchenschiffs ist, dass man nicht mehr ganz genau weiß, wo sich das

Heilige Zentrum befand, was seinerzeit um 1194 natürlich bestens bekannt und stark frequentiert war. Es liegt auf jeden Fall im Chor, doch schwanken die Vermutungen, ob es in Höhe des zweiten, des dritten oder des vierten Pfeilerpaars oder jeweils dazwischen an einem der Kreuzungspunkte der Pfeiler liegt.

Aber ich kann dir nun die geometrische Lösung für das Problem präsentieren, die bisher niemand gefunden hat! Bereits aus der Blume des Lebens um den Grundriss ist erkennbar, wo das Heilige Zentrum liegt *(siehe Abbildung S. 52)*. Der innerste Kreis der Blume, der symbolisch für Gott steht, umschließt, wie du gesehen hast, die Vierung, durchschneidet unten das Labyrinth und berührt oberhalb der Vierung in einem Schnittpunkt von mehreren anderen Kreisen das Heilige Zentrum.

Demnach liegt das Zentrum zwischen dem ersten und dem zweiten Pfeilerpaar im Chor mit größerer Nähe zum zweiten. Dieser Standort erscheint auf den ersten Blick ›unregelmäßig‹ in seinen Abständen zu den Pfeilern und den Kreuzungspunkten und wurde deshalb bisher auch nicht gefunden, da man immer von regelmäßigen Abständen im Kirchenschiff ausgeht.

Dass es sich aber trotzdem um das Heilige Zentrum handelt und seine Lage unter anderem Gesichtspunkt durchaus ›regelmäßig‹ ist, lässt sich auch noch auf andere Art als über die Blume des Lebens verifizieren: Man schlägt um den als Zentrum identifizierten Punkt einen Kreis, dessen Radius genau bis zur Mitte der heutigen Vierung bzw. zum Kreuzungspunkt der vier umliegenden Pfeiler reicht. In das Mittelschiff passen nun genau fünf Kreise mit diesem Radius, die so angeordnet sind, dass jeweils um den äußersten Kreispunkt eines Kreises der nächste geschlagen wird. So entsteht eine sinnvolle Anordnung: Der oberste Kreis umgreift exakt den Chor ohne die Apsiskapellen, und der unterste Kreis umschließt die ersten Pfeiler nach dem Westportal.

Auf diese Weise ergibt sich, ausgehend vom Heiligen Zentrum, eine Gliederung des Kirchenlängsschiffs in 4 : 2 bzw. 2 : 1 vom östlichen Kirchenschiff ›unterhalb‹ des Zentrums zum westlichen ›oberhalb‹ des Zentrums. Mit anderen Worten: *Das Heilige Zentrum teilt das Kirchenschiff harmonisch im Verhältnis der Oktave!* Das genau ist die Lösung, auf die man bisher nicht gekommen ist!

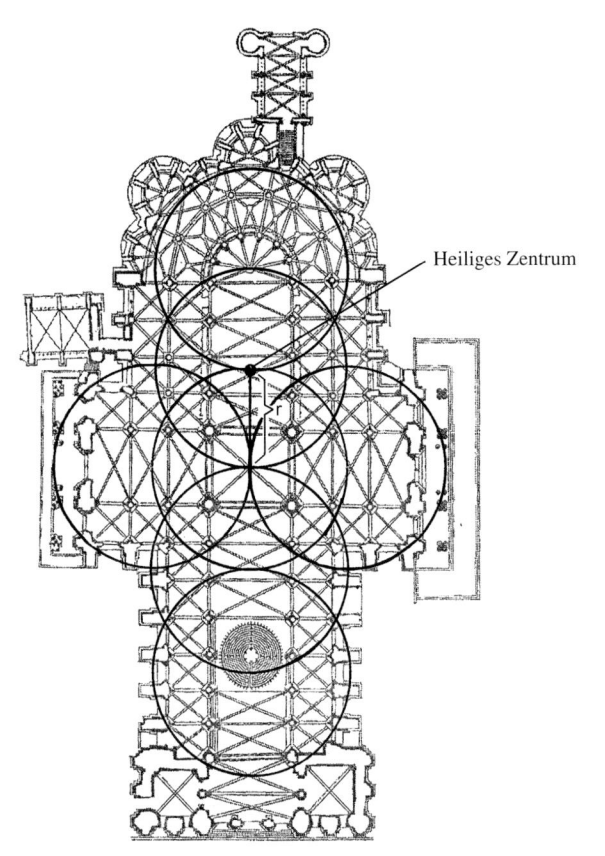

*Die Gliederung des Kirchenschiffs entsprechend einem Kreis,
der vom Heiligen Zentrum bis zur Mitte der Vierung reicht*

Und aus dieser harmonischen Teilung ergibt sich natürlich auch die Länge der Vierung mit 13,99 Meter. Diese Länge errechnet sich ebenfalls – wen wundert es? – aus dem goldenen Schnitt. Denn nach meiner Berechnung auf der Basis des Grundrisses müsste das Heilige Zentrum – entsprechend dem Radius der fünf eingezeichneten Kreise – ca. 22,635 Meter westlich des Vierungsmittelpunktes liegen; 22,635 : 1,618 = 13,99 Meter. (Und 22,635 × 6 = 135 Meter, was mit der aktuell geschätzten Länge des Kirchenschiffs recht genau übereinstimmt.) Es zeigt sich somit, dass auch das gotische Kirchenschiff vom Heiligen Zentrum, also dem ursprünglichen Ort der Ostung aus, geplant worden ist.«

»Die Länge der Vierung«, so fasste ich Nilrems Ausführungen zusammen, »lässt sich also auf dreierlei Weise konstruieren:

1. durch ein Pentagramm mit dem Kreisradius 13,99 Meter,
2. aus der harmonischen Teilung des Kirchenschiffs auf der Basis der Oktave 1:2, ausgehend vom Heiligen Zentrum,
3. nach dem goldenen Schnitt, der im Verhältnis zwischen dem Radius der fünf Kreise und der Vierungslänge verborgen liegt.«

»Und trotz dieser drei völlig verschiedenen Berechnungsarten«, führte Nilrem seine Erklärungen fort, »besticht die gefundene Lösung durch ihre Einfachheit, denn um das gesamte Kirchenschiff und die Vierung auf diese Weise zu konstruieren …« »… brauchten die Baumeister nichts weiter als einen Zirkel«, führte ich Nilrems Satz zu Ende. »Richtig«, kommentierte Nilrem.

»Aber nicht nur das Längsschiff der Kirche wird auf diese Weise harmonisch geteilt, sondern es ergibt sich auch genau die Größe des Querschiffs«, ergänzte ich Nilrems Ausführungen, nachdem ich mir seine Zeichnung angesehen hatte. »Denn zwei weitere Zirkelschläge rechts und links um den mittleren Kreis ergeben ganz exakt die Maße des Querschiffs bis zum Beginn des Nord- und des Südportals.« »Genau«, sagte Nilrem, »dies ist mittlerweile der sechste Hinweis darauf, dass die von mir gefundene Lage des Heiligen Zentrums richtig ist!

Und das ist noch immer nicht alles: Denn das Größenverhältnis zwischen Quer- und Längsschiff entspricht 4:6 bzw. 2:3, also einer Quinte. In Verbindung mit der Oktave (1:2) des Längsschiffes ergibt sich das Verhältnis 1:2:3, worin wiederum die rätselhafte 108 verborgen ist, denn $108 = 1^1 \times 2^2 \times 3^3$. Außerdem ergibt $(1:2):3 = 0{,}616 = \varphi^{-1} = 1:\varphi$ und nähert sich damit wiederum dem goldenen Schnitt an. Weiterhin ist $1 \times 2 \times 2 \times 3 = 12$.

Wenn du dir nun die vierblättrige Blume anschaust, die im Inneren des mittleren Kreises entstanden ist, so erkennst du darin auch, wie die *Formung* der Bündelpfeiler des Kirchenschiffs zu Stande gekommen ist. Denn aus dieser Blume lassen sich ganz leicht deren beide Formen ableiten, natürlich ebenfalls auf der Basis des goldenen Schnittes, der auch hier wieder in Form einer Doppeloktave verborgen ist:
Radius des großen Kreises : φ^4 = Radius der vier kleinen Kreise.
Es ist so, als ob der Baumeister bereits in den Pfeilern einen ver-

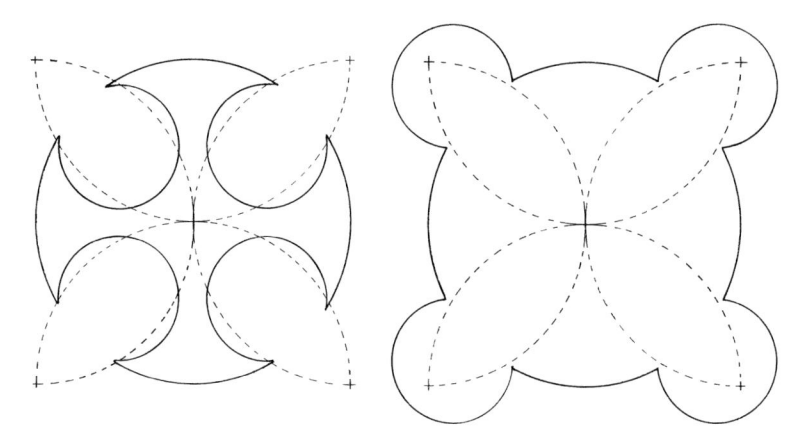

Die beiden Formen der Bündelpfeiler

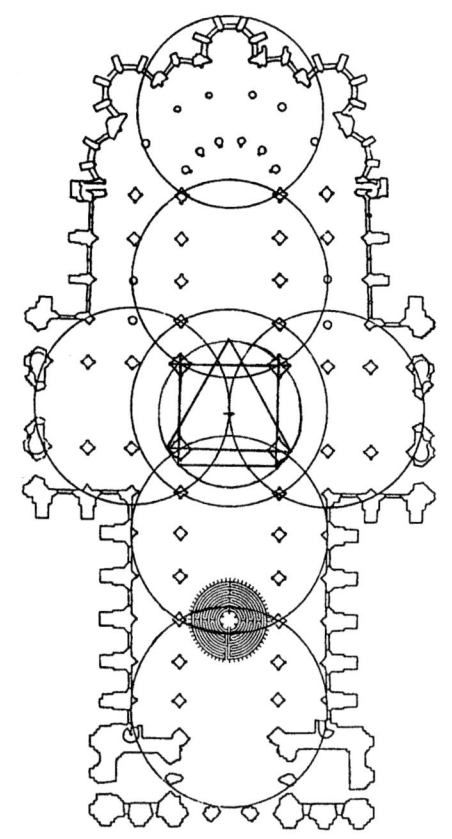

Standort der Vierungspfeiler nach Jean Villette

steckten Hinweis auf die Konstruktion des ganzen Kirchenschiffes gegeben hätte! Übrigens ist die Form der Pfeiler mit dem keltischen Kreuz verwandt.

Anhand der Kreise, ausgehend vom Heiligen Zentrum, lässt sich ebenso die *Lage* etlicher Pfeiler bereits klar ablesen, denn sie werden von ihnen teilweise entweder genau umrandet oder genau durchschnitten. Außerdem hat Jean Villette (S. 12) noch auf andere Art ermittelt, wie der Standort der Vierungspfeiler sowie der Chor- und Langhauspfeiler zu Stande kam: Der Baumeister zeichnete um das Zentrum der Vierung einen Kreis mit dem Radius 16,40 Meter. In den Kreis zeichnete er ein gleichseitiges Dreieck und ein Quadrat. Wie du aus der Zeichnung erkennen kannst, ergibt sich daraus wie auch aus weiteren gleichgroßen Kreisen der Standort der Vierungspfeiler sowie der davor und dahinter liegenden weiteren Pfeiler des Langhauses und des Chors.

Die Fibonacci-Spirale

Mit dem goldenen Schnitt wie auch mit Rotation und rechtem Winkel unmittelbar verwandt ist die Fibonacci-Spirale. Das auf dem goldenen Schnitt basierende Rechteck erlaubt nach dem Prinzip der stetigen Teilung die Zeichnung einer bestimmten Spirale, die Leonardo Fibonacci bei der Beobachtung des Pflanzenwachstums entdeckte.

Er fand heraus, dass die Blütenblätter verschiedener Pflanzen nach einer Zahlenreihe aufgebaut sind, die als die Fibonacci-Sequenz bekannt ist: 1, 1, 2, 3, 5, 8, 13, 21, 34, 55, 89, 144 usw. Das Besondere ist: Jede dieser Zahlen ergibt sich aus der Addition der beiden vorhergehenden Zahlen, also a+b=c. Darin erkennt man den berühmten Satz des Pythagoras wieder: Die Quadrate der beiden Katheten ergeben im Dreieck das Hypotenusenquadrat: $a^2+b^2=c^2$.

Viele Formen der Natur sind nach der Fibonacci-Zahlensequenz aufgebaut und nach der daraus resultierenden Spirale geformt. Eines der anschaulichsten Beispiele dafür ist die spiralförmige Windung von Schnecken; aber auch in den Proportionen des menschlichen Körpers findet sich versteckt die Fibonacci-Spirale.

Die Fibonacci-Sequenz ist mit dem goldenen Schnitt unmittelbar verwandt, wie du aus der folgenden Tabelle erkennen kannst: Die Proportion der Zahlen erreicht bei der Division schon nach wenigen Schritten den goldenen Schnitt und schwankt dann geringfügig um diesen herum.

Annäherung der Fibonacci-Sequenz an den goldenen Schnitt ($\varphi = 1{,}6180339$)	
Zahlenverhältnis der Fibonacci-Zahlen	Annäherung an φ
1 : 1 *(Prim)*	1,0
2 : 1 *(Oktave)*	2,0
3 : 2 *(Quinte)*	1,5
5 : 3	**1,6666**
8 : 5	**1,6**
13 : 8	**1,625**
21 : 13	**1,615384**
34 : 21	**1,619048**
55 : 34	**1,617647**
89 : 55	**1,618182**
144 : 89	**1,617978**

Eine ähnliche binäre Zahlenfolge wie bei der Fibonacci-Sequenz findet sich erstaunlicherweise auch bei den Winkeln des Pentagramms mit ihren 18, 36, 54, 90 und 144 Grad. Auch hier ergibt sich jeder Winkel aus der Summe der beiden vorhergehenden Winkel, und auch hier nähert sich die Zahlenfolge in ihrer Proportion dem goldenen Schnitt an, wobei sie, genau wie die Fibonacci-Folge, auf die Zahl 144 stößt. Es ist daher zu vermuten, dass die 88.888 Heiligen Orte auf dem planetaren Gitternetz der Erde in Form eines Pentagon-Dodekaeders ebenfalls eine Fibonacci-Spirale bilden.

Außerdem bildet der goldene Schnitt eine einzigartige Fibonacci-Folge, wobei die *Addition* der beiden jeweils vorhergehenden Werte und die *Multiplikation* mit 1,618 immer zum selben Ergebnis führen – also gewissermaßen eine *vollkommene* Zahlenreihe:

0,618 – 1 – 1,618 – 2,618 – 4,236 – 6,854 – 11,09 – 17,944 – 29,034 – 46,978 – 76,012 – 122,99 – 199,002 ...

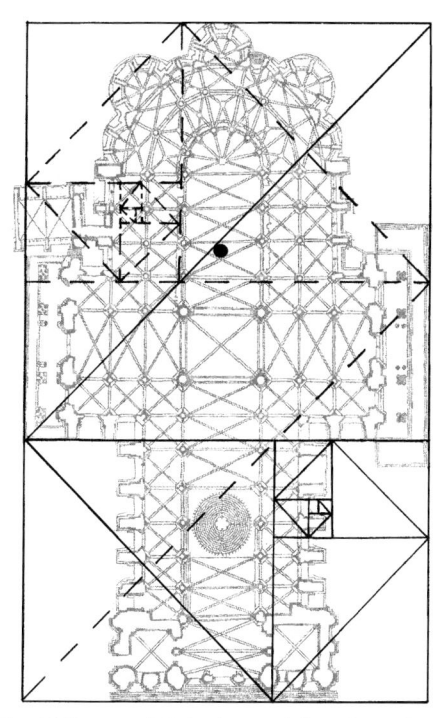

Zwei Fibonacci-Spiralen auf dem Grundriss

Wie zu erwarten, findet sich die Fibonacci-Spirale auch in der Kathedrale. Bisher hat sie allerdings noch niemand entdecken können. Es gibt Vermutungen, dass eine Spirale im Heiligen Zentrum der Kathedrale im Chor mündet. Da jedoch bisher niemand genau wusste, wo das Heilige Zentrum liegt, konnte auch niemand die Spirale finden. Auf Grund unserer bisherigen geometrischen Überlegungen kennen wir jedoch nun die Lage des Heiligen Zentrums; und ausgehend von der Gliederung des Kirchenschiffs nach dem goldenen Schnitt, können wir auch die Fibonacci-Spirale einzeichnen.

Lässt man die Spirale am 3. Pfeiler der südlichen Seite beginnen – also in der Höhe des oberen Teils des Labyrinths –, so erhält man eine Spirale, die recht genau am Heiligen Zentrum vorbeiführt bzw. dieses am Rande berührt. Man könnte nun meinen, es sei falsch, dass das Heilige Zentrum von der Spirale nicht durchschnitten wird, sondern nur am Rand streift.

Dass die Spirale dennoch richtig sein muss, zeigt sich, wenn man eine zweite genau seitenverkehrte Spirale einzeichnet. Lässt man diese in der Höhe der Sakristei beginnen, so berührt sie in ihrer letzten Windung genau das linke obere Viertel des Labyrinthes. Aus irgendeinem Grunde war es also von den Baumeistern der Kathedrale beabsichtigt, die beiden geomantisch und spirituell bedeutendsten Zentren im Kircheninneren nur zu berühren, ohne sie in der Mitte zu durchschneiden.

Schaut man sich die beiden Spiralen genauer an, so kann man zwei weitere interessante Feststellungen machen: Die beiden, prinzipiell natürlich unendlichen Spiralen ›enden‹ nicht nur an bedeutsamen Punkten, sondern beginnen auch jeweils an wichtigen Bereichen innerhalb der Kirche. Und außerdem stehen, wie sich erst jetzt zeigt, das Labyrinth und das Heilige Zentrum von ihrer Lage her in einer genauen Korrelation zueinander.

Die Bögen der Fibonacci-Spiralen sind übrigens sowohl rund als auch, wie hier eingezeichnet, ›eckig‹ zu denken. Halbkreisförmige runde Bögen gelten als ›weibliche‹, gerade Strecken als ›männliche‹ Darstellungsweise. In der Natur findet sich natürlich, z.B. bei Schneckengehäusen, vorherrschend die runde Form.

Die Nordost-Ausrichtung des Kirchenschiffs

Noch eine weitere Besonderheit zeichnet Chartres aus: Im Gegensatz zu anderen Kirchen, die durch die Ostung eine exakte Ost-West-Ausrichtung haben, ist unsere Kathedrale in Richtung Nordost verschoben. Die Gradangaben sind nicht einheitlich: Manche behaupten, sie weiche 43 Grad, andere, sie weiche 46,5 oder 47 Grad Richtung Norden ab. Moderne Geographen tun sich offenbar trotz präziser Messinstrumente schwer, hier zu einem exakten Ergebnis zu kommen.

Ebenso unterschiedlich wie die Grad-Messungen sind auch die Interpretationen, die für diese Abweichung verantwortlich sein sollen. Eine einfache Erklärung ist, dass die Abweichung geomantisch begründet ist, weil die Kirche genau so liegt, dass unter ihr mehrere Kreuzungspunkte geomantischer Linien verlaufen. Eine andere lautet, dass ihre Ausrichtung auf jenen Punkt hindeutet, an dem der

Mond im Verlauf eines Mondknotenzyklus von 18 bis 19 Jahren seinen nördlichsten Aufgangspunkt erreicht. Diese Ausrichtung ist ebenfalls bei druidischen Heiligtümern zu finden, die ja auch als Sonnen- und Mondbeobachtungsstationen dienten.

Eine weitere Interpretation besagt, dass die Winkelabweichung exakt den Sonnenaufgang zur Tag-und-Nacht-Gleiche im Frühling am 21. März anpeilt. Außerdem wird behauptet, dass die Kathedrale genau auf demselben Kräftegitterstrahl liegt, auf dem sich das biblische Geschehen um Jesus vollzog. Und schließlich besagt eine fünfte Interpretation, dass die Ausrichtung der Kirche mit der Ausrichtung der rechteckigen Gralstafel im Kirchenschiff zu tun hat.«

»Eine Gralstafel mitten in der Kathedrale?«, fragte ich erstaunt. »Die habe ich ja noch gar nicht gesehen!«

Die drei Gralstafeln

»Die kannst du auch nicht unmittelbar sehen, weil sie nur längenmäßig im Längsschiff der Kirche verborgen ist«, fuhr Nilrem fort. »Im Übrigen handelt es sich auch nicht um eine, sondern um drei Tafeln, denn es sind drei Tafeln, die den Gral getragen haben sollen: eine runde, eine quadratische und eine rechteckige.

Die rechteckige steht für die Abendmahlstafel, an der Jesus mit seinen Jüngern das letzte Abendmahl gefeiert hat. Die zweite Tafel wurde von Josef von Arimatheia eingerichtet und war quadratisch. Der Legende nach war Josef von den Römern eingesperrt worden, weil sie ihn verdächtigten, den Leichnam Jesu gestohlen zu haben. Im Kerker erschien ihm dann Jesus, übergab ihm den Abendmahlskelch und beauftragte ihn, über das Meer zu fahren und dort die zweite Tafel für den Gral einzurichten. Nach seiner Befreiung tat Josef, was ihm aufgetragen worden war. Wie ich dir schon erzählt habe, berichtet die Legende, dass Josef zuerst nach Chartres und dann nach Avalon kam.

Die dritte Tafel schließlich ist mit der Tafelrunde von König Artus verbunden: Er versammelte an einer runden Tafel die Ritter, die sich auf die Suche nach dem inzwischen verlorenen Gral machten. In einer modernen Interpretation könnte man sagen, dass die runde, die quadratische und die rechteckige Tafel für Intuition, Intelligenz und Mystik stehen.

Wie zu erwarten, gibt es eine geometrische Beziehung zwischen den drei Tafeln, die sich im Grundriss der Kathedrale wieder findet. Das Rechteck mit dem Seitenverhältnis 2:1 – also der Oktave, die auch im gesamten Längsschiff verborgen ist – lässt sich im Choraufbau entdecken. Aus den Maßen des Rechtecks lässt sich nun auf einfache Weise ebenso das Quadrat und der Kreis gewinnen *(siehe Foto im Bildteil).*

Zunächst das Quadrat: Zieht man aus der Fläche des Rechtecks (= Länge x Breite) die Wurzel, so erhält man die Seitenlängen des Quadrats. Sie lassen sich auch zeichnerisch statt rechnerisch ermitteln, indem man einfach zwei Rechtecke nebeneinander legt und dann die Mittelpunkte jeder Seite miteinander verbindet. Den Kreis erhält man, indem man den Radius r aus folgender Gleichung ableitet: Fläche = $r^2 \times \pi$.

Pi (π) hat den ins Unendliche gehenden Wert 3,14159... und ist ähnlich wie Phi (φ) wieder eine geheimnisvolle transzendente Zahl, die unendlich ist, aber Endliches gebiert; $\pi = \sqrt{2} + \sqrt{3}$. Auf ebenso geheimnisvolle Weise steckt im Rechteck auch wiederum der goldene Schnitt: Ein Rechteck mit den Seitenverhältnissen 2:1 hat immer die Diagonale $\sqrt{5}$. Verlängert man diese Diagonale um die Breite 1 und teilt diese Strecke durch 2, so erhält man eine Strecke, deren Zahlenwert 1,618... ergibt, also $(\sqrt{5}+1):2 = 1,618$. Der goldene Schnitt liegt somit auch bei Quadrat und Kreis vor: Da ihr Umfang gleich ist, entsteht ein Phi-Verhältnis.

Es stecken noch mehr Geheimnisse in diesen Tafeln, die erst zum Teil gelüftet sind. So ist festgestellt worden, dass die Grundfläche der Tafeln von Chartres genau ein Hundertstel der Grundfläche der Cheopspyramide betragen. Auch zur Königskammer dieser Pyramide gibt es eine besondere Beziehung. Bekanntlich hat sie folgende Maße: Breite 1, Länge 2, Höhe 1,117 Meter. Wenn man diese Zahlen mit 16,40 Meter, also der Breite der Vierung bzw. des Mittelschiffs, multipliziert, so erhält man für die Breite 16,40 Meter, für die Länge 32,80 Meter und für die Höhe 18,32 Meter. Die letzte Zahl, multipliziert mit 2, entspricht exakt der Höhe des Gewölbes über dem Chor von Chartres, während die errechneten 32,80 und 16,40 Meter genau den Maßen der rechteckigen Gralstafel entsprechen. Das heißt, der Chor von Chartres stimmt in seinen Proportionen mit der Königskammer der Cheopspyramide überein!«

»Seltsam«, wandte ich ein. »Wie kann es zu solchen Übereinstimmungen zwischen Bauwerken kommen, die zeitlich und räumlich so weit auseinander liegen?« »Die Antwort darauf findest du im geheimen Wissen. Es zeigt sich eben wieder einmal, dass die Zusammenhänge zwischen den verschiedenen Kulturen und den heiligen Orten überall auf der Welt nicht zufällig sind, sondern einem Plan folgen.

Eine Übereinstimmung zwischen Quadrat und Kreis herzustellen bzw. eine Quadratur des Kreises zu vollziehen, das heißt symbolisch das Verstandeswissen mit der emotionalen, intuitiven Seite zu vereinigen. Und genau dies kann man tun, wenn man mit den drei Tafeln meditiert.

Dazu legt man zweimal die drei Tafeln nebeneinander, wobei die linke Tafelreihe die Farben rot-blau-rot und die rechte die Farben blau-rot-blau hat. Üblicherweise sind die Tafeln rot und blau, weil sich die Wellenlängen dieser beiden Farben wie eine Quinte (3 : 2) zueinander verhalten und diese wegen ihres besonders harmonischen Reichtums an Obertönen eine herausragende Stellung einnimmt.

Hat man die Tafeln nebeneinander gelegt, so fixiert man schielend die Mitte zwischen ihnen. Probier selbst einmal aus, was dann nach einer Weile passiert«, sagte Nilrem und gab mir eine Abbildung der Tafeln in die Hand.

Ich konzentrierte mich auf die Tafeln. Zuerst bildeten sich Komplementärfarben um sie herum: Die roten bekamen eine blaue Aura, die blauen eine orangefarbene Aura. Nach einer Weile geschah jedoch noch etwas anderes: In der leeren Mitte zwischen den Tafelreihen erschien eine dritte »fiktive« Reihe mit drei Tafeln. Während diese immer klarer wurde, verschwanden die rechte und die linke Reihe. Die mittleren Tafeln schwankten farblich zwischen violett, blau und rot hin und her. Dabei erschien jeweils die Tafel, auf die ich mich besonders konzentrierte, in roter Farbe.

Ich berichtete Nilrem von meiner Erfahrung, und er kommentierte: »Das Betrachten des ›Nichts‹ zwischen den beiden Tafelreihen entspannt nicht nur die Augen und bewirkt eine Besserung bei chronischen Sehfehlern, sondern synchronisiert auch die Tätigkeit der beiden Gehirnhälften. Bei längerer Übung führt dies zum Eintritt in höhere Bewusstseinsdimensionen. In dieser Weise sind die Gralstafeln auch von den Zigeunern seit dem Mittelalter verwendet worden.«

Nach all diesen Erläuterungen Nilrems zur Heiligen Geometrie war ich müde. Es war ein langer Tag gewesen, und längst schon war die Sonne untergegangen, so dass kein Licht mehr durch die Fenster der Kathedrale schien. Nilrem und ich verabschiedeten uns, und ich machte mich ins Maison Saint Yves auf.

Die Gralstafeln zum Meditieren in der Hand, ging mir durch den Kopf, was ich heute gelernt hatte. Wie faszinierend und vielfältig die Heilige Geometrie doch ist! Beeindruckt von der Lösung, die sich für die Lage des Heiligen Zentrums gefunden hatte, wurde mir klar, dass sich die »profane« Geometrie und Mathematik ganz von der Heiligen ableitete. Beide rechnen natürlich mit denselben Zahlen, Formeln und Gleichungen. Der Unterschied ist nur der, dass die »weltliche« Geometrie die spirituelle Dimension verloren hat und daher nicht mehr ganzheitlich (heilig = heil, engl. »whole« = ganz) – aus einem Ganzen schöpfend oder konstruierend – denkt, sondern nur noch additiv-linear aneinander reihend. Auf diese Weise entgehen ihr nicht nur viele Bezüge und das Verständnis so mancher spiritueller Zusammenhänge, sondern sie bleibt auch in der dritten Dimension stecken, ohne die höheren Dimensionen verstehen zu können – sicher auch eine Folge des Denkens mit nur zwei Bewusstseinsdimensionen, einem Diesseits und einem Jenseits. – Erschöpft schlief ich ein.

Teil 3
Das Labyrinth

Wer bis zu der Schwelle gelangt, an der die Raumgestalt den Schlüssel für die Gestaltung der Zeit hergibt, muss das dritte Maß, das sog. Alte Maß, finden, das auch den Pyramiden und dem salomonischen Tempel zugrunde gelegen hat.
Louis Charpentier 1997, S. 177

Rhythmen machen das Physische »halbgeistig«.
Jobst D. Wolter 1996, S. 41

Die Kathedrale von Chartres ist mehr als ein normales Gotteshaus, sie ist auch mehr als ein Kunstobjekt – sie ist eine mystische Einweihungsstätte voller Geheimnisse.
Grazyna Fosar / Franz Bludorf 1996, S. 20

Der Archetyp
des menschlichen Seelenweges

»Entschuldigen Sie, wo ist denn hier das Labyrinth?«, sprach mich eine Frau an und sah dabei in die Luft, als ob es an der Decke hinge. »Sie stehen mitten darauf«, klärte ich sie auf. »Oh«, sagte die Frau erschrocken, schaute auf den Boden und ging dann schnell weiter.

»Sie kommen immer wieder als Touristen und wollen doch so gerne Pilger sein, nicht wahr?« Unbemerkt hatte sich wieder Nilrem neben mir eingefunden und spielte mit seiner Äußerung auf die Frau und auf andere Touristen an. »Morgens besuchen sie Paris, mittags Chartres und abends die Schlösser an der Loire«, meinte Nilrem kopfschüttelnd, und ich musste zugeben, dass er damit nicht ganz Unrecht hatte.

Wir hatten wieder wie gewohnt im Labyrinth zusammengefunden, und diesmal wollte mir Nilrem endlich etwas darüber erzählen, nachdem wir schon mehrmals bei unseren geometrischen Betrachtungen auf Übereinstimmungen zwischen dem Gesamtkirchenschiff und dem Labyrinth gestoßen waren.

»Das Labyrinth ist ein integraler Bestandteil der mittelalterlichen Architektur der Zisterzienser, die über Bernhard von Clairvaux auch auf Chartres Einfluss genommen haben«, begann Nilrem seinen heutigen Vortrag. »Das erste Kirchenlabyrinth im 12. Jahrhundert wurde wahrscheinlich in Sens angelegt, gefolgt von Pontigny und Chartres an dritter Stelle, wo es zwischen 1210 und 1211 entstand; dies waren die ersten Labyrinthe von begehbarer Größe, kleinere gab es zuvor auch schon in italienischen Kirchen.

Nach Chartres wurden weitere Labyrinthe gebaut, so in Auxerre, Amiens und Reims. Aber nicht überall sind diese Labyrinthe so gut erhalten wie in Chartres. Manche sind vollkommen zerstört worden, wie das in Sens im Jahre 1690 oder das in Amiens im Jahre 1799. Dort ließ es ein Priester entfernen, weil es ihn störte, dass Kinder es für ihre Hüpfspiele nutzten. Allerdings konnte es nach dem Original 1894 rekonstruiert werden.

Die Labyrinthe in den verschiedenen Kathedralen sehen natürlich nicht überall gleich aus. So bilden diejenigen in Amiens und

Reims jeweils ein Oktogon, während das Chartreser Labyrinth rund ist. Es scheint demjenigen von Sens, dem mittelalterlichen ›Urmodell‹, ähnlich zu sein. Allerdings hat es ohnehin eine geradezu archetypische Form, die sich auch in anderen Kulturen findet.

Seit urewigen Zeiten legen Menschen Labyrinthe an. Sie finden sich in einer Fülle von geometrischen Variationen als kunstvolle Mosaike, als Rasen- oder Gartenlabyrinthe oder als in Felsen eingeritzte ›Graffiti‹. Außer in Europa gibt es sie in Indien, Asien, auf Java, auf Sumatra und in Nordamerika.

Das europäische Urlabyrinth soll sich auf Kreta befunden haben, wo der Sage nach das Ungeheuer Minotaurus in der Mitte eines Labyrinths hauste. Dem Minotaurus mussten alle sieben Jahre sieben Jünglinge und sieben Jungfrauen geopfert werden, bis es Theseus gelang, ihn im Innersten des Labyrinths aufzufinden und zu töten. Damit sich Theseus im Labyrinth nicht verirrte, hatte ihm seine Geliebte Ariadne einen Faden mitgegeben, den er durch das ganze Labyrinth hindurch abspulte, so dass er ebenso mühelos den Weg ins Zentrum wie auch wieder hinaus fand.

In dieser Sage kommt symbolisch der Weg des Menschen zu sich selbst zum Ausdruck: Das Bewusstsein, in der Mythologie meist symbolisch durch einen Mann – hier Theseus – dargestellt, kann nur mit Hilfe des Unbewussten, dargestellt durch eine Frau – hier Ariadne –, den Weg ins Seeleninnere finden. Das Bewusstsein muss sich also von den unbewussten Kräften führen lassen, was in der Sage durch den Ariadne-Faden geschieht.

Im Seeleninneren scheint sich ein Monster zu verbergen, das den unerlösten Seelenanteilen oder den ungelösten, unerledigten emotionalen Konflikten entspricht. Dieses Monster, der Minotaurus, zieht dem Menschen Energien ab, symbolisiert durch das Fressen von Jünglingen und Jungfrauen.

Ist das Monster besiegt, sind also die emotionalen Probleme gelöst, so wird das Bewusstsein erlöst: Es hat an Energie und Lebenskraft hinzugewonnen, weil es die weiblichen bzw. unbewussten Anteile erfolgreich in sich integrieren konnte. In der Sage wird der Mann dadurch zum Helden.

Dieser klassische Heldenmythos findet sich in ähnlicher Form wie in der Geschichte von Theseus und Ariadne in unzähligen Werken der Weltliteratur bis hin zu modernen Krimis, wo der Held als ›Kommissar‹ durch ein Labyrinth von Lügen hindurch einen Mörder finden und stellen muss; häufig spielt eine Frau dabei eine wichtige Rolle.

Der Helden-Archetyp ist darum so beliebt, weil er eines der Urthemen des Menschen zum Ausdruck bringt: seine Selbstfindung bzw. seinen Weg zur Selbsterkenntnis. Deshalb wurden Labyrinthe in den verschiedenen Kulturen auch als Initiationssymbol verwendet, und das Abschreiten des Labyrinths entsprach dem Initiationsweg, auch als ›Weg nach Jerusalem‹ bezeichnet.

Im Inneren des Labyrinths von Chartres, das heute ›leer‹ ist, soll sich ursprünglich eine Kupferplatte mit einer Abbildung von Theseus und dem Minotaurus befunden haben. Die Kupferplatte wurde unglücklicherweise während der Französischen Revolution eingeschmolzen und zum Kanonenbau verwendet. Lediglich die Bolzen, mit denen die Kupferplatte auf dem Stein befestigt war, sind bis heute übrig geblieben.

Man hat verschiedentlich vermutet, dass der Baumeister von Chartres, dessen Name nirgendwo in der Kathedrale zu finden ist, sich in der Kupferplatte mit seinem Namen verewigt habe, doch ist dies mehr als unwahrscheinlich. Warum sollte ein Meister des Steins ausgerechnet in einer Metallplatte seinen Namen hinterlassen? Da hätte er doch tausend bessere Gelegenheiten innerhalb der Steinkonstruktion des Kirchenschiffs gehabt! Es scheint mir eher so zu sein, dass man hier versucht, ein ungelöstes Problem durch Verweis auf eine verlorene und nicht mehr rekonstruierbare Platte aus der Welt zu schaffen.

Die Überlegung ist nur insoweit nicht ganz von der Hand zu weisen, als sich z.B. in Reims die fünf Künstler, die das dortige Labyrinth legten, jeweils ganz individuell porträtiert haben: In der Mitte findet sich eine steinerne Abbildung des Meisters, und an vier Seiten des Oktogons sind seine vier Gesellen zu sehen. Die Künstler bewiesen auf diese Weise ein bemerkenswertes Geschick in Sachen Selbstvermarktung und erhielten sicher dank ihrer Porträts zahlreiche weitere Aufträge für andere Kirchen oder Privathäuser! Doch an solchem ›Marketing‹ lag dem bescheidenen Baumeister von Chartres und/oder dem Künstler des Labyrinths offenbar nichts.

Das Labyrinth von Reims wie auch von Amiens und anderer Kirchen hat im Gegensatz zu dem von Chartres einen ganz anderen, nämlich eher dekorativen Charakter. Das bedeutet, in den späteren Kirchen wurde vieles dem Zufall überlassen, während man in Chartres auch im Hinblick auf das Labyrinth, seine Lage, seine Größe usw. alles genau plante.«

Die Lage im Verhältnis zum Kirchenschiff

»Was wurde denn am Chartreser Labyrinth geplant?«, unterbrach ich Nilrems Vortrag. »Zum Beispiel entspricht die Lage seines Eingangs genau dem Eingang der Vorgängerkirche von Fulbert«, antwortete Nilrem. »Dann ist das Labyrinth im Grunde drei- und nicht zweidimensional zu denken: Klappt man es in die dritte Dimension nach oben, so ist es in Lage und Größe genau deckungsgleich mit der Westrose über dem Königsportal.

Deshalb verwundert es auch nicht, dass genau am 15. August, also an Mariä Himmelfahrt, vom zentralen Fenster des Triptychons die Umrisse der Figur der Maria mit ihren farblichen Schattierungen exakt auf den Boden in das Zentrum des Labyrinths fallen.« Erstaunt darüber, wie hier Raum und Zeit wiederum eine Einheit bilden, sagte ich: »Das ist ja gewissermaßen eine Hochzeit von Himmel und Erde!«

»Ja, das Lichte und Transparente des Glases vereinigt sich genau zur richtigen Zeit mit dem Schweren und Undurchdringlichen des Steins, der dadurch transzendent wird. Auf diese Weise wird außerdem ein Bezug hergestellt zwischen dem Labyrinth und der Heiligen Jungfrau, der die Kathedrale geweiht ist.

Außer zu Maria ist natürlich auch ein Bezug zu Jesus gegeben: Da er in der Mitte der Westrose thront, würde er genau in der Mitte des Labyrinths sichtbar, wenn man die Westrose auf das Labyrinth herunterklappte – ein Symbol dafür, dass der Mensch zum Christus-Bewusstsein erhoben wird, wenn er das Innere des Labyrinths erreicht.

Weiterhin ist der Abstand im Westen zwischen dem Labyrinth und dem Königsportal genauso groß wie im Osten der Abstand zwischen dem Labyrinth und dem Altar. Und der Rand des Labyrinths fällt genau mit dem Punkt zusammen, an dem im Grundriss der Kathedrale die runde Gralstafel endet. Dann teilt die Mitte des Labyrinths das westliche Kirchenschiff entsprechend der Anzahl der Pfeiler genau im Verhältnis 3:4, also der Quarte. Weitere Gestaltungszusammenhänge wirst du erkennen, wenn wir uns mit der Form des Labyrinths befassen.

Das Labyrinth als Kalender

Das kretische ›Ur-Labyrinth‹ soll sieben Ringe gehabt haben und sieht dem jüdischen Leuchter, der Menorah, nicht unähnlich. Es wird auf einfache Weise aus einem rechtwinkligen Kreuz konstruiert. In seine vier Quadranten werden Viertelkreise und in diese wiederum einzelne Punkte eingezeichnet. Mit einem Kreisbogen wird dann das obere Ende des linken oberen Viertelkreises mit dem oberen Ende des senkrechten Kreuzarmes verbunden. Gegenläufig wird dann ein Kreisbogen vom oberen Ende des rechten oberen Viertelkreises zum linken oberen Punkt gezeichnet. Anschließend wird erneut die Richtung umgedreht und in einem weiteren Bogen das linke Ende des linken oberen Viertelkreises mit dem rechten oberen Punkt verbunden – und immer so fort hin und her. Das Labyrinth von Chartres sieht ähnlich aus, hat aber elf konzentrische Ringe und ist insgesamt kunstvoller und differenzierter gestaltet.

Eine einfache Labyrinth-Form:
So könnte das kretische Ur-Labyrinth ausgesehen haben.

Das Chartreser Labyrinth

Im strengen Sinne handelt es sich weder bei dem kretischen noch bei dem Chartreser Labyrinth um einen ›Irrgarten‹, denn es gibt nur einen einzigen Weg, der nach innen führt. Man kann sich also nicht verlaufen, auch wenn es auf den ersten Blick den Anschein haben mag. Dies ist wiederum ein Hinweis darauf, dass das Labyrinth für den menschlichen Seelenweg steht, denn auch dieser kennt nur einen Zugang zu Gott.

Das Chartreser Labyrinth ist von außen von einer Zahn- bzw. Zackenbordüre umgeben. Weißt du, wie viele Zacken es sind?«, fragte mich Nilrem.« »Achtzig«, antwortete ich, ohne nachzudenken. »Wieso denn achtzig?«, entgegnete Nilrem erstaunt. »Wie kommst du denn auf diese Zahl?« »Ich habe es auf einer Postkarte nachgezählt.« »Ausgerechnet auf einer Postkarte!«, kritisierte Nilrem. »Die Zahl 80 ist falsch. Zähle noch einmal nach, aber diesmal am Labyrinth selbst!« Ich schritt außen um das Labyrinth herum und zählte 112 Zacken.

»Die Bordüre des Labyrinths hat 112 schwarze Zacken«, bestätigte Nilrem. »Leider gibt es Menschen, die noch immer nicht bemerkt haben, dass sogar die äußere Bordüre nicht nur einen dekorativen, sondern einen geometrisch zwingenden Charakter hat. Deshalb finden sich viele falsche Darstellungen des Chartreser Labyrinths – nicht nur, aber ganz besonders in den Andenkenläden, die die Kathedrale umgeben. Da gibt es Postkarten, Anhänger, Glasbilder usw., die die Anzahl der Zacken willkürlich wiedergeben, und zwar jeweils mit einer ganz verschiedenen Anzahl von Zacken. Sogar auf dem Einband eines Buches mit dem Titel *Le labyrinthe déchiffré (Das entschlüsselte Labyrinth)* ist die Anzahl der Zacken falsch dargestellt!

Es sind also 112 schwarze Zacken, zwischen denen sich 111 weiße Einbuchtungen befinden. Wie du siehst, wurde am Eingang des Labyrinths eine schwarze Zacke ausgespart, so dass es eigentlich, genau genommen, 113 schwarze Zacken und 112 Einbuchtungen sind.

Die Zahlen 111, 112 und 113 bzw. 11, 12 und 13 spielen also eine besondere Rolle. Einerseits kommen in ihnen wiederum die Oktave (1:2) und die Quinte (2:3) vor. Andererseits war im Mittelalter die Zehn Ausdruck der Vollkommenheit und 11 die Zahl der Sünde, wovon noch heute der Beginn der Karnevalssaison am 11.11. und der wortgeschichtliche Hintergrund des Karnevalsgrußes ›Alaaf‹ (= ›Elf‹) zeugen.

Die 12 steht für die Wiederherstellung der Vollkommenheit, auch für die Vollendung eines Zyklus oder einer Bewusstseinsdimension. Dementsprechend beginnt mit der 13 jeweils ein neuer Zyklus. Die 13 ist gewissermaßen die Überhöhung der 12 und der Beginn einer neuen Dimension. Sie steht auch für Jesus, dessen Wirkungszeit im engeren Sinne 1.183 Tage – Quersumme: 13 – dauerte. Jesus und seine 12 Apostel werden ebenfalls in der 112 als 1+12 dargestellt.

Außerdem haben die Zahlen 12 und 13 natürlich mit der Zeitrechnung zu tun: Das Sonnenjahr, nach dem unser heutiger Kalender aufgebaut ist, hat 12 Monate, das Mondjahr, das dem weiblichen Zyklus entspricht, jedoch 13 Monate à 27,3 oder 28 Tage. 27,3 x 113 = 354,9 Tage. 355 : 113 = 3,14159, entspricht also dem Pi-Wert (π). Wir sehen hier, wie in den äußeren Zacken des Labyrinths auf ungewöhnliche Weise eine transzendente Zahl verschlüsselt ist!

Ein Hinweis auf die 13 des Mondjahres findet sich versteckt auch im inneren Kreis mit der sechsblättrigen Rosette: Unter Einbeziehung des Labyrinth-Eingangs lässt sich dort genau ein 13-zackiger Stern einzeichnen, bei dem jede Zacke einen markanten Punkt berührt.

Vermutlich wurde das Labyrinth als eine Art immer währender Kalender verwendet, wie es auch bei anderen Labyrinthen der Fall war, doch niemand weiß heute mehr genau, wie dieser Kalender zu benutzen ist. Das kalendarische Element kommt ebenfalls in den vier Viertelkreisen oder Quadranten des Labyrinths zum Ausdruck: Die 28 Zacken pro Quadrant stehen jeweils für die lunaren Tage eines Monats, das ganze Labyrinth für ein lunares Vierteljahr. Außerdem steht die innere Rosette mit den sechs Blütenblättern für ein halbes Sonnenjahr. Die 28 findet sich ebenfalls in der Anzahl der 180-Grad-Windungen wieder, wie am Inneren der vier Quadranten erkennbar. Weiterhin besteht das Labyrinth aus 365 weißen und 273 schwarzen Steinen – wiederum ein deutlicher Hinweis auf das Sonnenjahr und den Mondaspekt. Das Männliche und das Weibliche sind im Labyrinth mit seinen Aspekten zum Sonnen- und zum Mondjahr offensichtlich im Gleichgewicht.

Für die Menschen des Mittelalters waren die elf konzentrischen Kreise des Labyrinths auch ein astronomischer Hinweis auf das Sonnensystem, soweit es damals bekannt war: Der innerste Kreis steht für die Erde, die weiteren Kreise für Mond und Sonne, die dann folgenden für die damals bekannten Planeten Merkur, Venus, Mars, Jupiter und Saturn. Der achte (!) Kreis von innen steht für den gesamten Zodiak mit seinen 12 (!) Sternzeichen, der neunte, zehnte und elfte jeweils nach Plotin für die Weltseele, den Geist und Gott.

Im Labyrinth als Kalender kommt die wahre Bedeutung des Wortes ›Tempel‹ zum Ausdruck: Jeder Tempel bzw. jede Kirche diente ursprünglich der Zeitrechnung, denn ›tempus‹ heißt im Lateinischen die ›Zeit‹. Man hatte ein Gefühl dafür, dass astronomische und psychologische Gesetzmäßigkeiten in einem inneren Zusammenhang stehen.«

Der goldene Schnitt
und die Merkaba des Labyrinths

» as Labyrinth erscheint mir ungeheuer groß«, sagte ich zu Nilrem, »das Abschreiten dauert sicher seine Zeit.« »Die Wegeslänge der ›Gänge‹ zwischen den schwarzen ›Mauern‹ beträgt 261,5 Meter, also rund einen Viertelkilometer«, erläuterte Nilrem. »Der Längs- und der Querdurchmesser weichen geringfügig voneinander ab. Der Längsdurchmesser beträgt 12,30 Meter, der Querdurchmesser ohne die Bordüre 12,455 Meter. Mit seiner Größe füllt das Labyrinth das Mittelschiff in seiner ganzen Breite fast vollständig aus.

Was du mit dem bloßen Auge nicht sehen kannst, ist, dass auch in den Proportionen des Labyrinths wiederum der goldene Schnitt mehrfach verborgen ist: Der innerste Kreis hat zusammen mit den sechs Blütenblättern einen Durchmesser von 2,942 Metern, die übrigen Kreise ohne Zahnbordüre jeweils rechts und links von der Mitte 4,7565 Meter. $4,7565 : 2,942 = 1,62 = $ phi (φ), das heißt, der innere Kreis des Labyrinths steht zu seinen elf äußeren im Verhältnis eines goldenen Schnitts. Ganz analog besteht zwischen dem Gesamtdurchmesser und den äußeren Kreisen ebenfalls ein Phi-Verhältnis: $12,455 : 4,7565 = 1 + 1,618 = 1,618^2$.

Phi-Zahlenwerte sind auch noch in weiteren Maßen des Labyrinths verborgen – wie es scheint, ohne dass es bisher jemand gemerkt hat! Man hat viel Zeit darauf verwendet, die *absoluten* Maße des Labyrinths wie auch des Kirchenschiffs zu vermessen, ohne sich jedoch über *Proportionen,* wie sie durch den goldenen Schnitt ausgedrückt werden, Gedanken zu machen.

Betrachten wir einmal die Wegeslänge: 261,5 Meter : 1,618 = 161,619 = $\varphi \times 100$. Das bedeutet: Wer den Weg des Labyrinths abschreitet, schreitet zugleich die 100-fache ›Länge‹ des goldenen Schnitts ab.

Die Zacken der Bordüre bestehen aus Dreiviertel-Kreisen (3 : 4 = Quarte). Der Durchmesser der Kreise beträgt 280 Millimeter, der äußere Abstand von Zacke zu Zacke 262 Millimeter. $280 : 262 = 1,068 \approx \sqrt[8]{1,618} = 1,618^{1/8}$ – wiederum ein phi-naher Wert. $1,068 : 3,14159 \approx \sqrt[8]{\varphi : \pi} = 0,3399$ – eine Zahl, in der das Lebensalter Jesu, nämlich 33 Jahre und 99 Tage, versteckt ist. Somit ist also auch die

Größe der Dreiviertelkreise der Zahnbordüre kein Zufall, sondern zeigt auf ganz raffinierte Weise eine Beziehung zu Phi (φ), zu Pi (π) und zum Leben Jesu.

Der äußere Durchmesser des Labyrinths *inklusive Zahnbordüre* beträgt 13,015 Meter. Dividiert man diese Zahl durch den Durchmesser der elf äußeren Kreise, also durch 4,7565 Meter, so erhält man 2,7362; man stößt also außer auf Phi auch wieder auf die 273, die im Mondkalender, für die Dauer einer Schwangerschaft und als absoluter Nullpunkt bedeutsam ist.

Der Schöpfer des Labyrinths – mag dies nun der Baumeister der Kathedrale oder ein anderer Künstler gewesen sein – fand offensichtlich Gefallen an einem Spiel mit dem goldenen Schnitt, den er auf ganz verschiedene Weise mehrfach im Labyrinth verschlüsselte.

Pi findet sich ebenfalls im Verhältnis des Labyrinthumfangs (39,12854 Meter) zu seinem Durchmesser (12,455 Meter). Auch andere Zahlenwerte, deren Bedeutung ich dir schon erklärte, sind im Labyrinth zu entdecken: So beträgt der Durchmesser der inneren sechs Kreise inklusive Umrandung (3,114 Meter) im Verhältnis zum gesamten Durchmesser 1 : 4, also eine Doppeloktave.«

»Wie groß ist denn das Merkaba-Feld um das Labyrinth?«, fragte ich Nilrem. »Das kannst du selbst errechnen, wenn du dir unsere Zeichnungen genau anschaust«, antwortete er. »Von der Fläche her beträgt die Labyrinth-Merkaba genau ein Neuntel der Kathedralen-Merkaba. Das heißt, die Labyrinth-Merkaba ist 1536-mal größer als die Merkaba eines einzelnen Menschen (13.824 : 9 = 1.536)«, fand ich heraus.

»Richtig. Und auch in dieser Zahl stecken einige interessante Hinweise, an denen erkennbar ist, wie sich in der Labyrinth-Merkaba im Kleinen dieselben Aussagen verbergen wie in der Merkaba der Kathedrale im Großen *(siehe Tabelle auf der nächsten Seite)*.

12^8, dividiert durch 1.536, ergibt wie bei der Division durch 13.824 eine *ganze* Zahl, nämlich 279.936 – eine Zahl, die wiederum die schon so häufig aufgetretene Quersumme 9, den Hinweis auf den weiblichen Aspekt, enthält. Bemerkenswert ist die Verschlüsselung von 1536, denn: $1 = 0,0002073 \times \pi \times 1536$.

D. h., in der Größe des Merkaba-Feldes ist zum einen die 27,3 – also die Zahl für den lunaren Kalender und die Dauer einer Schwan-

Die Blume des Lebens auf dem Labyrinth

gerschaft bis zur (Wieder-)Geburt – verborgen, zum anderen die Kreiszahl Pi als Hinweis auf die Kreisform des Labyrinths, und die Eins, die für Gott steht. Die Gleichung lässt sich, in Worte gefasst, so lesen: ›Die menschliche Wiedergeburt mit Hilfe des Kreises der Labyrinth-Merkaba führt zu Gott.‹ Aus der Relation dieser vier Zahlen zueinander ist somit ersichtlich, dass die Größe der Labyrinth-Merkaba bzw. die Größe des Labyrinths selbst geradezu zwingenden Charakter hat im Hinblick auf seine Funktion, nämlich dem Menschen zur Wiedergeburt in einer höheren Bewusstseinsdimension zu verhelfen!

1.536	Interpretation
$= 128 \times 12$	die achte Dimension (8/12)
$= 64 \times 6 \times 4$	Hinweis auf alle Bewusstseinsdimensionen
$= 8^3 \times 3$	Jesus in der dritten Dimension
$\approx 888 \times \sqrt{3} \, (= 1{,}732)$	Jesus in der dritten Dimension (Fraktal)
$= (3:2) \times 2 \times 8^3$	die Quinte und Jesus (8^3) in der Polarität (2)
$= (3:2) \times 8 \times 128$	eine Quinte, die achte Dimension und Jesus (als einfache 8)

Natürlich erkennt man im Labyrinth auch sehr deutlich die Blume des Lebens wieder: Es hat im Inneren sechs Kreise, genau wie die Blume um den innersten Kreis 6 Kreise bildet. Übrigens, auch die Quersumme von 1.536 ist 6. Die sechs Kreise oder Blütenblätter stehen symbolisch für die Rose, ein Symbol der Erleuchtung; in der indischen Kultur entspricht sie dem 1000-blättrigen Lotus. Jedes der sechs Blütenblätter hat zum innersten Kreis hin eine Verzweigung in drei ›Äste‹. Zusammen ergibt das 18 Äste, was genau mit der Anzahl der äußeren Kreise der Blume des Lebens übereinstimmt. Aber bevor wir uns weiter über das Labyrinth unterhalten, solltest du es erst einmal selbst abschreiten«, beendete Nilrem seinen Vortrag.

Rhythmische Rituale

Am Abend hatte ich Gelegenheit, zusammen mit meiner Reisegruppe den Weg durch das Labyrinth zu gehen. Wir räumten die Stühle beiseite, um Platz zu haben, und schritten dann, einer nach dem anderen, in gebührendem Abstand und gemächlichen Schrittes durch die Windungen dieses großen »Gehirns«.

Es war eine manchmal merkwürdige Erfahrung. Schon nach wenigen Drehungen hatte ich den Eindruck, das Ziel, also das Innere, erreicht zu haben, denn ich war in demjenigen inneren Ring angekommen, der den sechs Bütenblättern am nächsten lag. Und doch hätte ich nicht weiter vom Zentrum entfernt sein können! Denn ich hatte noch nicht einmal ein Viertel der gesamten Wegstrecke zurückgelegt.

Obwohl alle Teilnehmer der Reihe nach in etwa gleichen Abständen den Eingang betraten, ergaben sich alsbald Unterschiede in der Geschwindigkeit der einzelnen. So kam es manchmal unerwartet hinter einer »Ecke« zu einem Stau, weil auf einmal mehrere Teilnehmer zu dicht hintereinander schritten. Dann wieder entstanden solch große Lücken, dass ich zeitweise das Gefühl hatte, ganz allein im Labyrinth zu sein, bis ich endlich wieder jemandem begegnete.

Dadurch, dass es sowohl Links- als auch Rechtswindungen gibt, hatte ich den Eindruck, dass mir sehr häufig die Menschen entgegenkamen, wobei sie sich aber immer in anderen der elf konzentrischen Kreise bewegten. Es gab dann jeweils nur eine kurze Begegnung, denn jeder ging auf seinem ganz individuellen Weg weiter voran.

Während des gesamten Weges durch das Labyrinth wusste ich eigentlich nie genau, wo ich mich befand und wie lange der Weg noch dauerte. Das Labyrinth erschien mir unübersichtlich und verwirrend, obwohl zeitweise in mir ein Gefühl auftauchte, dass ein Gesetz, eine Regel, ein Rhythmus darin stecken musste.

Schließlich war ich auf dem äußersten der elf Ringe angelangt und hatte den Eindruck, dass der Weg niemals ein Ende nehmen würde. Und doch war ich jetzt dem Zentrum so nah wie nie zuvor! Nach wenigen Windungen konnte ich bereits einen Blick ins Innerste werfen. Bevor ich das Innere mit den sechs Blütenblättern betrat, hatte ich ganz kurz das Gefühl eines emotionalen Abfallens.

Im Inneren angekommen, gesellte ich mich zu den anderen Teilnehmern, die bereits dort eingetroffen waren. Ich verbrachte die Zeit des Wartens auf die übrigen Mitglieder der Reisegruppe, die noch auf dem Weg waren, mit einer Meditation und spürte bald sehr starke, positive und intensive Schwingungen, einem Gefühl von Freude ähnlich.

Der gesamte Weg durch das Labyrinth erschien mir wie der Lebensweg selbst – mit den unerwarteten Begegnungen, den Problemen und dem Nichtwissen, wo man sich befindet und wie lange es dauert.

»Diesen Weg sind im Mittelalter genau wie du die Pilger abgeschritten, nachdem sie einige Zeit in der Krypta verbracht und dann im Süden die ebenerdige Kathedrale betreten hatten«, erklärte Nilrem, als wir wieder alleine waren und meine Reisegruppe die Kirche verlassen hatte. »Nur mit dem Unterschied, dass die Pilger den Weg auf Knien abschritten und sich erst im Zentrum aufrichteten. Dann erst konnten sie die Kathedrale in ihrer vollen Größe und Höhe wahrnehmen und haben dies auch als ihre eigene Erhöhung empfunden.«

»Das Labyrinth auf Knien abzuschreiten, war sicher in Anbetracht des harten Steinfußbodens sehr beschwerlich und schmerzhaft«, bemerkte ich. »Aber nach der Auffassung der Menschen damals nötig, um Buße zu tun«, erwiderte Nilrem. »Allerdings wurde das Labyrinth auch zu fröhlichen Anlässen begangen, ohne dass dabei gekniet wurde. So veranstaltete der Bischof beispielsweise zu Ostern mit der Gemeinde einen Reigentanz durch das Labyrinth, bei dem die Teilnehmer sich gegenseitig einen Ball zuwarfen.

Hast du beim Gang durch das Labyrinth die Regelmäßigkeit in der Abfolge der Drehungen bemerkt?«, fragte Nilrem. »Ich habe die Regelmäßigkeit mehr erfüllt als klar wahrgenommen, da das Abschreiten einen darüber im Unklaren lässt, wo man sich gerade befindet«, antwortete ich.

»Dass auf dem Weg die Rotation und der rechte Winkel eine wichtige Rolle spielen, hast du sicher festgestellt. Das Labyrinth hat sechs Winkel von 90 Grad und 28 Winkel à 180 Grad. 6 x 90 Grad = 540 Grad, und 28 x 180 Grad = 5040 Grad. Insgesamt kommt man auf 5580 Grad bzw. 15,5 ganze Kreise. Doch ist es ein Irrtum zu glauben, man vollzöge auf dem Weg 15½ Kreise, denn wenn man alle Linksdrehungen mit einem Minuszeichen und alle Rechtsdrehungen mit einem Pluszeichen versieht, so stellt sich heraus, dass man in Wahrheit nur 360 Grad, also nur *einen einzigen* Kreis gegangen ist. Dies gehört zu den typischen Verwirrspielen von Labyrinthen.

Insgesamt hat der Weg durch das Labyrinth 34 Drehungen – eine bedeutsame Zahl. 33 steht immer für den Wechsel in eine andere Bewusstseinsdimension, mit der 34 ist der Wechsel vollzogen und das Neue beginnt. Ebenso verließ Jesus im 34. Lebensjahr die Erde und wechselte in eine höhere Dimension über. Und 34 ist auch die Anzahl der mittelgroßen Fensterrosen im Kirchenschiff.

Die Zahlen 33 bzw. 34 spielen weiterhin in der physikalischen Quantentheorie eine Rolle, denn sie bilden die rechnerische Grundlage für den so genannten ›Quantensprung‹. Das plancksche Wirkungsquantum hat die Formel: $h = 6{,}626 \times 10^{-34}$ Joule/Sekunde. Das bedeutet, dass ein Elektron nicht beliebige Energiemengen an Licht aufnehmen oder abgeben kann, sondern nur bestimmte ›Pakete‹ oder Quanten, deren Größe durch die Formel vorgegeben ist. Nach Aufnahme eines Lichtenergie-Quantums *springt* das Elektron im

Atom auf ein höheres Energieniveau, nach Abgabe eines Quantums auf ein niedrigeres Niveau. Übrigens ist im planckschen Wirkungsquantum auch der goldene Schnitt verborgen, denn $6{,}626 = 6 + (1 : \varphi)$. Ob Planck das wohl bemerkt hat? (Die so genannte Plancklänge beträgt $1{,}616 \times 10^{-33}$ Zentimeter, was ein überdeutlicher Hinweis auf den goldenen Schnitt ist. Könnten wir uns auf diese ultramikroskopisch winzige Größe begeben, so sähen wir den Quantenschaum, aus dem die Materie zusammengesetzt ist.)

Weiterhin findet sich in den Winkeln des Labyrinths ein versteckter Hinweis auf die Bewusstseinsdimensionen: Oben und unten treffen in jedem Quadranten gut sichtbar jeweils vier 180-Grad-Windungen zusammen, rechts und links jeweils drei 180-Grad-Windungen; $4 \times 3 = 12$ und $4^2 \times 3^2 = 144$.

Auf die Bewusstseinsdimensionen deuten natürlich auch die elf konzentrischen Kreise zusammen mit dem 12. als innerem Kreis hin.

Nach einem bestimmten Rhythmus wechseln sich Rechts- und Linksdrehungen im Labyrinth ab, wobei ebenfalls die vier Quadranten in regelmäßiger Weise durchschritten werden. Die folgenden Tabellen veranschaulichen diesen Rhythmus:

Nr. der Drehung	Quadrant	Anzahl der Drehungen
bis 4	unten links	4
bis 5	oben links	1
bis 8	unten links	3
bis 10	oben links	2
bis 12	oben rechts	2
bis 15	unten rechts	3
bis 17	**oben rechts**	**2**
bis 19	oben links	2
bis 22	unten links	3
bis 24	oben links	2
bis 26	oben rechts	2
bis 29	oben rechts	3
bis 30	oben rechts	1
bis 34	unten rechts	4

Nr. der Drehung	Labyrinthhälfte	Anzahl der Drehungen
bis 10	links	10
bis 17	**rechts**	**7**
bis 24	links	7
bis 34	rechts	10

Es zeigt sich, dass hier eine genau *symmetrische* Durchschreitung der Quadranten und Labyrinthhälften vorgesehen ist, wobei die Hälfte der Drehungen (17) jeweils eine Spiegelachse bildet.

Auch die *Reihenfolge*, in der die elf konzentrischen Kreise durchschritten werden, ist nicht zufällig. Sie verläuft ebenfalls regelmäßig, aber nicht so, dass die Kreise einfach von eins bis elf der Reihe nach durchlaufen werden. Die erste Windung führt in den fünften Kreis, die zweite in den sechsten, die dritte in den elften. Sieht man sich die Reihenfolge der Kreise an, so scheint sie zunächst keinerlei Rhythmus zu folgen:

5–6–11–10–9–8–7–8–9–10–11–10–9–8–7–6–5–4–3–2–1–2–3–4–5–4–3–2–1–6–7.

Kannst du irgendein Muster darin erkennen?«, fragte mich Nilrem. Ich sah mir die Reihenfolge der Zahlen an, konnte aber nichts darin sehen, zumal die Anzahl der Kreise unregelmäßig zu schwanken schien. »Den zu Grunde liegenden Rhythmus erkennst du erst dann, wenn du jedem Kreis einen Punkt in einer Skala zuweist. Dann ergibt sich das abgebildete visuell erkennbare Muster.

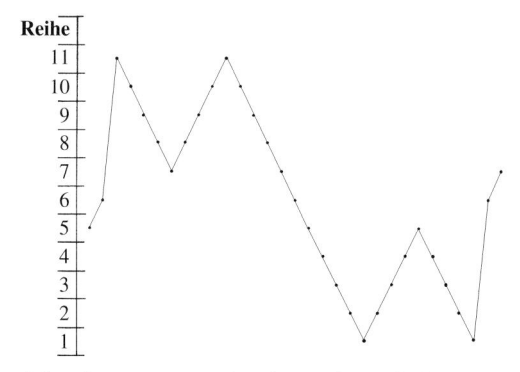

Die Reihenfolge der Kreise, in der das Labyrinth durchschritten wird

Wie du siehst, gibt es in diesem Muster mehrere Symmetriepunkte, so dass es wie das Monogramm M W aussieht. Jeder der 11 Kreise wird genau dreimal durchlaufen; lediglich die Kreise 1 und 11 werden nur zweimal durchquert.« »Steht M W für den Künstler, der das Labyrinth geschaffen hat?«, fragte ich. »Das ist möglich«, antwortete Nilrem.

Und noch ein weiteres Muster wird beim Durchschreiten erzeugt – erstaunlicherweise eines, das auf Sprachlichem basiert. Setzt man für die Halbbögen des Weges, bei denen jeweils zwei Quadranten durchschritten werden, Längen (-) und für die Viertelbögen, die innerhalb eines Quadranten bleiben, Kürzen (v), so ergibt sich ein klassisches Versmaß, das Trochäen (-v), Jamben (v-), Anapästen (vv-) und Daktylen (-vv) entspricht. Die Abfolge zeigt das folgende Muster, bei dem die zwei ersten und die beiden letzten Windungen bzw. Wegstrecken mit ausschließlich geradem Weg weggelassen sind:

v v - / - v v / - v / - v / - v v / - v / - / v - / v v - / v - / v - / v v - / - v v /

Es ergeben sich genau 12 Metren, wobei das mittlere 13. Versmaß, eine Länge, wiederum genau die Spiegelachse bildet.«

»Erstaunlich, welche Vielfalt von Rhythmen im Labyrinth steckt! Beim Abschreiten konnte ich diese Regelmäßigkeiten nur erahnen. Hat das Labyrinth auch in der Schule von Chartres eine Rolle gespielt?«, fragte ich.

»Als das Labyrinth gelegt wurde, hatte die Schule von Chartres ihren Höhepunkt bereits überschritten. Eine erkennbare Beziehung zur Schule ist nur durch die Lage innerhalb des Kirchenschiffs gegeben: Die Mitte des Labyrinths durchschneidet das westliche Längsschiff im Verhältnis 3:4, was ein versteckter Hinweis auf das Trivium und das Quadrivium innerhalb des mittelalterlichen Fächerkanons sein könnte. Doch darüber erzähle ich dir morgen Genaueres.« Mit diesen Worten verabschiedete sich Nilrem von mir, und ich begab mich zur Nachtruhe ins Maison Saint Yves.

Teil 4
Die Schule von Chartres

Denn wir müssen uns im Klaren darüber sein, dass, während die Kirche nach außen exoterisch lehrte, es zu allen Zeiten verborgene, esoterische Strömungen gab. Wir können sie erkennen ... in der Gralsströmung, bei den Templern ... und ebenso in Chartres.
René Querido 1989, S. 96

Zweihundert Jahre hindurch beeinflusste die Schule von Chartres durch ihre Lehrer tief die Seelenstimmung des Mittelalters. Fulbertus, Bernhardus Silvestris, Johannes von Salisbury, Alanus ab Insulis und viele andere, die namenlos blieben, wirkten aus einem tief platonischen Impuls heraus, der die Christen aufforderte, nicht so sehr an die geistige Welt zu glauben, sondern sie wirklich zu erfahren.
René Querido 1989, S. 134

Der Schule von Chartres war die mathematische Bedeutung des goldenen Schnittes durch Euklid vertraut. ... Thierry von Chartres ... mag noch mit eigenen Augen die Fassade gesehen haben, in der der Chartreser Meister jener ›Weltformel‹ ein unvergängliches Denkmal gesetzt hat.
Otto von Simson 1992, S. 220f.

Die sieben Freien Künste

»Dort war vor ungefähr 1.000 Jahren die Schule von Chartres«, sagte Nilrem und deutete auf eine Zeile älterer, meist zweistöckiger Häuser, in denen sich Souvenirläden und Cafés befanden *(siehe Foto im Bildteil)*. »Natürlich hat es damals ganz anders ausgesehen als heute«, fügte er hinzu. Wir befanden uns an der Südseite der Kathedrale, wohin Nilrem mit mir gegangen war, um mir etwas über die Schule von Chartres zu erzählen. Das Wetter war sonnig, und so machten wir es uns unter dem großen Vordach des Südportals bequem, während Nilrem mit seinen Ausführungen fortfuhr.

»Die Bedeutung der Schule von Chartres begann um 990, als Bischof Fulbert deren Leitung übernahm. Ihre Blütezeit erreichte sie im 12. Jahrhundert. Die Schule existierte zu einer Zeit, als es in Europa noch keine Universitäten gab; sonst hätte man Chartres gewiss auch als ›Universität‹ bezeichnet. Schulunterricht und Studium waren damals jedoch noch Aufgabe der Domschulen und Klöster.

Der Ruf von Chartres war so bedeutend, dass Studierende aus ganz Europa hierher kamen, um sich zu Klerikern ausbilden zu lassen. Zwei Jahrhunderte lang war die Schule das philosophische, wissenschaftliche und künstlerische Zentrum Frankreichs. Im 13. Jahrhundert, als in Paris die Universität der Sorbonne gegründet wurde, verlor Chartres jedoch seine Vorrangstellung im geistigen Leben Frankreichs.

Mit der Schule sank auch die Bedeutung des Philosophen Platon, dessen Lehre eine wichtige Rolle spielte, während der Stern von Aristoteles an der Sorbonne wie auch an allen anderen späteren Universitäten Europas aufging. Paradoxerweise finden sich aber die ersten Spuren einer Bekanntschaft mit aristotelischen Gedanken im Mittelalter in der Schule von Chartres, nicht in Paris. Aristoteles wurde ab dem 13. Jahrhundert, vor allem durch die Lehren von Thomas von Aquin, zur Grundlage scholastischen Denkens, und mehrere Jahrhunderte lang galt sein Werk als unfehlbar.

Noch heute nimmt das aristotelische Denken in den wissenschaftlichen Hochschulen einen höheren Rang ein als das platoni-

*Moderne Bronzeplastik von Bischof Fulbert,
einem bedeutenden Förderer der Kathedrale im 11. Jahrhundert*

sche. Platon war der tiefgründigere, häufig am Mythischen orientierte, aber weniger präzise der beiden Philosophen, während sein Schüler Aristoteles zwar weniger Tiefe besaß, dafür jedoch logisch-methodisch ausgerichtet war und detailliert viele verschiedene Fachgebiete behandelte. Auf Raphaels berühmtem Gemälde *Die Schule von Athen* wird die unterschiedliche Denkrichtung der beiden Philosophen an deren Gesten sehr anschaulich dargestellt: Platon und Aristoteles stehen nebeneinander, doch während Platons Hand nach *oben* weist zu den höheren geistigen Sphären, weist diejenige von Aristoteles nach *unten* zur Erde und zur physischen Materie. Als näher am Irdisch-Materiellen orientierter Philosoph erschien Aristoteles als der geeignetere, um auf seinem Denken ein differenziertes wissenschaftliches Weltbild mit vielen Disziplinen aufzubauen.

Mit der Entscheidung für Aristoteles und gegen Platon entschied man sich zugleich für die Schärfe und gegen die Tiefe im Denken – eine Entscheidung mit weit reichenden Konsequenzen, die die Wissenschaft noch heute im positiven wie im negativen Sinne zu tragen hat.« »Welche negativen Folgen hatte denn die Entscheidung gegen Platon?«, fragte ich.

»Das lässt sich an einem einfachen Beispiel erläutern«, antwortete Nilrem. »Wenn du die Häuserzeile auf der anderen Straßenseite ansiehst, hast du zwei Möglichkeiten: Entweder du fixierst ein einzelnes Objekt, z.B. ein Haus, so dass du es sehr scharf siehst. Dann kannst du aber die übrigen Häuser rechts und links kaum noch wahrnehmen. Die andere Möglichkeit besteht darin, dass du mehr oder weniger die ganze Häuserzeile auf einmal in den Blick nimmst; dann siehst du aber keines der Häuser scharf. Es besteht also immer die Wahl zwischen einem scharfen Fokussieren, das nur einen kleinen Ausschnitt der Realität wahrnimmt, und einem Sehen in die Tiefe, das zwar das Ganze in den Blick nimmt, aber dafür die Details nur unscharf erkennt.

Genauso verhält es sich auch im Geistigen. Die Entscheidung für Aristoteles bedingt, dass die Wissenschaft viele Details in unterschiedlichen Fachgebieten ›haarscharf‹ vermessen hat und genau kennt, leider aber den Blick für den Zusammenhang des Ganzen verloren hat – eben jenen Blick in die Tiefe, den Platon, geschult in den ägyptischen Mysterien, noch hatte.«

»Du meinst also, die Entscheidung für Aristoteles und gegen Platon, die im 13. Jahrhundert fiel, ist mitverantwortlich dafür, dass sich die Wissenschaft heute im Detailwissen verliert und zwischen den verschiedenen Fachgebieten die Zusammenhänge, die nunmehr zum verlorenen Wissen der Menschheit gehören, nicht mehr sieht«, kommentierte ich.

»Genau«, sagte Nilrem. »Diese Zusammenhänge wurden seinerzeit in der Schule von Chartres als die so genannten ›sieben Freien Künste‹ oder *septem artes liberales* gelehrt.

Der Ursprung der Freien Künste liegt allerdings nicht in der Schule von Chartres, sondern ist viel älter. Wahrscheinlich gehen die Freien Künste auf die Tempelweisheit Ägyptens und damit auf Thot zurück. Sie dienten früher der Vorbereitung zu höherem Wissen, das durch eine Einweihung gekrönt wurde – ähnlich wie bei der Druidenprüfung, bei der du zugeschaut hast. Doch ist dieser tiefere Hintergrund wahrscheinlich schon in der griechischen Antike verloren gegangen. Nichtsdestotrotz haben sich die Freien Künste über das griechische und römische Altertum bis ins Mittelalter als verbindlicher Wissenskanon erhalten.

Was heute die Unterscheidung in viele verschiedene Wissenschaften ist, war damals die Unterscheidung in sieben Fachgebiete, eben die sieben Freien Künste. Sie wurden ›frei‹ genannt, weil es ursprünglich nur freien Männern gestattet war, sich mit ihnen zu beschäftigen.

Seit Boethius um 500 nach Christus hat sich die folgende Anzahl von sieben Fächern, aufgeteilt in zwei Bereiche, eingebürgert: Dem *Trivium* sind die Fächer Grammatik, Rhetorik und Dialektik zugeordnet und dem *Quadrivium* die Fächer Arithmetik, Geometrie, Astronomie und Musik. Es gibt also ein Verhältnis von 3 : 4, das der Quarte entspricht und ebenfalls der Platzierung des Labyrinths, das das Mittelschiff zwischen Westportal und Altar im Verhältnis 3 : 4 teilt.«

»Noch deutlicher ist die Darstellung der sieben Freien Künste aber am Westportal, wo jeder ›Kunst‹ eine Muse zugeordnet ist sowie ein herausragender Meister des betreffenden Faches«, ergänzte ich. »Ja, die Darstellung über der rechten Tür des Westportals ist die früheste in Stein gehauene Abbildung der sieben Freien Künste überhaupt«, erläuterte Nilrem *(siehe Fotos im Bildteil)*.

»Bemerkenswert ist, dass sich an diesem Portal eine Verbindung von christlichem Gedankengut – in Gestalt von Jesus, Maria, den vier Evangelisten usw. – und weltlichem Wissen findet. Das war auch für die damalige Zeit ungewöhnlich und durchaus nicht selbstverständlich, zumal die abgebildeten Philosophen Donatus, Aristoteles, Cicero, Pythagoras, Euklid und Ptolemäus als ›Heiden‹ galten und einige Meister von Chartres auf Grund ihrer Lehre in Konflikt mit den konservativen Kräften der Kirche kamen. Trotzdem besaß man aber ein Gefühl für die spirituelle Einheit allen Wissens, denn sonst hätte man von einer Darstellung weltlichen Wissens an einem Kirchenportal Abstand genommen. In unmittelbarer Nähe der sieben Freien Künste findet sich am Westportal die Darstellung von Marias Schwangerschaft und dem

Jesuskind, was als ein Hinweis darauf gedeutet werden kann, dass der Mensch durch das Wissen zur Wiedergeburt gelangt.

Die sieben Freien Künste wurden in einer bestimmten Reihenfolge gelehrt. Es ist anzunehmen, dass man mit der Dreiheit, dem Trivium der Fächer Grammatik, Rhetorik und Dialektik, begann. Das Trivium behandelt die mit Sprache verbundenen Künste. Bestandteil des Grammatikunterrichts war im frühen Mittelalter die Lehre der lateinischen Sprache, aber auch der Etymologie und der linguistischen Gesetze. Die Rhetorik ist die Schönheit der Rede; obwohl sie schon in der Spätantike ihre Bedeutung verlor, wurde sie dennoch im Mittelalter weiterhin gelehrt. Die Dialektik war gleichbedeutend mit der Logik; es ging um die Schulung im klaren Denken nach platonischem Vorbild.

Bedeutender als das Trivium war die Vierheit des Quadriviums mit den mathematischen Fächern Arithmetik, Geometrie, Musik und Astronomie. Platon schreibt in seinem Werk *Der Staat (Politeia)* über das Quadrivium, dass es eine Umkehr der Seele bewirken könne: ›… es ist das Herausführen der Seele aus einer Art nächtlichem in den wirklichen Tag, heran an den Aufstieg zum Seienden, den wir die wahre Philosophie nennen werden‹ (521c, VII. Buch). Nach dem, was du bisher über die im Kirchenschiff und im Labyrinth steckenden Geheimnisse gehört hast, kannst du dies vielleicht nachvollziehen.

Die Arithmetik behandelte das Wesen der Zahlen, verbunden mit der Vorstellung, dass in der Kraft der Zahlen alle weitere Wissenschaft steckt. Somit gehörte zur Arithmetik nicht nur das simple Rechnen in den vier Grundrechenarten, sondern auch das, was wir heute als ›Zahlensymbolik oder -mystik‹ bezeichnen. Die Arithmetik lieferte das Verständnis von den Zahlengesetzen als Grundlage für die Ordnung der Natur; das Wesen des goldenen Schnitts gehörte ebenfalls hierher.

Die Geometrie wurde verstanden als die Durchdringung der Zahl mit der Form, so dass die Studenten erkannten, wie sich aus der Zahl Raum und Zeit entfalteten: So entstand z. B. aus der Zahl Eins ein Kreis, aus der Zwei die Lemniskate, aus der Drei das Dreieck und der dreidimensionale Raum, aus der Vier das Quadrat und der Würfel, aus der Fünf das Pentagramm usw.

Die Musik oder Harmonielehre war die Lehre von der Hörbarmachung der Zahlenverhältnisse. Dass diese Verhältnisse mathematisch und architektonisch in Chartres vielfach nachweisbar sind, hast du gesehen. Neben der irdischen Musik, in der sich die Schüler durch das Spielen von Instrumenten übten, gab es auch die himmlische oder ›Sphärenmusik‹ – ein Ausdruck, der auf Pythagoras zurückgeht.

Die himmlische Musik der Sphären ist nur in einem höheren Bewusstseinszustand mit gesteigertem, feinstofflichen Hörvermögen wahrnehmbar; sie wird heute als ›Spinnerei‹ von Pythagoras abgetan und daher von der Wissenschaft völlig ignoriert, weil die derzeitigen Wissenschaftler im Gegensatz zu Pythagoras die Harmonie der Sphären nicht mehr vernehmen können. Es ist aber z. B. aus neueren Untersuchungen bekannt, dass die verschiedenen Planeten unseres Sonnensystems in regelmäßigen, exakt berechenbaren Zahlenverhältnissen zueinander stehen, die sich u. a. aus ihren Umlaufzeiten um die Sonne ergeben. Nach pythagoräischer Vorstellung ist jedem Planeten – wie auch jeder Seele – ein Ton zuzuordnen, und das Zusammenwirken aller Planeten mit ihren Umläufen um die Sonne ergibt eine Symphonie – genauso wie das Zusammenwirken aller Seelen im Kosmos mit all ihren Bewegungen und Formen eine feinstofflich hörbare Symphonie ergibt.

Die Sphärenmusik lässt die enge Beziehung zwischen Mathematik, Musik und Astronomie, dem vierten Fach des Quadriviums, erkennen. In der Astronomie befasste man sich, gestützt auf das ptolemäische System, mit den Planetenbahnen und ihren Berechnungen, mit den Einflüssen des Tierkreises auf Mensch und Erde (heute als Astrologie bezeichnet) sowie mit Rhythmus und Proportion in der Bewegung der Gestirne.

Das Quadrivium führte die Schüler im Gegensatz zum Trivium in die höheren kosmischen Gesetze ein und bewirkte eine Läuterung des Menschen, indem es seine Seele harmonisierte und zur Geburt des neuen Menschen führte.

Die Lehrer von Chartres

In den zwei Jahrhunderten, in denen Chartres das geistige Zentrum Frankreichs und Knotenpunkt vieler geistiger Strömungen war, befasste man sich mit der Beantwortung einer bedeutsamen Frage, die noch heute essenziell ist für die weitere Entwicklung der Menschheit: Wie kann der Mensch durch seine Verbindung mit dem Geist seine Seele zur Ganzheit führen bzw. heilen? Dieser Frage widmete sich auf ganz unterschiedliche Weise in der Schule von Chartres eine Reihe herausragender Lehrer.

Bischof Fulbert. Der erste war *Fulbert,* der ab 990 Kanzler des Domes war, bevor er 1006 Bischof wurde. Er veranlasste nicht nur den ersten romanischen Bau des Kirchenschiffs, der den Namen ›Kathedrale‹ verdiente, sondern soll auch über besondere Heilkräfte verfügt haben. Fulbert begründete neben dem Hospital in der Krypta um das Jahr 1000 die Domschule. Diesem vielleicht bedeutendsten Mitschöpfer Chartres', der als einer der gelehrtesten und weisesten Männer seiner Zeit galt, ist eine moderne Bronzeplastik vor dem Westportal gewidmet *(siehe Foto S. 135).*

Mit der Gründung der Domschule setzte Fulbert die alte Tradition von Chartres als druidischer Schulungsstätte auf moderne Weise fort, indem er die Naturgeistigkeit der Druiden in eine Naturphilosophie auf platonischer und christlicher Grundlage verwandelte. Außer den sieben Freien Künsten wurde auf Fulberts Veranlassung in der Schule auch Medizin gelehrt, was als höchst ungewöhnlich und fortschrittlich zu bewerten ist, da die Medizin ja nicht zu den *artes liberales* gehörte und damals noch gar kein eigenständiges Fachgebiet war.

Fulbert verfasste eine Reihe von Marienhymnen, schuf eine neue Form des geistlichen Gesangs und förderte den Ausbau der Bibliothek, die bald zu einer der bedeutendsten in Europa wurde. Er begründete ein Schulwesen, in dem ein enger Kontakt zwischen Lehrer und Schüler bestand und der Lehrer zum ›Seelsorger‹ seiner Schüler im wörtlichen Sinne wurde. Das war eine beachtliche Aufgabe, wenn man bedenkt, dass die Schule von Chartres schon zu Fulberts Zeiten an die hundert Schüler hatte.

Ausgewählte Schüler soll Fulbert neben dem regulären Unterricht auch in die ›esoterischen‹ Geheimnisse eingeweiht haben, wobei er eine lebendige Verbindung zwischen dem Diesseits und der geistigen Welt gelehrt haben soll. Wir dürfen also insgesamt im Hinblick auf seine Persönlichkeit, seine Lehren und seine ausgeprägten Heilkräfte davon ausgehen, dass Fulbert höhere Bewusstseinsdimensionen aus eigener Anschauung kannte.

Am Tage sind wir von Sonnenlicht umgeben. In der Nacht haben wir die Sterne. Und im Schlafe, wenn wir das Physische hinter uns lassen und in die Nacht eingehen, finden wir unseren treuen Leitstern, unser wahres Selbst. Dieses Selbst kann inspiriert sein von Maria Sophia, dem weisheitsvollen Wesen, welches dort ist als unser beständiger Berater und Führer (sinngemäß aus einer Predigt Fulberts, zit. nach Querido, S. 40).

Bischof Ivo und Gottfried. Als Fulbert 1028 starb, entstand zunächst eine Lücke in der weiteren Entwicklung der Schule, da er keinen Nachfolger von gleichem Rang hatte. Erst um 1100 unter Bischof *Ivo* erlebte die Domschule einen neuen Aufschwung. Ivo galt als herausragender Jurist, dessen Gesetzessammlung einige Jahrhunderte lang ein Standardwerk war; durch sein politisches Engagement sorgte er für ein klares Verhältnis von Kirche und Staat und ersparte Frankreich damit einen Investiturstreit.

Ivos Nachfolger *Gottfried,* in dessen Amtszeit das Westportal errichtet wurde, war ebenfalls ein bedeutender Staatsmann und gehörte zum Beraterkreis des französischen Königs. Durch den Einsatz Gottfrieds erlebte die Schule ihre literarisch fruchtbarste Epoche – reich an bedeutenden Gelehrten, die auf seine Veranlassung hin nach Chartres gerufen wurden und dort teilweise sogar gleichzeitig lehrten, darunter Thierry, Wilhelm von Conches und Johannes von Salisbury. So ist es Bischof Gottfried zu verdanken, dass sich im 12. Jahrhundert der Einfluss Chartres' von England bis Sizilien erstreckte, möglicherweise sogar bis in die islamische Welt.

Bernhard von Chartres. Noch in der Amtszeit Ivos begann *Bernhard von Chartres* (nicht zu verwechseln mit Bernhard von Clairvaux) zu wirken, von dessen Werken aber nahezu nichts bekannt ist, außer dass er der Ideenlehre Platons folgte und die Weltseele, die die Materie belebe, als Ausfluss des göttlichen Geistes ansah.

Der Geist (Nous) des höchsten und alles überragenden Gottes ist die Vernunft, und aus seiner Göttlichkeit wurde die Natur erschaffen, in der die lebendigen Vorstellungen des Lebens, ewige Ideen, die verständliche Welt und die Kenntnis der Dinge vorherbestimmt ist (Bernhard von Chartres; aus dem Lateinischen ins Deutsche übertragen von Sonja Klug).

Thierry von Chartres. Bernhards Bruder *Thierry* wurde 1140 zu seinem Nachfolger als Kanzler der Schule. Unter Thierry, so hieß es, wurde die Theologie zur Geometrie. Thierry wollte mittels Geometrie und Arithmetik den göttlichen Künstler hinter seiner Schöpfung aufspüren. Elemente seiner Philosophie sind das Eine und die Zahl. Das Eine als das Unwandelbare und Ewige ist identisch mit Gott, während die Zahl für das Veränderliche, das geschaffene Sein, steht.

Die Dreifaltigkeit erklärte Thierry durch geometrische Formen: Vater, Sohn und Heiliger Geist stellten sich ihm als gleichseitiges Dreieck dar. Und wie du weißt, passen in das Chartreser Kirchenschiff genau drei gleichseitige Dreiecke, die auch die Grundlage für die Berechnung der Merkaba sind.

Die Bedeutung der Dreifaltigkeit demonstrierte Thierry ›zahlentheologisch‹ an der Eins: Gott ist die Einheit oder Einsheit (1). Multipliziert man diese mit sich selbst: $1 \times 1 = 1$, so hat man dreimal eine Eins, und doch ergibt das Resultat wieder 1. Die erzeugende Eins ist identisch mit der erzeugten Eins. Das Vielfältige geht aus dem Einen hervor, d.h. die Eins, multipliziert mit jeder einzelnen Zahl, erzeugt die Zahlenreihe, aber wenn man die Eins mit sich selbst multipliziert, erzeugt sie immer nur sich selbst. Drei Jahrhunderte später griff Nikolaus von Kues die mathematischen Gedanken Thierrys auf und entwickelte sie weiter.

Thierry war mit Euklids Werk *Elemente* in der lateinischen Übersetzung vertraut, daher kannte er auch die Bedeutung des goldenen Schnitts. Außerdem konnte er aus Ptolemäus' *Almagest* entnehmen, wie der goldene Schnitt geometrisch zu konstruieren ist. Das Werk des Ptolemäus wurde um 1150 ins Lateinische übersetzt und entweder Thierry oder seinem Nachfolger als Kanzler der Schule gewidmet.

Thierry selbst verfasste mehrere Bücher, darunter einen Kommentar zu Boethius, das *Heptateuchon,* ein Lehrwerk zu den sieben Freien Künsten, und das Werk *De septem diebus et sex operum distinctionibus (Traktat über die Werke der sechs Schöpfungstage).* Außerdem verbreitete er neu entdeckte Texte des Aristoteles.

Aber die Erschaffung der Zahlen ist die Erschaffung der Dinge. Zuerst also bringt die Zeugungsfähigkeit der Zahlen lediglich Tetraeder oder Kuben oder Kreise oder Planetenbahnen hervor, die die Gleichförmigkeit der Abmessungen bewahren.

Es mögen also vier Gattungen von Lehren zugegen sein, ... das heißt, es sind arithmetische, musikalische, geometrische und astronomische Beweisführungen mit ihren Werkzeugen in dieser Theologie kurz gefasst zu verwenden, damit sowohl die Kunst des Schöpfers in den Dingen in Erscheinung trete, als auch das, was wir angenommen haben, auf rationalere Weise gezeigt werden möge (in: Thierry: *De six dierum operibus (Das Sechstagewerk),* vgl. Simson, S. 44; aus dem Lateinischen ins Deutsche übertragen von Sonja Klug).

Wilhelm von Conches. Zwischen 1120 und 1154 lehrte *Wilhelm von Conches* unter anderem in Chartres. Er war ein weiterer bedeutender Vertreter der Schule und ein Schüler des Bernhard von Chartres sowie Lehrer von Johannes von Salisbury und Abaelard. Neben dem Abfassen von Kommentaren zu antiken Philosophen wie Macrobius, Vergil und zu Platons *Timaios* verstand er sich als Naturforscher und Mediziner.

In seinem Hauptwerk *Philosophia mundi (Philosophie der Welt)* setzte er sich mit Platons von der christlichen Schöpfungslehre abweichenden Kosmologie auseinander. Auf der Basis der philosophischen Vernunft erkundete er systematisch den ›physischen‹ Kosmos, indem er dessen Elemente Feuer, Luft, Wasser und Erde nacheinander untersuchte.

Wilhelm verband eine beschreibende, phänomenorientierte Naturwissenschaft mit der Frage nach dem göttlichen Ursprung der Welt und vereinigte auf diese Weise Physik und Metaphysik.

Da Wilhelm von Conches Glaubensgewissheiten streng von philosophischen Wissenschaftsprinzipien trennte, verwundert es nicht, dass er – ähnlich wie zeitweise Gilbert – in den Verdacht der Häresie geriet. Bernhard von Clairvaux kritisierte beide Denker; Wilhelm von Conches warf er vor, dass er über Gott als Naturwissenschaftler philosophiere.

Es wird gesagt, die Sonne sei von Natur aus mit einer anziehenden Kraft ausgestattet ... und damit ziehe sie die Planeten an wie der Magnet das Eisen (in: Wilhelm von Conches: *Dialog über die Philosophie,* zit. nach Hummel, S. 40).
Damit nimmt Wilhelm von Conches die Entdeckung der Schwerkraft vorweg – rund 500 Jahre vor Isaac Newton!

In Wilhelm von Conches lässt sich ein früher Vorläufer naturwissenschaftlicher Forschung erkennen, in dessen Werk vielleicht erstmals der Konflikt zwischen Kirche und Wissenschaft – bzw. zwischen Theologie und Naturwissenschaft oder zwischen Glauben und Wissen – im Keim angelegt ist. Dieser Konflikt sollte einige Jahrhunderte später in der Renaissance voll zum Durchbruch kommen und danach die Naturwissenschaft – bis zum heutigen Tag – prägen.

Heute müssen wir nach einer Wiedervereinigung zwischen Naturwissenschaft und Spiritualität streben, um nicht in der Verantwortungslosigkeit der modernen Wissenschaft zu versinken, die sich im technisch Machbaren ohne ethischen Bezug – von der Atombombe bis zur Gentechnologie – verliert. ›Spiritualität‹ ist jedoch nicht gleichbedeutend mit einer bestimmten ›Religion‹, sondern eher mit dem, was in geistiger Hinsicht allen Religionen gemeinsam ist, sich aber nicht in Glaubensdogmen erschöpft.«

»Du meinst das, was den Menschen mit seinem göttlichen Ursprung verbindet und wessen er sich bewusst wird, wenn er in der Lage ist, in höhere Bewusstseinsdimensionen aufzusteigen und von dort aus das Verbindende zwischen allem Seienden zu erkennen«, schaltete ich mich in Nilrems Vortrag ein.

»Ja, genau. ›Tiefe schließt Spanne ein‹, schreibt der moderne Philosoph Ken Wilber und meint damit, dass man von höherer Bewusstseinsperspektive bzw. aus größerer Tiefe heraus die Einheit scheinbar widersprechender Dinge und Lehrmeinungen erkennt. In Wahrheit schließen sich Naturwissenschaft und Spiritualität nicht aus, sondern es kommt auf die Perspektive an, die beide in die richtige Beziehung zueinander bringt. Doch zurück zu den Lehrern der Schule von Chartres.

Gilbert de la Porrée. Ein weiterer bedeutender Vertreter der Kathedralschule war *Gilbert de la Porrée (Gilbert von Poitiers)*, der zwischen 1126 und 1137 Kanzler der Schule war und ab 1142 Bischof von Poitiers. Wie viele andere Lehrer von Chartres schrieb auch er einen Kommentar zu Boethius. In seinen Werken befasste sich Gilbert vor allem mit ontologischen Fragen des Verhältnisses zwischen Schöpfer und Schöpfung sowie mit der aristotelischen Kategorienlehre und Logik.

1148 musste sich Gilbert wegen seiner Lehren vor dem Konzil von Reims gegen Bernhard von Clairvaux verteidigen. Seine ontologischen Gedankengänge hatten ihm den Vorwurf eingebracht, er habe das Wesen Gottes von seiner Göttlichkeit getrennt. Da sich Gilbert bereit erklärte, ein ihm von Bernhard auferlegtes Glaubensbekenntnis auszusprechen, entging er einer Verurteilung durch das Konzil.

Johannes von Salisbury. Ein Schüler Gilberts war *Johannes von Salisbury,* der in Old Sarum bei Salisbury in England, nahe dem Druidenzentrum Stonehenge geboren wurde. Johannes wird nachgesagt, dass er hellsichtig gewesen sein soll und sich als Kind erfolgreich dagegen wehrte, von einem Priester für Praktiken der schwarzen Magie missbraucht zu werden. Johannes genoss eine umfangreiche Ausbildung in Paris und Chartres bei den bedeutendsten Gelehrten seiner Zeit: außer bei Gilbert bei Pierre Abaelard, Wilhelm von Conches und Thierry von Chartres.

Johannes von Salisbury wurde in die politischen Unruhen seiner Zeit verwickelt. Er war unter anderem Sekretär von Theobald, dem Erzbischof von Canterbury, in dessen Auftrag er mehrmals nach Rom reiste und Kontakte zum Papst und zum englischen König pflegte. Als nach dem Tode Theobalds 1162 Thomas Beckett Erzbischof von Canterbury geworden war, wurde er zusammen mit diesem für sieben Jahre aus England verbannt und machte eine Zeit des Umherwanderns und der Entwurzelung durch.

Als die beiden schließlich nach England zurückkehrten, erlebte Johannes 1170 die Ermordung von Thomas in der Kathedrale von Canterbury als Augenzeuge mit – ein ergreifendes Erlebnis, das ihn nie wieder losließ. 1176 schließlich wurde Johannes von Salisbury als Bischof nach Chartres gerufen, wo er bis zu seinem Tode 1180 blieb; die Stadt kannte er bereits aus seiner Zeit als Schüler und von diversen Reisen.

In der Zeit seines ruhelosen Umherziehens schrieb Johannes seine beiden Hauptwerke *Metalogicon* und *Policraticus*. In *Metalogicon* befasste er sich im Zusammenhang mit den sieben Freien Künsten ausführlich mit der Logik, einem Gebiet, auf dem Aristoteles als vorbildlich galt; sein Werk kann zum Teil als eine Einführung in das aristotelische Denken verstanden werden, das damals gerade, bedingt durch erste Übersetzungen ins Lateinische, aufkeimte.

Das Werk *Policraticus* gilt als die erste ausführliche politische Theorie des Mittelalters, in der der Aufbau der Gesellschaft mit dem menschlichen Körper verglichen wird. So wie die Organe gesund sein müssten, um harmonisch zu arbeiten, so müssten auch die unterschiedlichen Tätigkeiten des Menschen innerhalb der Gesellschaft in harmonischer Weise aufeinander abgestimmt sein. In dem Maße, in dem das Interesse eines Menschen an anderen zunehme, werde der soziale Organismus gesünder. Die verschiedenen Glieder einer Gesellschaft sollten eine Verbindung eingehen, die eine Beziehung mit anderen ermögliche.

Der *Policraticus* war nach mittelalterlichem Maßstab ein ›Bestseller‹. Er zählte zu den erfolgreichsten politischen Werken des Mittelalters, wurde in großer Zahl durch Abschriften vervielfältigt und von Klerikern, Juristen, Theologen und Humanisten späterer Jahrhunderte rezipiert. Im 18. Jahrhundert befasste sich der Philosoph Jean Jacques Rousseau während der Aufklärung in seinem Werk *Du contrat social (Über den Gesellschaftsvertrag)* ähnlich wie Johannes von Salisbury mit dem Thema des Verhältnisses zwischen dem Interesse der einzelnen Menschen in der Gesellschaft *(volonté de tous)* und dem gemeinsamen Interesse aller gesellschaftlichen Mitglieder *(volonté générale)*.

Doch man wird dem *Policraticus* nicht gerecht, wenn man ihn nur als politisches Werk versteht, denn er behandelt daneben auch noch eine Reihe weiterer Themen, z. B. den Schlaf. Johannes schrieb, dass die Seele auf ihrer nächtlichen Reise fünf Bewusstseinsebenen durchliefe: Auf der ersten Ebene *(insomnia)* wendet und dreht sich der Mensch und ist unfähig zum Schlaf; die zweite *(fantasma)* ist der Alptraum, der auftritt, wenn die Seele etwas bedrückt. Auf der dritten Ebene *(somnium)* spürt der Schlafende, dass etwas nahe herangekommen ist. Besonders beachtenswert sind die vierte *(oraculum)* und die fünfte Ebene *(visium)*. Auf der vierten Stufe spricht der Schlafende mit Verstorbenen in der geistigen Welt, und auf der fünften nimmt er die geistige Welt so deutlich wahr, dass es möglich ist, dass er eine Vision von seiner eigenen Zukunft oder von derjenigen naher Angehöriger hat.

Somnium, oraculum und *visium* sind nach Johannes Einweihungsstufen, wobei ein Eingeweihter jemand ist, der eine ununterbrochene, also auch im Schlaf fortgesetzte Kontinuität des Bewusstseins besitzt. Zu diesen außergewöhnlichen Gedankengängen – die sich in ähnlicher Form z. B. im Buddhismus finden –, wurde Johannes sicher auch durch seine Hellsichtigkeit angeregt.

Die Vielseitigkeit der Themen, die Johannes von Salisbury in seinem Werk behandelte, entsprach der Vielfalt seines unruhigen Lebens. Mit seinem Tode 1180 verlor Chartres einen seiner umtriebigsten und vielseitigsten Lehrer.

> *Die Musik, schreibt er, durchdringt das Universum und versöhnt durch das Gesetz der Proportion die auseinander strebende und einander widerstreitende Vielfalt der Dinge: ›durch dieses Gesetz werden die Sphären des Himmels miteinander in Einklang gebracht, es beherrscht Welt und Mensch.‹ ... Johannes von Salisbury ruft die Autorität Platos, ›dass die Seele aus musikalischen Harmonien zusammengesetzt sein soll.‹ Deswegen eigne sich nichts besser als Musik, und zwar die richtige Art von Musik, die Seele zu bilden und zu erheben und sie zur Anbetung Gottes zu führen* (Simson, S. 266 mit einem Zitat von Johannes von Salisbury aus seinem *Policraticus*).

Bernhardus Silvestris. Schon zu Johannes' Zeiten begann sich der Rückgang Platons und der Aufstieg Aristoteles' anzukündigen, doch sollte die Schule von Chartres noch zwei bedeutende Gelehrte erleben, bevor sie unterging. Einer von beiden war *Bernhardus Silvestris,* auch *Bernhard von Tours* genannt (nicht zu verwechseln mit Bernhard von Clairvaux und Bernhard von Chartres).

Bernhardus Silvestris dürfte, während er an seinem Hauptwerk *De universitate mundi,* auch *Cosmographia* genannt *(Über die allumfassende Einheit der Welt),* arbeitete, die Vollendung des Westportals um 1150 miterlebt haben. Die *Cosmographia* beschreibt allegorisch in Prosa und Dichtung die Erschaffung der Welt und des Menschen, wobei Bernhardus den Kosmos wie auch sein Werk in die beiden Teile Makrokosmos und Mikrokosmos gliedert.

Bernhardus' Werk enthält die Unterredung zwischen zwei geistigen Wesen: der Göttin *Natura* und der Göttin *Nous. Natura,* die Verkörperung der Naturkräfte, beklagt sich bei *Nous (Sophia),* der göttlichen Vernunft, über die erste Schöpfung, weil sie aus einem Chaos ungeordneter Materie bestehe. In *Nous* oder *Sophia* erkennen wir eine Art überchristliche Maria wieder.

Nous beginnt auf Grund der Klage von *Natura* mit der zweiten Schöpfung, indem sie die vier Elemente Feuer, Erde, Wasser und Luft sich zur Erde verbinden lässt, der *Nous* eine kosmische Seele verleiht. Hier findet sich also bereits die Auffassung, dass die Erde ein lebendes Wesen ist – ein Gedanke, der heute erst durch James Lovelocks Gaia-Hypothese wiederbelebt werden musste.

Nach der Erschaffung der Erde folgt die Erschaffung der Planeten einschließlich ihrer Natur und ihres Charakters. Als Nächstes werden die Tiere erschaffen, die Bernhardus der Reihe nach aufzählt und treffend beschreibt, dann Flüsse, Ströme und Seen mit ihren besonderen Aufgaben, schließlich Bäume, Früchte und Pflanzen, die ähnlich ausführlich wie die Tiere vorgestellt werden. Mit der Erschaffung der Fische und Vögel ist der Makrokosmos vollendet.

Der Mikrokosmos, die Welt des Menschen, entsteht, indem *Natura* die Seelen aus ihrem kosmischen Umfeld hinunter in das irdische Reich des Körperlichen führt, das ihnen nun als Wohnstätte dienen soll, dessen Finsternis ihnen jedoch nicht behagt: ›Und nun erschauderten sie, die so rein, so einfach waren, von dem Anblick der stumpfen und blinden Wohnung des Leibes, die ihnen, wie sie deutlich sahen, hergerichtet wurde‹, heißt es in der *Cosmographia* (zit. nach Querido, S. 83).

Urania, die Göttin der Sternenweisheit, hat jetzt die Aufgabe, die Seelen durch den Tierkreis zu bringen, wobei jedes Sternbild dem Menschen andere Qualitäten zuweist. Hier wird der Aspekt der Zeit und der mehrfachen Reinkarnation in verschiedenen Leben angesprochen. Als sowohl göttliches wie auch irdisches Wesen konzipiert, bringt der Mensch das Bewusstsein in der Materie hervor.

Da der Mensch sich häufig nicht an seinen geistigen Ursprung erinnern kann, gibt ihm *Nous* drei Geschenke als Hilfsmittel: durch *Urania* den Spiegel der Vorsehung, durch *Natura* die Tafel des Schicksals und durch *Physis* das Buch der Erinnerung, das uns an den modernen Begriff der ›Akasha-Chronik‹ erinnert. In der weiteren Darstellung der Erschaffung des Mikrokosmos beschreibt Bernhardus, wie der Mensch verschiedene Organe und Körperglieder erhält, zuletzt die Hand. ›In der kleineren Welt, dem Menschen, meinte Physis nicht zu irren, wenn sie sich die größere Welt zum Vorbild nehme‹, so heißt es in der *Cosmographia* (zit. nach Querido, S. 87) – eine Aussage, die sowohl an Platons *Timaios* erinnert als auch an Thots Aussage: ›Wie oben, so unten.‹

In seinem Werk zeigt sich deutlich, wie sehr sich Bernhardus bemüht, die biblische Schöpfungsgeschichte nach *Genesis* mit einer naturwissenschaftlichen Schöpfung in Einklang zu bringen und dabei sogar biologische Erkenntnisse – soweit sie damals schon gediehen waren – miteinzubeziehen. Daneben beweist er auch Kenntnisse der im Entstehen begriffenen arabischen Wissenschaften sowie der Philosophie von Dionysius Areopagita und integriert viele Motive der Schule von Chartres – insgesamt eine beachtliche Synthese damaligen Wissens! So ist es auch nicht erstaunlich, dass sein Werk Chrétien de Troyes zu seinen Romanen ebenso inspirierte wie Dante zu seiner *Göttlichen Komödie.*

Als den Göttern verwandtes Bild und als heiliges Schlussglied,
Als meiner Schöpfungen Ziel soll nun erstehen der Mensch,
Wie er von Ewigkeit her, seit dem Urbeginne der Welten
Als eine hohe Idee würdig im Geiste mir lebt!

*Geist empfängt er vom Himmel, den Leib aus den Elementen,
Erde bewohne sein Leib, aber den Himmel sein Geist.
Und zur Einheit mögen sich finden der Geist und der Körper,
Auf dass ein heiliges Band mache gefällig das Werk.
Göttlich er sei und irdisch zugleich, und er diene den beiden
Welten durch Einsicht; jedoch Göttern mit Religion* (in: Bernhardus Silvestris: *Cosmographia*, zit. nach Ladwein, S. 206).

*Nach dem Verlassen des Leibes ersteigt sie [meine Seele]
die Bahnen des Himmels, findet in ihres Gestirns Kreis die
ursprüngliche Zahl. ... Dort von dem stofflichen Leib entlastet,
sah die verwandten Sterne ich wieder ...* (in: Bernhardus Silvestris: *Mathematicus*, zit. nach Hummel, S. 38)

Alanus ab Insulis. Der letzte bedeutende Vertreter der Schule von Chartres war *Alanus ab Insulis* (ca. 1124 bis 1203), auch *Alain de Lille* oder *Alain de l'Ile* genannt. Seine Herkunft ist nicht ganz klar; möglicherweise stammte er auf Grund seines Namens aus England, aus Irland, aus Lille, von der Île de France oder gar von der Insel von Glastonbury (Avalon). Über die Einzelheiten seines Lebens ist wenig bekannt. Alanus lehrte wahrscheinlich gar nicht mehr in Chartres, sondern in Paris und Montpellier, stand aber als Schüler der Chartreser Schule zeitlebens unter deren Einfluss. 1203 starb er in Cîteaux, was darauf schließen lässt, dass er ein Zisterzienser war wie Bernhard von Clairvaux.

Alanus ist vor allem durch zwei Werke der Nachwelt bekannt geworden: *De planctu naturae (Die Klage der Natur)* und *Anticlaudianus*. In der *Klage der Natur,* einem aus Versen und Prosa bestehenden Werk, steht, genau wie in Bernhardus' *Cosmographia,* die Göttin *Natura* im Mittelpunkt. Sie wird als Fortsetzerin des göttlichen Schöpfungswerkes dargestellt, ohne dass sie durch ihr Wirken jedoch die göttliche Allmacht einschränkt. Ähnlich wie in Platons *Timaios* wird die Natur zur Vermittlerin zwischen den ewigen Ideen bzw. Archetypen und deren endlichem Ausdruck im Bereich des irdischen Wandels.

Die Natur beklagt sich in Alanus' Werk über die Unfähigkeit des Menschen, sich mit den kosmischen Kräften zu verbinden – ein Gedanke, den der Autor auch in seinem späteren Hauptwerk, dem *Anticlaudian,* erneut aufgreift. Der *Anticlaudian* ist ein aus über 4.000 Hexametern bestehendes allegorisches Lehrgedicht über die spirituelle Entwicklung des Menschen und seinen Weg von der Naturerkenntnis über die Schau der Dreifaltigkeit bis zum Kampf der Tugenden gegen die Laster.

Der Titel *Anticlaudian* rührt daher, dass sich Alanus mit seinem Werk gegen Claudians *Rufinum* wendet, eine im 12. Jahrhundert sehr populäre Dichtung, die die Erschaffung des Menschen als eine Verschwörung der Laster darstellt. Der Mensch wird darin als dekadent betrachtet, ähnlich wie die katholische Kirche ihn als von Natur aus sündhaft ansieht. Dagegen wehrt sich Alanus, der den Menschen als von Beginn an im vollkommenen Schöpfungsplan vorgesehen und im Prinzip als gut annimmt.

Ausgangspunkt von Alanus' Lehrgedicht ist wiederum die Klage von *Natura* über den zunehmenden Sittenverfall und ihre eigene Unfähigkeit, den Menschen zur Vollkommenheit zu bringen. Auf einem von *Natura* eigens einberufenen Konzil wird daraufhin ein Plan zur Schaffung eines neuen, vollkommeneren Menschen geschmiedet. Mit anderen Worten: Es geht um die Wiedergeburt des Menschen auf einer höheren Bewusstseinsstufe.

Natura und die Tugenden kommen darin überein, dass der neue Mensch nur aus den Höhen geboren werden kann. Sie wählen *Prudentia,* die Klugheit, aus, um ihr Anliegen vor der Gottheit vorzutragen. *Prudentia* erhält, um ihre Reise unternehmen zu können, ein Fahrzeug – was als ein vager Hinweis auf die Merkaba gedeutet werden kann.

Das Fahrzeug besteht aus den fünf Sinnen als Pferden und den sieben Freien Künsten als Wagen. Die Vernunft ist die Wagenlenkerin. Die sieben Freien Künste beschreibt Alanus beinahe exakt so, wie sie am Tympanon des Westportals abgebildet sind *(siehe Fotos im Bildteil).* So heißt es z.B. über die Dialektik (Logik): ›Wie im Dispute befindlich irret das Haar ihr hinunter, mit sich selber im Kampfe, unschicklich selber verwirrend. Und kein Kamm vermag es zu bändigen, auch keine Schere beißt es ab mit schneidendem Biss und stutzet das Ende‹ (zit. nach Tezmen-Siegel, S. 319). Über die Musik schreibt Alanus: ›In der einen Hand trägt sie eine Lyra, mit der anderen greift sie musizierend in die Saiten‹ (zit. nach Tezmen-Siegel, S. 82) und über die Grammatik: ›Dass sie den Störenfried mit gerechtem Eingriff beseitigt. Lehret die Kinderlein sprechen und löset die gebundenen Zungen‹ (zit. nach Tezmen-Siegel, S. 317).

All dies lässt sich ebenso anschaulich wie in Alanus' Werk in bildhafter Form an den Archivoltenskulpturen des Westportals erkennen. Alanus erlebte im Alter von etwa 27 Jahren den Abschluss der Arbeiten an der Westfassade und hatte diese daher lebendig vor Augen.

Prudentia durchquert mit ihrem Wagen, deren Bestandteil die sieben Freien Künste sind, zunächst den irdischen Bereich der vier Elemente. Dann erreicht sie die Sphäre des Mondes, Merkur, Venus und schließlich die Sonne. Weiter können die Pferde, also die fünf Sinne, nicht gehen, so dass nun im übersinnlichen Bereich der Engel und verstorbenen Heiligen das Gehör zum Zugpferd wird, worin erneut Pythagoras' Gedanke von der hörbaren Sphärenharmonie anklingt. Die Lenkung des Wagens übernimmt jetzt die höhere Erkenntnisfähigkeit, so dass *Prudentia* zur *Phronesis* wird.

Phronesis erreicht bald die himmlische Stadt der Sonne, wo Maria und Jesus wohnen. Der höchste Gipfel ist ihre Schau der Trinität. *Phronesis* sinkt, von diesem Glanz geblendet, in Ohnmacht und wird vom Glauben wieder erweckt; nunmehr ist sie zur *Sophia* (Weisheit) geworden. Sie trägt Gott ihre Bitte zur Erschaffung eines vollkommenen Menschen vor. Durch die Zusammenarbeit der höchsten Hierarchien wird die Idee des neuen Menschen geschaffen, der, zunächst noch ein Kind, durch die Planetensphäre zur Erde hinuntergebracht wird, mit Hilfe von *Natura* einen Leib und mit Hilfe der Tugenden sowie der sieben Freien Künste Tugendhaftigkeit und Wissen erhält.

Doch auf der Erde haben sich bereits in Erwartung der Ankunft des Menschen die Kräfte der Finsternis um ein Wesen namens *Alecto* (Zwietracht) gesammelt. Als Gegenkräfte der geistigen Entwicklung des Menschen bedrängen ihn diese, um ihn zu vernichten. Der Mensch kämpft jedoch mit Tapferkeit erfolgreich gegen das Böse und pflanzt sich schließlich nach Bezwingung der Laster selbst in die irdische Zivilisation ein.

Der Untertitel des *Anticlaudian* lautet: *Die Erschaffung des Neuen Menschen und sein Kampf um die Rettung der Erde*. Alanus war sich bewusst, dass die Erde der Heilung bedarf, und weist am Schluss darauf hin, dass diese Heilung durch die Wiedergeburt des Menschen auf einer höheren Bewusstseinsebene geschehe. Erst wenn der Mensch eine neue Einsicht in seinen geistigen Ursprung gewonnen habe, werde er seine wahre kosmische Stellung als Mittler zwischen den unteren Reichen der Steine, Pflanzen und Tiere und den oberen Reichen einnehmen können.

Da tritt Pythagoras' Gestalt zu mir, ganz dicht –
Ob er im Leibe war, weiß Gott, ich weiß es nicht. …
Von seiner Stirn erglänzt die Kunst Astronomie,
Grammatik ordnet ihm der Zähne Harmonie,
Rhetorik auf der Zung' ihm schönheitsvoll erblüht,
Indes die Logik auf erregter Lippe glüht.
Den Fingern ist gesellt die Kunst Arithmetik,
Aus Seiner Kehl' entströmt die Tonwelt der Musik.
In seinen Augen steht besorgt Geometrie,
Ein jeder Teil des Leibs hat seine Kunst allhie. …
Wie in des Leibes Buch ich wollte lesen mehr,
Schlägt er es selber auf und spricht zu mir: ›Sieh her!‹
Und zeigt mir das Geheimnis seiner rechten Hand.
Ich blickt' hinein und las, was da geschrieben stand.
In dunklen Zeichen zeigt' sich eine Schrift allhie:
›Ich will dir Führer sein, du aber folge mir!‹
Er selber schwebt voran, kaum dass ich folgen kann,
Und schneller als gesagt, führt uns der Flug hinan
Wohl in ein ander Land …
Da trat ein Engel her zu mir in raschem Flug.
Der sagte mir: ›Blick auf, und mach die Augen auf,
Und sieh, was sich begibt …‹
Und wie ich da, erschreckt, himmelwärts aufgeblickt,
Ward alsobald im Geist ich selbst hinaus verzückt
Und fand mich schließlich an des Himmels Tor entrückt
(in: Alanus ab Insulis: *Anticlaudian*, S. 33 f.).

Alanus wusste, dass die Lehren der Schule von Chartres sich in den kommenden Jahrhunderten verdunkeln würden und er der letzte bedeutende Vertreter war. Aber er war auch überzeugt, dass er mit seinem *Anticlaudian* ein Werk geschaffen hatte, das erst in fernerer Zukunft seine Wirkung entfalten würde. So gab er eine umfassende Vorschau auf den Entscheidungskampf um die Zukunft des Menschen und die Rettung der Erde. Sein Werk ist heute aktueller denn je – vielleicht hat er es als Mensch des späten 12. Jahrhunderts für die Menschen des frühen 21. Jahrhunderts verfasst.

Während Alanus lehrte, war *Renaud de Mouçon* Bischof von Chartres. Er vernachlässigte die Kathedralschule und war somit an ihrem Untergang mitbeteiligt. Mouçon war sein Kampf gegen die Katharer und seine Teilnahme am Kreuzzug gegen die Albigenser, bei dem er selbst eigene Truppen anführte, wichtiger als die Lehre in Chartres. Der Zeitgeist war bereits umgeschlagen und zeigte sich zunehmend intolerant gegenüber Andersdenkenden.

Die Gelehrten der Schule von Chartres, die allesamt der Frühscholastik angehörten, sind philosophiehistorisch weitgehend unbekannt geblieben und in vielen philosophischen Nachschlagewerken nicht zu finden, während ihre Zeitgenossen oder nur wenig später lebende Kollegen – wie Pièrre Abaelard, Anselm von Canterbury, Johannes Eriugena, Albertus Magnus und vor allem Thomas von Aquin – überall zitiert werden. Dennoch hat die Schule von Chartres wie ein untergründiger Strom spätere Philosophien und literarische Werke beeinflusst und genährt. Die Schule von Chartres ist ein wichtiges Glied in der Kette idealistischen Gedankengutes, das von Platon bis in die Neuzeit reicht.«

Mit diesen Worten schloss Nilrem seinen ausführlichen Vortrag. Die ganze Zeit, während wir am Südportal auf den Stufen saßen, hatte ich versucht, mir vorzustellen, wie die Schule von Chartres ausgesehen haben mochte – dort, wo jetzt die Häuserzeile mit den Cafés und Souvenirläden stand –, wie die Schüler und Lehrer dort ein- und ausgegangen sein, wie sie gelebt, gelehrt und gelernt haben mochten. »Es ist spät geworden, und wir sollten morgen weitermachen«, unterbrach Nilrem meinen Gedankenfluss. Wir verabschiedeten uns, und wie immer begab ich mich ins Maison Saint Yves zur Nachtruhe.

In meinem Zimmer angekommen, dachte ich noch eine Weile über die philosophischen Themen der Chartreser Gelehrten nach.

Erstaunlich, wie ähnlich sie manchem modernen Gedankengut doch waren und wie viele Beziehungen zur Heiligen Geometrie bestanden! »Die Seele findet in den Bahnen des Himmels ihre ursprüngliche Zahl«, kam es mir in den Sinn, und dann schlief ich ein.

Der Name der Rose

»Die Idee der Zahl ist im Himmel zu finden«, flüsterte einer der Männer, der auf den Chorstühlen Platz genommen hatte, seinem Nachbarn zu, mit dem er sich in einem Gespräch befand. Eine Reihe von Herren in schwarzen Talaren hatte sich bereits im Chor der Kathedrale eingefunden. Zwischen dem rechts- und linksseitig des Chores installierten Gestühl waren niedrigere Stühle aufgestellt worden, auf denen junge Herren in weißen Talaren Platz nahmen. Nach und nach füllte sich der Chor mit den Gelehrten der Schule und ihren Schülern.

Als die Versammlung vollständig war, erhoben sich plötzlich alle Teilnehmer, um zwei Würdenträgern ihre Ehrerbietung zu erweisen, die jetzt aus der Richtung des Westportals kamen und im Begriff waren, den Chor zu betreten. Einer der Herren trug auf seinem schwarzen Talar eine große goldene Amtskette, der andere war in ein violettes langes Gewand gekleidet. Offenbar handelte es sich um den Kanzler der Schule und den Bischof. Als die beiden Herren auf ihren deutlich erhobenen Chorstühlen Platz genommen hatten, setzten sich auch die übrigen Teilnehmer wieder schweigend auf ihre Plätze.

»Hochwürden, verehrte Kollegen, liebe Schüler«, begann Kanzler Thierry seine Rede. »Wir sind heute zusammengekommen, um über ein Thema zu diskutieren, das uns unser gelehrter Freund Johannes von Salisbury auf seiner Reise durch Frankreich gewissermaßen ›mitgebracht‹ hat. Doch zuvor möchte ich ganz herzlich unseren Berater und Freund Bernhard von Clairvaux begrüßen, der extra von Cîteaux angereist ist, um mit uns zu disputieren, sowie unseren ehemaligen Schüler, den Gelehrten Alanus ab Insulis, der auf seiner Rückreise nach Paris freundlicherweise bei uns Halt gemacht hat.« Die beiden angesprochenen Herren erwiderten nickend die Begrüßung.

»Johannes von Salisbury, möchtet Ihr selbst die Anfrage der Kathedralschule von Reims vortragen?«, fragte Thierry. »Sehr gerne«, antwortete Johannes und erhob sich dabei von seinem Platz. »Doch zuvor möchte ich Euch gratulieren. Wie ich gestern in Eurer Bibliothek gesehen habe, hat Adelard von Bath nun die lateinische Übersetzung des *Almagest* von Ptolemäus fertig gestellt. Herzlichen Glückwunsch! Nun können wir endlich nachvollziehen, wie der goldene Schnitt geometrisch konstruiert wird. Adelard hätte das Werk sicher keinem Würdigeren widmen können als Euch, Thierry, der sich um die Verbindung von Theologie und Geometrie verdient gemacht hat.« Thierry freute sich über diese Würdigung und bedankte sich.

»Zur Anfrage der Kathedralschule von Reims möchte ich Folgendes sagen«, fuhr Johannes fort. »Wie Ihr, verehrte Kollegen und Schüler, wisst, gibt es seit einigen Jahren einen Streit um die *Universalien.* Damit sind Allgemeinbegriffe und allgemeine Gattungen gemeint. Die Frage ist, ob reale Urbilder der Allgemeinbegriffe existieren oder nur die Einzeldinge, die mit den Begriffen benannt werden. Von den Kollegen in Reims, die ich vor wenigen Tagen besuchte, soll ich Euch herzlich grüßen und an Euch die Anfrage richten, welche Haltung die Kathedralschule von Chartres in dieser Frage einnimmt.« Damit setzte sich Johannes wieder auf seinen Platz und Thierry ergriff erneut das Wort.

»Bevor wir über die Einzelheiten dieses Themas diskutieren, sollten wir das Problem anhand eines konkreten Beispiels noch klarer fassen, damit auch unsere Schüler verstehen, worum es geht«, sagte Thierry und blickte dabei in Richtung der weiß gekleideten jungen Herren.

Bernhardus Silvestris sprang von seinem Stuhl auf und begann zu sprechen. »Denken wir an eine Rose: Es gibt viele, viele Rosen in allen erdenklichen Größen und Farben. Manche sind hochgewachsen, manche kurz, manche mittelgroß. Manche sind rot, andere rosé, wieder andere weiß oder gelb. Kurzum: Es gibt eine große Anzahl einzelner Rosen auf der ganzen Welt, deren Existenz niemand leugnen kann. Denn wir können die Rosen berühren, uns von ihrem Duft verzaubern oder von ihren Dornen stechen lassen. All die vielen Rosen auf der Welt sind also reale einzelne Dinge – für die es aber nur einen einzigen Namen, nämlich ›Rose‹, gibt.

Die Frage ist nun: Wenn den vielen einzelnen Rosen ein Sein zuerkannt werden kann, kann dann auch dem Gattungsbegriff ›Rose‹ ein Sein zuerkannt werden? Anders ausgedrückt: Sind die Universalien bzw. Gattungsbegriffe bloße Namen, die sich der Mensch bildet, oder kommen ihnen ebenso göttliche Urbilder bzw. Ideen zu wie den einzelnen Gegenständen?«

»Danke für Eure Ausführungen«, sagte Thierry zu Bernhardus. »An dieser Stelle sollten wir uns zunächst den philosophischen Zusammenhang klar machen, in dem der Universalienstreit steht. In der Aristoteles-Ausgabe von Porphyrius, dem Schüler Plotins, heißt es in der lateinischen Übersetzung von Boethius sinngemäß: Aristoteles wolle sich über die Existenz der Gattungen – ob sie tatsächlich oder nur im Geiste existierten – nicht äußern, was ein versteckter Hinweis darauf ist, dass er sich mit einigen wichtigen Thesen Platons nicht auseinander setzen wollte. Auch wolle Aristoteles sich nicht mit der Frage befassen, ob die Gattungen körperlich oder unkörperlich seien und ob sie getrennt von den Sinnendingen bestünden. Aristoteles betrachtete diese Aufgabe als zu hoch und einer eigenen Untersuchung bedürfend. Da nun Aristoteles leider dieses Problem nicht gelöst hat, bleibt es unserer Zeit vorbehalten, uns mit ihm philosophisch auseinander zu setzen.

Doch bevor unsere Kathedralschule in dieser Sache ihre eigene Haltung zum Ausdruck bringt, sollten wir uns vergegenwärtigen, dass es verschiedene Standpunkte gibt, nämlich den Nominalismus, den Realismus und den Konzeptualismus, die wir zunächst vorstellen und dann diskutieren sollten«, schlug Thierry vor.

»Der Nominalismus wurde vertreten von Johannes Roscelinus von Compiègne«, schaltete sich jetzt Wilhelm von Conches in die Diskussion ein. »Roscelinus stellt die unerhörte These auf, dass Universalien nur ›leerer Schall‹ sind! Er behauptet doch allen Ernstes, dass die Wirklichkeit nur aus lauter Einzeldingen bestehe, während die Allgemeinbegriffe von Menschen erdachte Namen seien. Nach ihm gibt es gar keine ›Mensch-heit‹, sondern nur Menschen.«

»Aber verehrter Kollege!«, rief Thierry, dem die Erregung von Wilhelm von Conches nicht entgangen war. »Wir wissen alle, dass Ihr ein Schüler von Bernhard von Chartres seid und daher mit dem

Realismus liebäugelt. Aber deshalb wollen wir trotzdem nicht unsachlich werden.«

»Wilhelm hat Recht!«, sprang jetzt Bernhard von Clairvaux von seinem Stuhl auf, fast ebenso erregt wie Wilhelm. »Roscelinus wurde für seine unerhörten Thesen der Ketzerei angeklagt und musste widerrufen. Denn Roscelinus' Meinung hat weit reichende Konsequenzen im Hinblick auf die Dreifaltigkeit. Die Trinität besteht aus Gott Vater, Gott Sohn und Heiligem Geist. Doch nach Roscelinus ist die ›Trinität‹ als verbindender Gattungsbegriff ja nur ›leerer Schall‹. Das würde aber bedeuten: Es gibt keinen alles umgreifenden einen Gott mehr, sondern drei getrennte Götter. Und das ist Gotteslästerung! Wo bleibt denn bei solcher Auffassung die Liebe zu Gott? Ich sage euch, verehrte Kollegen, der Nominalismus ist falsch. Vor dieser Irrlehre kann ich nur warnen«, schloss Bernhard von Clairvaux seine Rede.

»Bevor wir entscheiden, welche Lehrmeinung die richtige ist, sollten wir uns erst einmal eingehend mit den anderen Standpunkten befassen«, versuchte Thierry zu beschwichtigen.

»In Paris haben wir in den letzten Wochen eingehend die Schriften der Realisten studiert und darüber diskutiert«, begann nun Alanus ab Insulis seine Ausführungen. »Unter den Realisten sind einige herausragende Gelehrte wie Johannes Scotus Eriugena, Anselm von Canterbury und Wilhelm von Champeaux. Johannes Scotus, der vor 300 Jahren lebte – also lange, bevor die Schule von Chartres begründet wurde –, vertritt die Ansicht, dass auch den Allgemeinbegriffen ein Sein zukomme.«

»Auch Johannes Scotus ist nicht frei von Ketzerei«, unterbrach Bernhard von Clairvaux erneut die Ausführungen. »Er hat nicht nur Dionysius Areopagita ohne päpstliche Erlaubnis übersetzt, sondern stellte auch die Vernunft über den christlichen Glauben.«

»Aber er hat auch anerkannt, dass aus Gott die Natur ebenso hervorgeht wie die Urbilder und Allgemeinbegriffe, also die platonischen Ideen«, setzte Alanus seine Ausführungen fort. »Und mit seiner Übersetzung des Dionysius Areopagita hat er der Philosophie einen großen Dienst erwiesen. Woher sonst wüssten wir etwas über die Hierarchie der Engel?

Außerdem hat Anselm von Canterbury anderthalb Jahrhunderte nach Johannes Scotus dessen Thesen erhellend modifiziert. So erkennt er die enge Verschwisterung von philosophischer Vernunftwahrheit und geoffenbarter Glaubenswahrheit, räumt aber dem Glauben den höheren Rang ein. Der Glaube ist die Voraussetzung für die richtige Erkenntnis: *Credo ut intelligam* – ›ich glaube, damit ich verstehe‹.

Aus Anselms Gottesbeweis geht klar hervor, dass er auf der Seite der Realisten steht. Anselm legte in seinem *Proslogion* dar, dass Gott dasjenige ist, größer als welches nichts gedacht werden kann. Wäre Gott nur im Intellekt vorhanden, so ließe sich aber etwas Größeres denken, nämlich ein Gott, der auch in der Wirklichkeit besteht. Mit seinem Beweis wandte er die ontologische Methode an, nach der aus dem Begriff Gottes dessen reale Existenz abgeleitet werden kann. Anselm erkennt den Begriffen eine Existenz zu.

Seine vielleicht extremste Form hat der Realismus in der Lehre des Wilhelm von Champeaux gefunden – der Lehrer Eures Bruders Bernhard von Chartres, verehrter Thierry. Wilhelm war der Ansicht, dass *ausschließlich* den Gattungsbegriffen eine eigene Realität zukomme. Nach ihm ist also nur die ›Menschheit‹ das Wirkliche, nicht der einzelne Mensch. Die Menschheit würde bei ihm als Substanz sogar dann bestehen, wenn es keinen einzigen Menschen gebe, denn die Idee der Menschheit als solche lebte ja nach wie vor in Gott«, schloss Alanus seine Rede.

»Danke für Eure Ausführungen«, sagte Thierry. »Ich will das bisher Gesagte noch einmal zusammenfassen. Wir haben jetzt den Nominalismus und den Realismus erörtert. Der Nominalismus besagt, kurz gefasst, dass nur die einzelnen Rosen existieren, aber nicht der Name ›Rose‹, denn Namen sind vom Menschen hervorgebracht.

Der Realismus hingegen vertritt die entgegengesetzte Meinung, darin aber verschiedene Auffassungen: Grundsätzlich erkennt er den Allgemeinbegriffen ein Sein zu; er erkennt die göttliche Grundlage der Ideen an. Er schwankt jedoch in der Auffassung, ob gar ausschließlich die Gattungsbegriffe existieren oder zusätzlich auch die einzelnen Dinge. Nun verbleibt uns noch die Lehrmeinung des Konzeptualismus«, schloss Thierry.

»Der Konzeptualismus wurde vertreten von dem kürzlich verstorbenen Pièrre Abaelard«, setzte Bernhardus Silvestris zu einer längeren Erklärung an, wurde aber sogleich unterbrochen. »Diesen

Abaelard brauchen wir hier gar nicht zu diskutieren!«, rief Bernhard von Clairvaux erregt.

»Das meine ich auch«, schaltete sich jetzt erstmals Bischof Gottfried in die Diskussion ein. »Schließlich war Abaelard nicht nur Schüler von Roscelinus, sondern auch ein Ketzer ersten Ranges! Er wurde zweimal wegen Häresie verurteilt, einmal 1121 auf der Synode von Soissons und einmal 1140 auf dem Konzil in Sens auf Betreiben Bernhard von Clairvaux'«, sagte Bischof Gottfried.

»Und beide Male gab man ihm keine Möglichkeit, sich zu verteidigen«, wandte Thierry ein, »weshalb wir wenigstens jetzt seine Lehrmeinung zur Kenntnis nehmen sollten.«

»Ihr scheint eine Vorliebe für Ketzer zu haben, verehrter Thierry. Liegt das daran, dass Euer Vorgänger im Amt, Gilbert de la Porrée, sich vor zwei Jahren wegen seiner Lehren über die Dreifaltigkeit vor dem Konzil von Reims gegen mich verteidigen musste?«, fragte Bernhard von Clairvaux spitz. Doch noch ehe Thierry antworten konnte, setzte Bernhardus Silvestris seine Rede fort.

»Zwar wurde Abaelard in seiner Abwesenheit als Ketzer angeklagt, seine Trinitätslehre verbrannt und seine *Theologia* verurteilt, aber er hat doch bezüglich des Universalienstreites Gewichtiges zu sagen, denn er fand mit seinem Konzeptualismus einen goldenen Mittelweg – eine Synthese – zwischen Nominalismus und Realismus. Während die Nominalisten behaupten, die Universalien seien den Einzeldingen *nach*geordnet, und die Realisten behaupten, die Universalien seien ihnen *vor*geordnet, schrieb Abaelard in seinem Werk *Dialectica:* Die Universalien seien vor der Schöpfung in Gott, als Sache in der Welt und nach der Erkenntnis der Sache im menschlichen Intellekt.

Dem Begriff ›Rose‹ entspreche eine in allen Rosen vorhandene gleichartige Wirklichkeit des Allgemein-Rosenhaften. Dass die Universalien in den Dingen sind, verdanken sie einer vergleichenden Abstraktion, also einem Denkvorgang.«

»Mit dem Denken scheint es Abaelard ja überhaupt recht weit getrieben zu haben«, schaltete sich erneut Bernhard von Clairvaux ein. »Die Vernunft bewertete Abaelard so hoch, dass er sie über den Glauben stellte: *Intelligo ut credam* – ›ich erkenne, damit ich glaube‹ – schrieb er in Umkehrung des Satzes von Anselm von Canterbury. In seiner Schrift *Sic et Non (Ja und Nein)* sammelte

Im Inneren der Kathedrale:
Blick von Südwesten Richtung Notre Dame du Pilier

*Von den Maurern
gestiftetes Glasfenster*

*Ausschnitt aus dem Fenster des Heiligen Apollinaire:
zwei Engel (Fürstentümer) aus der Engelhierarchie*

*Die Südrose
mit fünf Lanzettfenstern*

*Notre Dame de la Belle Verrière, die Jungfrau vom
Schönen Fenster (Foto: Manfred Christ)*

*Clemenskapelle in der Krypta, hinten u. a.: Nikolaus und Clemens I.;
vorne links: Modell der Kirche um 1000, rechts: Kathedrale um 1150*

*Die Reliquie:
das Hemd, das Maria bei Jesu Geburt getragen haben soll*

*Notre Dame de Sous-Terre,
Birnbaumstatue der Schwarzen Madonna in der Krypta*

*Die »Kathedrale der Bäume« (Insel Grafenwerth, Rhein);
die Form des gotischen Spitzbogens wurde von der Natur abgeschaut*

Abaelard eine Fülle sich widersprechender Sätze der Bibel und der Kirchenväter. Er wollte anhand dieser Widersprüche zeigen, dass Texte auslegungsbedürftig sind. Unerhört der Anspruch, Autoritäten müssten interpretiert werden! Schließlich steht doch der Glaube über allem Wissen.«

»Selbst wenn Abaelard in einigen Punkten geirrt haben mag, so sollten wir doch seine Lehre nicht in Bausch und Bogen verdammen«, wandte Bernhardus Silvestris ein.

»Wer in maßgeblichen Dingen des Glaubens irrt, der irrt auch in seiner sonstigen Lehre!«, erwiderte Bernhard von Clairvaux entschieden. »Und Abaelard hat in vielen Dingen geirrt und Irrlehren verbreitet. Obwohl Abaelard seine *Theologia Summi Boni* 1121 nach der Synode in Soissons eigenhändig verbrennen musste, besaß er die Unverschämtheit, Teile daraus in seinem Nachfolgewerk *Theologia Scholarium* wieder zu verwenden! Besonders schändlich ist sein Gleichnis vom Siegel, mit dem er die Dreifaltigkeit erklären wollte. Er behauptet doch, die drei göttlichen Personen verhielten sich zueinander wie das Erz, das zu siegelnde Dokument und der Vorgang des Siegelns selbst. So drücke Gott sein Bild im Menschen ein wie der König sein Bild in Wachs drücke. In jedem Falle aber sei es Christen wie Heiden möglich, ein rationales Verständnis der dreifaltigen Struktur Gottes zu gewinnen. Als ob die Dreifaltigkeit rational wäre, und als ob Heiden gleiche Einsichten in göttliche Zusammenhänge hätten wie fromme Christen!«

»Bernhard, Eure Einwände in allen Ehren, aber wir sollten doch zu unserem eigentlichen Thema, den Universalien, zurückkehren«, schaltete sich Thierry ein.

»Ich meine, dass Abaelard mit seinem Konzeptualismus eine vernünftige Lösung für das Universalienproblem gefunden hat«, sagte Johannes von Salisbury. »Es wäre gar nicht schlecht, wenn sich die Schule von Chartres dem Konzeptualismus anschlösse«, bekräftigte auch Alanus.

»Niemals!«, riefen Bernhard von Clairvaux und Bischof Gottfried beinahe gleichzeitig. »Es ist der Kathedralschule von Chartres nicht würdig, einen Ketzer zu verteidigen«, erläuterte Gottfried. »Solange ich Bischof in Chartres bin, werde ich nicht dulden, dass hier eine ketzerische Lehre vertreten wird.«

»Ich denke, der Realismus ist viel eher zutreffend als der Konzeptualismus«, schaltete sich Wilhelm von Conches ein. »Er zeigt viele Ansätze, die mit Platons *Timaios* und unserer Auffassung über die Natur übereinstimmen. Wenn wir die Zahlen und die göttliche Natur für seiend erklären, dann können wir auch die Allgemeinbegriffe bzw. Ideen für seiend erklären. Denn Zahlen haben auf eine gewisse Weise auch den Charakter von Ideen.«

Eine Reihe von Gelehrten auf den Chorstühlen nickte eifrig, und Thierry sagte freudestrahlend: »Die Erschaffung der Zahlen geht der Erschaffung der Dinge voraus. Zuerst ist die Zahl als Universalie vorhanden, dann folgen ihr die konkreten Einzeldinge mit ihren geometrischen Formen nach.« Ein allgemeines Raunen unter den Gelehrten ließ erkennen, dass man dieser Auffassung zustimmte.

»Damit haben wir eine Lösung für das Universalienproblem gefunden«, sagte Thierry zufrieden. »Verehrter Johannes von Salisbury! Richtet der Kathedralschule von Reims unsere herzlichen Grüße aus und tut kund, dass wir in Chartres dem Realismus folgen.«

Thierry wollte weiterreden, wurde aber von einem lauten Klopfen aus der Richtung des Westportals unterbrochen. »Das Klopfen ist zuerst als Universalie im Geiste Gottes real vorhanden, bevor wir es hören können«, sagte Thierry geistesgegenwärtig, und die ganze Versammlung lachte.

»Die Geräusche mahnen uns, unsere Konferenz zu beenden. Dieser Tage wird das Westportal fertig gestellt, und so haben die Handwerker noch eine Menge zu tun. Hochwürden, verehrter Bernhard von Clairvaux, liebe Kollegen und Schüler! Ich bedanke mich für eure Teilnahme an der Diskussion und beende hiermit unsere Konferenz.«

Während die Teilnehmer den Chor verließen, wurde das Klopfen immer lauter, und plötzlich wachte ich auf. Mein Wecker erinnerte mich energisch daran, dass der neue Tag mich zu einer weiteren Erkundung der Kathedrale herausforderte. Nilrem, mit dem ich mich nach dem Frühstück wieder am Südportal in der Nähe der früheren Schule von Chartres traf, erzählte ich meinen Traum.

»Wann hat diese Konferenz deiner Meinung nach stattgefunden?«, fragte er. »Aber es war doch nur ein Traum, kein reales Erlebnis!«, wandte ich ein. »Nun, wie du aus dem *Policraticus* des

Johannes von Salisbury weißt, betritt der Mensch im Schlaf auf der fünften Ebene der Vision die geistige Welt, in der er Zugang zu Vergangenheit und Zukunft hat. Deshalb könnte dein Traum durchaus ›real‹ gewesen sein – so ›real‹ wie der Realismus im Universalienstreit.«

»Die Konferenz müsste zu einer Zeit stattgefunden haben, als die meisten Gelehrten gleichzeitig in Chartres lehrten«, überlegte ich. »Wenn Gottfried Bischof und Thierry Kanzler war und das Westportal kurz vor seiner Vollendung stand, dann müsste dies etwa im Jahre 1150 gewesen sein.« »Richtig«, sagte Nilrem, »wobei zu berücksichtigen ist, dass die Kathedrale damals noch nicht ihre heutige Gestalt hatte, sondern es sich um den kleineren Vorläuferbau handelte. Denn ihre heutige Größe und Form erhielt sie erst nach dem Brand im Jahre 1194.

Um 1150 war der so genannte ›Universalienstreit‹ unter den Gelehrten an vielen Orten Europas bereits voll entbrannt. Er sollte die Gelehrtenwelt der Scholastik noch einige Jahrhunderte in Atem halten und weitere bedeutende Vertreter hervorbringen. Auf die Seite des Nominalismus schlugen sich später Wilhelm von Ockham und Duns Scotus, auf die Seite des Realismus Avicenna und Thomas von Aquin.

Übrigens würden wir das, was damals als ›Realismus‹ bezeichnet wurde, heute eher als ›Idealismus‹ bezeichnen, denn im Grunde folgte man der platonischen Ideenlehre, wenn man Allgemeinbegriffe bzw. Ideen für existent hielt. So spiegelt sich im Universalienstreit versteckt wiederum die Auseinandersetzung zwischen der aristotelischen und der platonischen Philosophie wider, wobei der Nominalismus der aristotelischen Sicht entspricht.

Uns muten die Argumente in diesem Streit heute ein wenig wie ›an den Haaren herbeigezogen‹ an, und es erscheint uns müßig, sich mit Thesen zu befassen, die sich ohnehin nicht beweisen lassen. Dennoch gibt der Universalienstreit einen guten Einblick in den damaligen Zeitgeist. Zu einer Zeit, in der man ernsthaft darüber diskutierte, wie viele Engel auf eine Nadelspitze passen, musste man eben auch darüber diskutieren, ob Gattungsbegriffe bzw. Ideen ›real‹ sind.

Die in der Konferenz anklingende Auseinandersetzung mit ketzerischem Gedankengut nahm im darauf folgenden Jahrhundert –

als Chartres das Szepter an die Universität von Paris abgegeben hatte – noch viel schärfere Formen an. Als sich der intellektuelle Schwerpunkt nach Paris verlagerte, sank auch die Bedeutung der Zisterzienser, denen Bernhard von Clairvaux angehörte. Er war ein glühender, manchmal fanatischer Anhänger des christlichen Glaubens, den er energisch verteidigte. Einige Lehrer von Chartres wie auch andere Gelehrte hatten ihm Anklagen vor den Konzilien zu ›verdanken‹, obwohl er andererseits auch die Entwicklung der Kathedrale sehr förderte.

Anklagen wegen Häresie verliefen im 10. und 11. Jahrhundert meist noch relativ glimpflich. Als jedoch der Stern der Universität Paris aufging, stieg auch der Einfluss der Dominikaner, die weit fanatischer die Häretiker verfolgten als die Zisterzienser. Die Dominikaner trieben dann im 12. Jahrhundert die Häresieanklagen mit ihren weit verbreiteten Inquisitionsprozessen einschließlich Folterungen auf die Spitze. In Umberto Ecos Roman *Der Name der Rose* ist vielfach die Rede von dem ›kurzen Prozess‹, den man mit Ketzern machte.

Übrigens stammt der Titel des Buches *Name der Rose* aus dem Werk *Dialectica* von Abaelard. Darin findet sich der Satz: *Nulla rosa est* (›Es gibt keine Rosen‹), der zeigen sollte, dass man sowohl von vergangenen als auch von inexistenten Dingen sprechen kann. Der ›Name‹ der Rose kann von nichts mehr ausgesagt werden, wenn es keine Rosen mehr gibt, dennoch hat der Satz ›Es gibt keine Rosen‹ eine Bedeutung.«

Spuren der Chartreser Philosophie in der Antike

»Wie du erfahren hast, stützt sich die Schule von Chartres auf eine Reihe antiker Philosophen, die man als Autoritäten betrachtete und deren Werke in der Schule gelesen und interpretiert wurden. Weißt du, welche Philosophen das sind?«, fragte mich Nilrem. Nach kurzem Nachdenken antwortete ich: »Auf jeden Fall gehören Pythagoras und Platon dazu.« »Ja, und außerdem noch Plotin, Dionysius Areopagita und Boethius«, ergänzte Nilrem. »Was weißt du über Pythagoras?«

Pythagoras. Erstaunt darüber, dass Nilrem heute offensichtlich vorhatte, meine philosophischen Kenntnisse zu prüfen, antwortete ich verlegen: »Nicht viel. Ich kann mich nicht an die Titel seiner Werke erinnern.« »Das ist auch kein Wunder, denn *Pythagoras* hat wahrscheinlich niemals etwas publiziert!«, sagte Nilrem spottend. »Heute ist von ihm kaum mehr bekannt als sein berühmter Satz über Dreiecke: Die Addition der Quadrate der beiden Katheten ergeben das Quadrat der Hypotenuse ($a^2 + b^2 = c^2$) – ein mehr als kümmerlicher Überrest eines ursprünglich umfassenden mathematisch-philosophischen Lehrgebäudes, das viel Wissen über Geometrie, Musik und Astronomie enthielt! Leider ist das meiste davon heute verschollen und gehört zum verlorenen Wissen der Menschheit.

Pythagoras muss wohl geglaubt haben, dass die Menschheit noch nicht reif sei für sein Wissen. Deshalb publizierte er nichts und legte auch seinen Schülern strenges Stillschweigen über ihr Wissen auf. Dass einer seiner Schüler umgebracht worden sein soll, als er das Wissen über das Dodekaeder verriet, erzählte ich dir bereits.

Über Pythagoras' Leben ist wenig bekannt. Er lebte im sechsten Jahrhundert vor Christus. Einige halten ihn heute für einen verrückten Guru, der mit seinen Schülern eine Art religiöse Sekte um sich herum errichtete, andere für einen Magier oder Schamanen, der auf Grund seines weit überragenden Bewusstseins eine Akademie mit hohem wissenschaftlichen Anspruch unterhielt. Als gesichert gilt, dass Pythagoras aus politischen Gründen von der Insel Kroton nach Sizilien fliehen musste. Seine Schule existierte insgesamt rund 200 Jahre.

Pythagoras war vermutlich der Erste, der sich als ›Philosoph‹ bezeichnete. Wahrscheinlich geht auch das Wort ›Kosmos‹ auf ihn zurück und war Teil seiner Philosophie: Dreh- und Angelpunkt war für ihn die Zahl als Prinzip der gesamten Wirklichkeit. Es ist sicher nicht übertrieben zu sagen, dass er die Zahl als heilig betrachtete. Dinge existierten für ihn als Abbilder von Zahlen. An die Zahl ist die Harmonie geknüpft. Jedes Ding ist eine Zahlenharmonie, und die Zahl ist ihrerseits eine Harmonie von Gegensätzen.

Das Eine (Gott), der Urgrund aller Zahlen, erlegt dem unbegrenzten Urmaterial der Welt, dem Chaos, eine Grenze auf, indem es das Unbegrenzte in Zahlen verwandelt. Dadurch, dass das Unbegrenzte eine Grenze erhält, wird es zur Ordnung, zum Kosmos (griech. κόσμος). Diese Ordnung durchwirkt die Welt; daher bedeutet Kosmos auch ›Definition, Vollkommenheit, Schönheit‹.«

»Dieser Gedanke findet sich in ähnlicher Weise in Bernhardus Silvestris' *Cosmographia* und in Alanus' *Anticlaudian*«, ergänzte ich. »Beide sprechen von einer ersten Schöpfung, die aus ungeordneter Materie bestehe, und einer zweiten vollkommeneren, die den Menschen hervorbringt.«

»Pythagoras verfügte über eine weit entwickelte Zahlentheorie, die zum Grundgerüst für die gesamte abendländische Mathematik wurde. Er unterschied zwischen geraden und ungeraden Zahlen, befasste sich mit irrationalen Zahlen, mit der Sphärenharmonie und mit der musikalischen Harmonie.«

Der Philosoph, der die kosmische Ordnung, die ideale mathematische Harmonie und Vollkommenheit der (göttlichen) Welt studiert, reflektiert und reproduziert sie damit in seiner Seele: er selbst wird ›kósmios‹ – ›jemand der kósmos besitzt‹, Ordnung, Vollkommenheit, Schönheit. Was den Philosophen mit dem göttlichen Weltganzen, den ›Mikrokosmos‹ mit dem ›Makrokosmos‹ verbindet, ist das Element des ›kósmos‹ in beiden (Lutz, S. 720).

Platon. »Außerdem entwickelte Pythagoras die Theorie über die so genannten ›platonischen Festkörper‹, von denen du ja schon gehört hast.« »Warum heißen diese Körper ›platonisch‹, wenn sie doch von Pythagoras stammen?«, fragte ich.

»Sie wurden durch *Platons* Werk *Timaios* bekannt, womit wir beim nächsten Philosophen wären. Die Schule von Chartres hatte ein merkwürdiges Verhältnis zu Platon, was an dem geringen Wissensstand der damaligen Zeit lag. Sie stützte sich lediglich auf ein einziges Werk von Platon, nämlich den *Timaios,* da von seinen umfangreichen Dialogen im frühen Mittelalter nur dieses eine Werk bekannt, die übrigen jedoch verschollen waren.

Aber selbst vom *Timaios* war nur ein kleines Fragment vorhanden, und dieses nicht einmal im griechischen Original, sondern in einer verstümmelten Übersetzung. Außerdem gab es zwei Kommentare zum *Timaios* von Chalcidius und Macrobius, die von den

Lehrern in Chartres mit Ehrfurcht behandelt wurden. Es ist höchst erstaunlich: als ob sich die Gelehrten von Chartres an einen Strohhalm geklammert und dennoch mit dessen Hilfe die Fahne idealistischen Denkens im Mittelalter hochgehalten hätten! So fühlten sich fast alle Chartreser Lehrer bemüßigt, weitere Kommentare zum *Timaios* zu schreiben.« »Was ist denn der Inhalt des *Timaios?*«, fragte ich.

»Der um 300 v. Chr. entstandene *Timaios* enthält eine Kosmologie, die der des Pythagoras nicht unähnlich ist. Man darf annehmen, dass Platon vom Wissen der Pythagoräer profitierte. Platon versteht das Weltall (Kosmos) als ein von Gott beseeltes und mit Vernunft begabtes Lebewesen. Die Weltseele ist mathematisch strukturiert und sorgt dadurch für eine mathematische Ordnung im Weltall.

Die Ordnung ist sowohl im astronomischen System an den geometrischen, arithmetischen und harmonischen Zahlenverhältnissen als auch an der Erkenntnisfähigkeit des Menschen erkennbar. Die Weltseele wird dem Weltkörper eingefügt. Dieser baut sich aus den ›platonischen‹ Körpern auf, die für die Vielfalt der körperlichen Welt verantwortlich sind. Der Mensch ist nach dem Modell des Kosmos gestaltet: Er verfügt über einen vergänglichen Körper und eine vernünftige Seele, deren Aufbau der Weltseele entspricht.

Da die Materie vernunftlos ist, bleibt die Abbildung der Ideen in der Welt unvollkommen. Ideen sind bei Platon die Urbilder der Realität, nach denen die sichtbare Welt geformt ist.«

Demjenigen lebendigen Wesen, welches alles andere Lebendige in sich fassen soll, dürfte nun wohl auch eine Gestalt angemessen sein, welche alle anderen Gestalten in sich fasst. Deshalb drehte er [Gott] sie denn auch kugelförmig, so dass sie von der Mitte aus überall gleich weit von ihren Endpunkten entfernt war, nach Maßgabe der Kreisform, welche von allen Gestalten die vollkommenste und am meisten sich selber gleiche ist, indem er das Gleiche für tausendmal schöner als das Ungleiche hielt (Platon: *Timaios*, 33 b).

Diese ganze Erwägung nun also desjenigen Gottes, welcher von Ewigkeit ist, wie dieser sie über denjenigen Gott anstellte, welcher erst ins Dasein eintreten sollte, bewirkte, dass der Körper der Welt glatt und eben und überall gleich weit vom

Mittelpunkte abstehend und in sich geschlossen und vollständig aus Körpern, die schon selber vollständig waren, gebildet wurde. Die Seele aber pflanzte er in die Mitte desselben ein und spannte sie nicht bloß durch das ganze Weltall aus, sondern umkleidete den Weltkörper auch noch von außen mit ihr. Und so richtete er denn das Weltganze her als einen im Kreise sich drehenden Umkreis ... (Platon: *Timaios,* 34 b).
Beide Textstellen lesen sich wie die Erschaffung der Blume des Lebens aus der Kugel.

Plotin. »Von Platon führt der Weg über die ›Weltseele‹ beinahe nahtlos zu *Plotin.* Er lebte im 3. Jahrhundert n.Chr. und vertrat eine Lehre, die vom Grundgedanken her platonisch ist: Plotin versteht den Weg zur Wahrheit als ein Fortschreiten von der niederen zur höheren geistigen Welt.

Auch Plotin begründete eine Schule. Seine Schriften, die *Enneaden (Neunheiten),* wurden nach seinem Tod von seinem Schüler Porphyrios herausgegeben. Darin beschreibt Plotin Aufstieg und Abstieg vom und zum Einen. Plotins Philosophie ist stark beeinflusst von seinen eigenen spirituellen Erlebnissen. Er soll nicht nur hellsichtig gewesen sein, sondern auch mehrfach eine ekstatische Gottesschau erlebt haben.

Plotin versuchte, über seine Erlebnisse zu berichten, stellte aber fest, dass alle menschlichen Worte nicht ausreichen, um über die Gottheit zu sprechen. Um dennoch Aussagen machen zu können, beschritt er den Weg der Verneinung: Gott ist unendlich, unbegrenzt, unräumlich, unzeitlich usw. Während die Vielheit der Grundcharakter der endlichen Wirklichkeit ist, ist die Gottheit die Einheit, das reine, transzendente Eine, über das nichts ausgesagt werden kann, weil Worte schon wieder eine Vielheit erzeugen.

In seiner absoluten Überfülle fließt das Eine aus, ohne dabei weniger zu werden – wie die Sonne Wärme ausstrahlt, ohne dabei etwas von ihrer Substanz zu verlieren. Das Ausfließen der Überfülle wird als ›Ausstrahlung‹ oder ›Emanation‹ bezeichnet und vollzieht sich in Stufen. Es kommt dabei eine Art ewiger Prozess in Gang, bei dem das Eine sich selbst erblickt. Dadurch entsteht auf der zweiten Stufe der Geist *(Nous)* und die in ihm enthaltene geistige Welt, die Ideen. Man ist versucht, hier an die Blume des Lebens zu denken, bei der viele Kreise aus einem ursprünglichen Kreis hervorgehen, indem sich das ›Bewusstsein‹ des ersten Kreises nach außen verlagert und dabei sich selbst in Form weiterer Kreise erblickt.

Der Geist ist dem Denken hingegeben und trägt daher die Unterscheidung zwischen Denkendem und Gedachten und die Verschiedenheit der gedachten Gegenstände in sich. Die dritte Stufe kommt dadurch zu Stande, dass der Geist hinabblickt und kraft seiner Fülle aus sich die Weltseele entlässt, die die Einzelseelen in sich enthält. In jeder Einzelseele ist die Weltseele, in jedem Teil also das Ganze gegenwärtig.

Wenn die Seele hinabblickt, so entsteht die vierte Stufe, indem sie den Kosmos in seiner ganzen Mannigfaltigkeit erschafft bzw. beseelt. So verbindet die Seele die Sphären des Geistigen und des Stofflichen. Die Einzelseelen verbinden sich mit der Materie, wodurch die körperliche Welt entsteht. Die Materie ist für Plotin, ähnlich wie für Platon, ungeordnetes Chaos und Finsternis. Doch obwohl sich die Seelen im Dunkel der Materie verlieren, bleibt ihr höchster Teil als reines Denken ewig im Geist. Insofern kann Plotin sagen: Jeder Mensch ist ein intelligibler Kosmos.

Die körperliche Welt des Kosmos wird von den Einzelseelen in der Einfaltung als ein zeitliches Nacheinander erlebt, auch wenn die Ideen der Seele natürlich ewig und zeitlos sind.

Den Weg hinab vom Einen auf der höchsten Stufe bis zur Materie auf der niedrigsten Stufe könnte man als ›Involution‹ bezeichnen. Dem gegenüber steht die Evolution: der Weg zurück, den die Seele geht, wenn sie aus der Finsternis wieder zu Gott emporsteigt. Am höchsten Punkt der seelischen Entwicklung kommt es zur *unio mystica,* zur mystischen Vereinigung mit dem Einen, Göttlichen, wie es Plotin selbst offenbar erlebt hat.

Plotins Philosophie ist den beiden indischen Philosophiesystemen des Samkhya und Vedanta erstaunlich ähnlich. Die Weltseele wird dort als *Brahman,* die Individualseele als *Atman* bezeichnet.«

… weshalb denn auch gesagt ist, dass aus der unbestimmten Zweiheit und dem Einen die Ideen und die Zahlen hervorgehen, das nämlich ist der Geist (Plotin: *Enneaden,* V, 4, 7/9).

Was hat denn eigentlich die Seelen ihres Vaters Gott vergessen lassen und bewirkt, dass sie ... ihr eigenes Wesen so wenig wie Jenen [Gott] mehr kennen? Nun, der Ursprung des Übels war ihr Fürwitz, das Eingehen ins Werden, ... auch der Wille sich selbst zu gehören. An dieser ihrer Selbstbestimmung hatten sie, als sie denn in die Erscheinung getreten waren, Freude, sie gaben sich reichlich der Eigenbewegung hin, so liefen sie den Gegenweg und gerieten in einen weiten Abstand: und daher verlernten sie auch, dass sie selbst von dort oben stammen ... (Plotin: *Enneaden*, V, 1, 10/1).

Dionysius Areopagita. »Einer der Philosophen, die besonderen Einfluss auf Chartres ausübten, ist bemerkenswerterweise ein unbekannter geblieben. Es handelt sich um *Dionysius Areopagita*. Bis heute ist unklar, wer sich hinter dem Namen verbirgt, weshalb auch oft von ›Pseudo-Dionysius‹ gesprochen wird. Ursprünglich hatte man angenommen, dass es sich bei diesem Philosophen um einen Schüler des Apostels Paulus handele, der zugleich Mitglied des Athener Areopags war. Doch diese These wurde Ende des 19. Jahrhunderts widerlegt. So gibt es heute verschiedene Vermutungen über den ›wahren‹ Dionysius.

Unter anderem wird behauptet, hinter seinem Namen verberge sich der Patriarch Severus von Antiochia, der um 539 exkommuniziert starb. Neuere Untersuchungen haben jedoch zu dem Ergebnis geführt, bei Dionysius handele es sich in Wahrheit um eine Frau, und zwar um die große Philosophin, Astronomin und Mathematikerin Hypatia, die im 3. oder 4. Jahrhundert in Alexandria lebte. Sie war Tochter des berühmten Mathematikers Theon. Heute ist diese Frau, die im Jahre 415 v. Chr. ermordet wurde und deren wissenschaftliche Werke man unterschlug, niemandem mehr bekannt. Frauen hatten eben weder intelligent zu sein, noch ketzerisches Wissen zu verbreiten. Möglicherweise hat Hypatia unter dem männlichen Pseudonym ›Dionysius‹ mehrere Werke veröffentlicht.

Erwähnt sei auch die Vermutung, dass Dionysius – wer immer es auch gewesen sei – eine Schule begründet habe, in der der Name ›Dionysius‹ vom jeweiligen Lehrer immer an seinen Nachfolger aus dem Kreise seiner Schüler weitergegeben wurde. In diesem Falle könnte sich hinter dem Namen ein ganzes Kollektiv von

Autoren verbergen, die die Lehren lange Zeit nur mündlich tradierten, bis einer der ›Dionysii‹ sie schriftlich festhielt.

Auf der linken Seite des Südportals, dem so genannten ›Portal der Märtyrer‹ findet sich eine Darstellung des Dionysius, wie man ihn sich zur Zeit der Entstehung der Kathedrale vorstellte *(siehe Foto im Bildteil)*, nämlich als Missionar, der von Clemens I. nach Gallien geschickt worden war. Er war erster Bischof von Paris und wurde dort enthauptet. Über seinem Grab entstand das Kloster von St. Denis.

Wer immer sich auch hinter dem Namen Dionysius verbirgt – er hinterließ der Nachwelt mehrere wichtige Werke, die in der römischen wie auch in der orthodoxen Kirche eine wichtige Rolle spielten. Es handelt sich unter anderem um *De mystica theologia (Die mystische Theologie)* und um *De coelesti hierarchia (Über die himmlische Hierarchie)*. Das erstgenannte Werk beschreibt einen Einweihungsweg zur Vereinigung mit Gott, das zweite die Hierarchie der Engel; beide Bücher verstehen sich als priesterliche Geheimbücher im altägyptischen Sinne.

Für Chartres relevant war vor allem die *Himmlische Hierarchie.* Eine besondere Rolle spielen darin die Zahlen drei und neun, von deren häufigem Vorkommen im Zusammenhang mit der Kathedrale du ja schon gehört hast. Bei Dionysius gibt es drei mal drei himmlische Wesen. Und so, wie es drei Reiche von Engeln über uns gibt, so gibt es auch drei Reiche unter uns: das Mineralien-, das Pflanzen- und das Tierreich. In einem anderen Werk geht Dionysius auch auf die Dreiteilung der Priesterstufen ein.

Das Wort ›Hierarchie‹ ist wahrscheinlich von Dionysius selbst geprägt worden und bedeutet so viel wie ›heilige Rangordnung‹, womit sowohl die geistige als auch die materielle Stufenordnung der Wirklichkeit gemeint ist. Modern würden wir dies heute als ›Bewusstseinsdimensionen‹ bezeichnen.

Die *Himmlische Hierarchie* ist ein Werk, das den Leser merkwürdig berührt. Die höchst präzise und detaillierte Beschreibung der himmlischen Engelchöre lässt darauf schließen, dass der Verfasser diese selbst erschaut hat. Eigenartig ist auch die verwendete Sprache, die noch bis in die Übersetzung hinein durchschimmert: Nicht nur die strenge Gliederung des Werkes und die Angabe der Zahl drei mal drei, sondern auch die sehr kurzen und prägnanten

Beschreibungen jeder Hierarchiestufe ohne jeden überflüssigen ›Schnörkel‹ geben dem Werk etwas geradezu Mathematisches. Man hat den Eindruck, dass jedes Wort mit Bedacht gewählt ist. Es ist wie bei mathematischen Gleichungen: Man kann nichts weglassen, aber auch nichts hinzufügen, ohne die Bedeutung zu verändern. So bekommt die Darstellung von Dionysius etwas geradezu Zwingend-Logisches.

Wo hast du in der Kathedrale die Engelhierarchie gefunden?«, überraschte mich Nilrem mit einer Frage, um mich erneut zu prüfen. »Dort«, antwortete ich und zeigte auf das Südportal hinter uns. »Über dem mittleren Teil des Portals findet sich in den steinernen Archivolten eine Darstellung der Engelhierarchie« *(siehe Fotos im Bildteil).* »Gehen wir einmal hin und schauen sie uns genauer an«, forderte mich Nilrem auf.

»Am Mittelposten befindet sich der segnende Christus, der auf einer Wouivre als Symbol für die erdmagnetischen Ströme steht. Darüber befinden sich in den Archivolten die Engel. Die Verbindung zwischen Jesus und den Engeln geht auf die Bibel zurück: ›Wenn aber des Menschen Sohn kommen wird in seiner Herrlichkeit und alle Engel mit ihm, dann wird er sitzen auf dem Thron seiner Herrlichkeit‹ heißt es in Matthäus 25, 31.

Nach Dionysius gehen aus Gott als der Quelle schöpferischen Lichtes die Seinsstufen bzw. die Hierarchien der Engel hervor. Die erste der drei Hierarchien umfasst die *Seraphim,* die *Cherubim* und die *Throne.* Sie sind in den unteren Archivolten dargestellt und stehen als höchste Wesenheiten damit Jesus und Gott am nächsten. Die *Seraphim* tragen in beiden Händen Flammen, und Dionysius nennt sie ebenfalls ›Entflammer‹; er spricht von ihrem immer währenden Bewegtsein um das Göttliche, von ihrer Glut, mit der sie das Göttliche umkreisen.

Die *Cherubim* auf der linken Seite der *Seraphim* haben in ihrer Hand eine Kugel als Symbol für die Kraft des Erkennens und der Weisheit. Sie stehen für die höchste Erkenntniskraft und vollendete Mitteilungsfähigkeit. Die *Throne* (in der zweiten Archivolte links) sitzen auf Thronen und stehen symbolisch für die höchste Willenskraft.

Die zweite Hierarchie umfasst Wesen, die schon etwas weiter vom Göttlichen entfernt sind. Nach Dionysius sind dies die *Kyrio-*

tetes (Herrschaften), die *Dynameis (Mächte/Kräfte)* und die *Exusiai (Gewalten).* Sie befinden sich auf der rechten Seite in der zweiten, dritten und vierten Archivolte. Die *Herrschaften* tragen Kronen und ein Szepter, weil sie die Ausführer höchster Befehle sind. Die *Mächte* stehen für die Tugenden, und die *Gewalten,* die Schwerter tragen, sind die Geister der Form.

Auf der untersten Stufe schließlich sind die *Archai (Fürstentümer),* die *Archangeloi (Erzengel)* und die *Angeloi (Engel),* die auf der linken Seite der dritten, vierten und fünften Archivolte zu sehen sind. Die *Fürstentümer* halten jeweils ein Szepter in der Hand, die Erzengel ein Buch. Die *Fürstentümer* sind Schutzengel für ganze Länder. Die ›einfachen‹ Engel schließlich haben die Aufgabe, zwischen den Menschen und den höheren Sphären zu vermitteln; landläufig stellt man sie sich gerne als persönliche Schutzgeister vor.

Gegenüber der ursprünglichen Hierarchie von Dionysius wurden in Chartres zwei Engelchöre in ihrer Reihenfolge gegeneinander vertauscht, und zwar die *Mächte* und die *Fürstentümer.* Diese Veränderung geht auf Papst Gregor den Großen zurück.

Dionysius schildert in seiner *Himmlischen Hierarchie,* wie das Licht, das um die *Seraphim* am hellsten leuchtet, sich zur untersten Engelhierarchie hin aufgrund der wachsenden Distanz zu Gott immer weiter verdunkelt. In den geistigen Wesen vollzieht sich zugleich eine Rückkehr zum Ursprung, und zwar wiederum in drei Schritten: von der Reinigung als Ausscheiden alles dessen, was die Erkenntnis des göttlichen Lichtes behindert, über die Erleuchtung bis zur Vollendung in der Schau Gottes.

Weißt du, wo sich in der Kathedrale noch eine weitere Darstellung der Engelhierarchie findet?«, fragte mich Nilrem. »Eine weitere Abbildung der Engel ist mir nicht bekannt«, antwortete ich. »Komm mit«, forderte er mich auf, und wir betraten das Kircheninnere durch das Südportal. In Nähe des Portals machten wir bei einem der Glasfenster Halt. »Das ist das Fenster des Heiligen Apollinaire«, erklärte Nilrem. »Es erzählt nicht nur die Geschichte dieses Heiligen, sondern stellt im oberen Bereich noch einmal die neun Engelchöre dar, und zwar gegliedert in drei Streifen zu je drei Scheiben. Die Darstellung stimmt mit derjenigen am Portal überein« *(siehe Foto im Bildteil).*

»Und welche der Lehrer der Kathedralschule hat Dionysius beeinflusst?«, fragte ich. »Das waren vor allem Bernhardus Silvestris und Alanus ab Insulis«, antwortete Nilrem.

Wie viele Ordnungen der himmlischen Wesen es geben mag, wie sie beschaffen sein mögen und wie ihre Hierarchien sich vollenden – das weiß wohl allein deren heilig göttlicher Urgrund (Dionysius Areopagita: *Die Himmlische Hierarchie*, 200 C).

Auf solche Art ist durch die überwesentliche Harmonie der in Schönheit gestalteten Weltschöpfung dafür vorgesorgt, dass jedes vernunftbegabte Wesen geistig emporgeführt werde ... Da in dieser Ordnung aber auch für jede einzelne Hierarchie die ihr heiliggemäße Stufe vorgesehen ist, begreifen wir, wie jede Hierarchie in eine erste, mittlere und letzte Offenbarungsmacht sich auseinanderfalten muss. Aber auch jede Einzelne dieser Ordnungen hat die Vorsehung ... nach den Verhältnissen des göttlich harmonischen Maßes auseinandergegliedert (Dionysius Areopagita: *Die Himmlische Hierarchie*, 273 B). Es scheint, als spiele Dionysius hier auf den goldenen Schnitt innerhalb der höheren Bewusstseinsdimensionen an.

»Ist dir übrigens bekannt, warum immer von Engel*chören* die Rede ist und warum man sich landläufig vorstellt, Engel würden den ganzen ›Tag‹ nichts anderes tun als zu singen?«, fragte mich Nilrem. Das war wieder eine der schwierigen Fragen, mit denen mich Nilrem herausforderte. Ich überlegte eine Weile, kam aber zu keiner Lösung.

»Nun, aus der Physik ist dir ja bekannt, dass alles im Kosmos aus *Schwingungen* besteht – angefangen von den kleinsten Bausteinen der Materie bis hin zu den Bahnen der Planeten. Aus der Quantenphysik weiß man, dass Materie aus stehenden Energiewellen aufgebaut ist.

Schwingungen lassen sich hörbar machen, so wie z. B. die Bahnen, die die Planeten ziehen, nach Pythagoras als Sphärenharmonie vernehmbar sind. Die Vorstellung im Hinblick auf die Engel ist nun die, dass sie fortwährend bestimmte Schwingungen erzeugen, mit denen sie die *kosmischen Gesetze* in Gang und damit den Kosmos in Bewegung halten. Diese Schwingungen, dieses Singen, ist dann bis in alle Teile des Weltalls ›hörbar‹ – bis es unsere Physiker in der dritten Dimension schließlich sogar auf der Quantenebene messen, um daraus mathematische Gleichungen abzuleiten.«

Ich war nicht sicher, ob ich Nilrems Ausführungen verstanden hatte und seinem weiten Bogen von der Quantenphysik über die Sphärenharmonie bis zu den Engelchören folgen konnte, doch Nilrem ging sogleich zum nächsten bedeutenden Philosophen über.

Boethius. »Ein weiterer Philosoph, der die Kathedralschule beeinflusste, war Boethius. Er ging davon aus, dass Schwingungen nicht nur *hörbar,* sondern auch *sichtbar* sind – etwas, das der modernen Physik ja vom elektromagnetischen Spektrum bekannt ist. Je nach Wellenlänge unterscheidet man zwischen nieder- und hochfrequenten Wellen, dem Licht, Röntgenstrahlen und Gammastrahlen. Von diesem Spektrum ist nur ein kleiner Teil sicht- und ein anderer kleiner Teil hörbar. Radioaktive Strahlungen und niederfrequente Wellen z. B. können wir mit unseren Sinnesorganen nicht wahrnehmen, weil sie bestimmte Wellenlängen nicht empfangen können; dennoch sind diese Strahlungen vorhanden.

Zurück zu Boethius: Er lebte im fünften Jahrhundert n.Chr. und war ein römischer Staatsmann. Er stammte aus einer bedeutenden Adelsfamilie in Rom und wurde 510 Konsul sowie höchster Verwaltungsbeamter des Ostgotenkönigs Theoderich. Später beschuldigte Theoderich ihn jedoch der Konspiration mit Ostrom und ließ ihn hinrichten.

Boethius hatte eine große Vision für seine Philosophie: Er wollte die griechische Wissenschaft mit ihrem Quadrivium Arithmetik, Musik, Geometrie und Astronomie sowie die Schriften Platons und Aristoteles' in kommentierten Übersetzungen in lateinischer Sprache zugänglich machen. Auf Grund seines frühen Todes konnte er sein Vorhaben nur teilweise ausführen. Dennoch erfüllte sich seine Vision: Sein Werk wurde zum Fundament der mittelalterlichen Wissenschaft. Auf ihn gehen eine Reihe lateinischer Fachtermini ebenso zurück wie die philosophischen Methoden. Auf diese Weise wurde Boethius zum Wegbereiter der Scholastik. Man nannte ihn den letzten antiken und den ersten scholastischen Philosophen.

Viele Lehrer der Schule von Chartres, wie z. B. Wilhelm von Conches, schrieben Kommentare zu Boethius, den sie für die größte Autorität auf dem Gebiet der Mathematik hielten. Eine Darstellung von Boethius findet sich am rechten Seitenflügel des Westportals im Zusammenhang mit der Abbildung der sieben Freien Künste. Boethius wird dort der Arithmetik zugeordnet.

Von Boethius' umfangreichem Werk, das auch mathematische und musikalische Schriften enthielt, ist heute nur noch eines allgemein bekannt: *Vom Trost der Philosophie (De consolatione philosophiae)*. Boethius schrieb dieses Werk, während er im Gefängnisturm von Pavia auf die Vollstreckung seines Todesurteils wartete.

Der *Trost der Philosophie* enthält ein Zwiegespräch zwischen Boethius und *Philosophia*. Allegorisch als Frau und Seelenärztin geschildert, besucht sie den Gefangenen, um ihn in seiner Verzweiflung zu trösten und durch Hinführung zur Wahrheit zu heilen. *Philosophia* belehrt Boethius, dass sein Leid auf mangelnder Selbsterkenntnis beruhe. Er habe sich dem Glück und der Unbeständigkeit anvertraut und sich damit irdischen Gütern wie Reichtum, Würde und Macht hingegeben. Boethius solle sich auf die eigentlichen Güter konzentrieren, um geheilt zu werden, nämlich auf die Werte in ihm selbst und in seiner unsterblichen Seele. Vollkommene Glückseligkeit finde sich nur in Gott. Der Weg zum wahren Glück bestehe in der Suche nach Wahrheit.

Philosophia erklärt, wie das Böse in einer zum Guten geschaffenen Welt existieren kann. Das Böse sei nur scheinbar überlegen, in Wirklichkeit aber Teil eines göttlichen Gesamtplans. Es besitze einen tieferen, heilenden Sinn: Durch den Kampf mit dem Bösen läutere der Mensch seinen Geist. Die größte Freiheit besitze der Mensch, wenn seine Seele auf Gott gerichtet sei.

Boethius weist darauf hin, dass die Verhältnisse von doppelt und halb, dreifach und Drittel – eben jene, die auf dem Monochord die ›vollkommenen Akkorde‹ ergeben – ebenso wohl visuell wie akustisch wahrgenommen werden können, denn, so fährt er ganz in der Tradition Platos fort: ›das Ohr wird durch Töne auf dieselbe Weise berührt wie das Auge von optischen Eindrücken‹. Boethius beschränkt diese Lehre der Synästhesie keineswegs nur auf die Verhältnisse von Linie oder Oberfläche, er entdeckt auch ›geometrische Harmonie‹ im Würfel, da die Werte seiner Flächen, Winkel und Kanten … dem Verhältnis der Oktave, Quinte und Quart entsprechen (Simson, S. 2, mit einem Zitat aus Boethius: *De musica (Über die Musik)*, 1,32).

Während ich solche Gedanken still für mich im Herzen bewegte und meine jammernde Klage mit dem Schreibgriffel aufzeichnete, da erschien mir zu Häupten eine Frauengestalt von Ehrfurcht gebietender Hoheit, mit glühenden Augen und von so durchdringender Kraft, wie sie sonst den Menschen nicht eigen ist. Frisch war ihre Gesichtsfarbe und unerschöpft ihre Körperkraft, obgleich sie schon ein so langes Leben hinter sich zu haben schien, dass man sie kaum noch unserem Zeitalter zurechnen konnte. Ihre Gestalt war eine wechselnde. Bald nämlich schrumpfte sie auf das gewöhnliche Maß der Menschen zusammen, bald wieder schien sie mit der Höhe des Scheitels die Wolken zu berühren. Hätte sie das Haupt noch höher erhoben, so wäre sie in den Himmel selbst eingedrungen und den Blicken der Menschen entschwunden (Boethius: *Die Tröstungen der Philosophie*, S. 3 f.).

»Ein wichtiges Buch, auf das sich die Chartreser Schule außerdem stützte, haben wir noch vergessen. Welches ist das?«, fragte Nilrem. »Mir fällt keines mehr ein«, antwortete ich. »Natürlich die Bibel! Sie galt seinerzeit nicht nur als theologische, sondern auch als wissenschaftliche Autorität. Man kann sich nur wundern über die kühne Synthese des Denkens, an der sich die Chartreser Schule versucht hat, wenn man bedenkt, dass die Bibel in vielen Dingen den ›heidnischen‹ Philosophen der Antike widersprach.

Die Kosmologie von Chartres

Nachdem du jetzt die Grundgedanken der Schule von Chartres kennen gelernt hast, möchte ich dich bitten, eine Zusammenfassung der wesentlichen philosophischen Inhalte zu versuchen.« Erneut stellte mich Nilrem vor eine schwierige Aufgabe. Ich musste eine Weile nachdenken, bevor ich all die verschiedenen Gedankengänge der Philosophen in eine ›Ordnung‹, einen ›Kosmos‹, bzw. eine Kosmologie bringen konnte. Dann trug ich vor:

»Am Anfang gibt es nur Gott als das Höchste und transzendente ›Eine‹. In seiner Überfülle fließt Gott aus sich selbst aus, um sich zu erkennen und zu erblicken. Das Urmaterial für Gottes Schöpfung bildet das ungestaltete Chaos.

Aus diesem Chaos entsteht in Stufen der *Kosmos,* das ›Geordnete, Schöne, Vollkommene und Begrenzende‹. Die Stufen – oder modern gesprochen: Bewusstseinsdimensionen – unterscheiden sich in ihrer jeweiligen Nähe zu Gott. Die höheren Stufen sind Gott näher und daher lichtvoller, die unteren Stufen sind weiter entfernt und daher dunkler; die unterste Stufe bildet die Materie mit ihrer vollständigen Finsternis.

Der Kosmos in seiner ganzen Mannigfaltigkeit entsteht mit Hilfe der Natur, der göttlichen Ideen, der Zahlen und der platonischen Körper, die allesamt in ewig-vollkommener Weise in der Seele ruhen. Nacheinander werden aus diesen Elementen die Planeten, die Menschen, die Tiere und die Pflanzen geformt. Alles ist beseelt, auch der Planet Erde.

Der Kosmos hat, da er von Gott geschaffen worden ist, Anteil an der göttlichen Vollkommenheit. So ist auch der Mensch ein im Prinzip vollkommenes Wesen, das von Gott von Anfang an als vollkommen geplant war. Der Mensch ist keineswegs sündhaft, wie die Kirche glaubt, auch wenn er durch sein Leben in der materiellen Welt in die Finsternis gefallen und von Gott sehr weit entfernt ist.

Der Makrokosmos bzw. die Weltseele wird ebenso wie der Mikrokosmos des Menschen bzw. die Einzelseele durchwirkt von Proportionen und Harmonien, die sich mathematisch ausdrücken lassen. In der Astronomie sind sie als Sphärenharmonien bekannt, in der Musik hörbar gemacht und in der Geometrie in die Form von Körpern gebracht.

Weil der Mensch selbst ein göttliches Wesen ist, hat er mit seinem Geist Anteil an der harmonischen Struktur des Kosmos und kann diese verstehen. Das Werk der Zahlen, der goldene Schnitt und die Musik sind für ihn Erkenntniswerkzeuge, die er z. B. in der Architektur anwenden kann.

Da der Mensch in die Finsternis gefallen ist, muss er den Rückweg zum Licht antreten. Dieser Weg führt über die verschiedenen

Stufen des Kosmos zu Gott zurück. Auf diesem Weg muss der Mensch viele Prüfungen gegen das Böse bestehen, wobei er jedoch Hilfe von höheren Mächten, wie den Engeln, erhält. Dabei muss er seinen Intellekt aufgeben und lernen, mit dem Herzen zu sehen. Der Weg zurück zu Gott, die ›Umkehr‹, führt über viele Wiedergeburten in verschiedenen Leben und verschiedenen Zeiten ans Ziel.

Chartres ist die Kathedrale der Wiedergeburt, wie sich an vielen Symbolen an und in der Kirche, vor allem der herausragenden Bedeutung Marias, erkennen lässt. Die Kathedrale als ›vollkommenes‹ Werk kann den Menschen zur Wiedergeburt auf einer höheren kosmischen Stufe, einer höheren Bewusstseinsdimension, führen.«

»Sehr gut«, kommentierte Nilrem meine Ausführungen. »Und wenn du jetzt die gesamte Philosophie der Chartreser Schule in einen einzigen Satz fassen solltest, wie würdest du diesen formulieren?«

»Der Kosmos ist von Gott beseelt.«

Nilrem war offensichtlich zufrieden mit meiner Antwort. »Nun haben wir nicht nur gesehen, wie die Kathedrale architektonisch, sondern auch, wie sie geistig gebaut ist.«

Teil 5
Das Gute und das Böse

*Wer das All erkennt, wobei er sich selbst verfehlt,
verfehlt das Ganze.*
Worte Jesu nach dem Thomas-Evangelium,
Log. 67, zit. nach Pogačnik 1998, S. 10

*Wir sind viel mehr, als wir wissen.
Es ist nur in Vergessenheit geraten.*
Melchizedek 1999, S. VII

*Wohl habe ich gesagt: Ihr seid Götter
und allzumal Söhne des Höchsten.*
Psalm 82, 6

*Unsere größte Angst ist nicht, dass wir unzulänglich sind.
Unsere größte Angst ist, dass wir mächtiger sind,
als wir uns vorstellen können.
Es ist unser Licht, das wir am meisten fürchten,
nicht unsere Dunkelheit.*
Nelson Mandela

Gruß der Dämonen

Nach so viel Philosophie war ich froh, mir frischen Wind um die Nase wehen lassen zu können. Unsere Reisegruppe unternahm einen Aufstieg in die oberen Bereiche der Kathedrale. Nach einem anstrengenden Weg auf einer endlos langen, dunklen und spiralförmig gewundenen steinernen Treppe, die verborgen hinter einer Tür am Südportal begann, standen wir plötzlich im Freien.

Wie uns der Reiseführer erklärte, waren wir in einem der sieben unvollendeten Türme der Kathedrale angekommen. Der Turm war überdacht, dennoch blies uns von allen Seiten tüchtig der Wind um die Ohren. Denn der Turm besaß keinerlei Fenster, sondern war nach vier Seiten hin geöffnet. Der Blick nach unten war geradezu Schwindel erregend: Die Menschen hatten in einer Höhe von ca. 50 Meter die Größe von Stecknadelköpfen angenommen.

Kaum hatten wir uns von diesem Schrecken erholt, ging es auch schon weiter. Denn wir sollten die Gelegenheit bekommen, an einer Art Ballustrade einmal rund um das grüne Kupferdach der Kathedrale laufen zu können. Doch bis wir die Ballustrade erreichten, mussten wir weitere Angstmomente überwinden: Ohne schützendes Geländer marschierten wir auf einem schmalen steinernen Steg im Gänsemarsch über glitschigen Taubendreck, eng an die Außenseite von Glasfenstern geklammert.

Von außen sehen die Glasfenster völlig anders aus als von innen. Während sie von innen den Eindruck der Dreidimensionalität erwecken, sind sie von außen deutlich als zweidimensional zu identifizieren; zudem sehen sie grau-braun aus *(siehe Foto im Bildteil)*. Man sieht definitiv nichts von dem wunderschönen blau-roten Farbton, den man in der Kathedrale wahrnehmen kann. Wir erfuhren, dass erst der Einfall des Lichtes der zweiten Dimension die dritte hinzufügt.

Von außen sind die Fenster mit einer Patina überzogen, die ebenso eine Schmutz- wie eine Schutzschicht bildet. Die Glasdicke schwankt zwischen 2,5 und 7 Millimetern; sie variiert infolge der Luftbläschen, die die mittelalterlichen Fenster enthalten. Die Luftbläschen bewirken die Lichtdispersion bzw. -streuung, die die wunderschönen Farbtöne erzeugt.

Man ist heute trotz aller modernen Chemie nicht mehr im Stande, Glasfenster von gleicher Qualität wie im Mittelalter herzustellen! Vor allem der geheimnisvolle »alchemistische« Blauton lässt sich heute nicht mehr in gleicher Weise erzeugen. Zudem enthalten die modernen Scheiben keinerlei Luftbläschen. So kommt es, dass moderne Fenster regelmäßiger, aber auch »langweiliger« und weniger geheimnisvoll erscheinen. Daher können wir froh sein, dass in Chartres so viele Originalfenster erhalten geblieben sind.

An der Außenseite der Fenster befinden sich zahlreiche metallene Längs- und Querverstrebungen, die von innen nicht erkennbar sind. Sie verleihen dem Glas die notwendige Stabilität, denn intensive Kräfte wirken darauf ein. Die vertikalen Kräfte bestehen aus dem Eigengewicht des Steingerippes und der Verglasung; die horizontalen Kräfte sind die Windkräfte, die durch die horizontalen Verstrebungen, die so genannten »Windstäbe«, aufgefangen werden. Die Windstäbe bewahren die Fenster davor, vom Wind eingedrückt zu werden; immerhin betragen die einwirkenden Kräfte ca. 100 Kilogramm pro Quadratmeter.

Im Grunde ist die Einfügung von Glasfenstern in ein steinernes Gebäude eine statisch komplizierte Angelegenheit, besonders bei derart hohen Gebäuden und großflächigen Fenstern wie in Chartres. Statische Berechnungen konnte man zwar im 11. Jahrhundert noch gar nicht durchführen, dennoch ist keines der Fenster jemals eingestürzt. Wahrscheinlich konnten sich die Baumeister aus ihrer Kenntnis der Geometrie heraus ein Bild machen, wie die Kraftflüsse auf die Fenster einwirken.

Zu diesen beeinflussenden Außenkräften kommt hinzu, dass das Material des Glases selbst »arbeitet«. Das heißt, es dehnt sich je nach Temperatur aus oder zieht sich zusammen; deshalb sehen die Fenster von außen auch häufig leicht gewölbt aus.

Weiter ging es zur schützenden Ballustrade. Jetzt konnten wir die Strebebögen an der Außenfassade aus unmittelbarer Nähe betrachten. Es war erstaunlich, wie perfekt die Kräfte, die physikalisch aus dem Inneren nach außen drücken, durch die teilweise rechtwinklig zueinander angeordneten Strebebögen abgefangen werden. Diese Bögen bewirken einerseits, dass die Kathedrale nicht einstürzt, und erlaubten es andererseits, in große Höhe zu bauen. Mit anderen Worten: Die Strebebögen sind dafür verantwortlich, dass Druck- und Sogkräfte im Gleichgewicht zueinander stehen. Obwohl die damaligen Baumeister keine Ahnung von Statik hatten und nicht wie heute Bauingenieure beschäftigen konnten, die die notwendigen Berechnungen für die Stabilität des Gebäudes durchführten, lösten sie dennoch das Problem der Statik *perfekt* – und das gleich für eine Lebensdauer von 1.000 Jahren oder mehr! Es besteht die Vermutung, dass die vollendete Anwendung der Heiligen Geometrie jede Statik überflüssig macht, was auch auf die Fenster zutreffen dürfte. Vom Bau des Mailänder Domes ist beispielsweise nachweislich bekannt, dass man statische Probleme mit geometrischen Mitteln löste. Ließe sich dies wissenschaftlich und architektonisch umfassend nachweisen, so könnten moderne Architekten viel daraus lernen.

Leider besteht heute die Tendenz, Gebäude architektonisch ausschließlich im Hinblick auf ihre *äußere* Ästhetik für den Betrachter zu planen. Nachträglich wird dann alles mit »viel Technik« und komplizierten Berechnungen abgesichert. Dass dies trotzdem häufig nicht zum Erfolg führt, zeigt sich z. B. an modernen Betonbauten, die nach einer Lebensdauer von wenig mehr als 30 Jahren an Materialermüdung leiden und ganz plötzlich einstürzen. Die Kathedrale von Chartres ist ein lebendiges Beispiel dafür, dass äußere Ästhetik – entsprechend dem goldenen Schnitt – und mathematisch-statische Notwendigkeit keinen Gegensatz bilden müssen, sondern sich in einer harmonischen Einheit verbinden können.

Wie wir von oben aus sehen konnten, sind selbst diejenigen Bauelemente, die für den normalen Betrachter von unten nicht sichtbar sind, sorgfältig und ästhetisch ansprechend gestaltet, so z. B. Säulen als Bestandteil von Strebebögen, aber auch Wasserspeier. Jedes Gebäude benötigt zum Abfluss von Regenwasser besondere Vorrichtungen. Neben Regenrinnen gibt es unter anderem Wasserspeier, die das gesammelte Regenwasser in hohem Bogen vom Gebäude weg nach außen »speien«.

In Chartres wird diese ehrenvolle und für die Erhaltung der Bausubstanz unerlässliche Aufgabe von *Dämonen* übernommen. Während an vielen modernen Gebäuden und auch an anderen weniger kunstvollen gotischen Kathedralen Wasserspeier einfache,

*Die Strebebögen an der Außenfassade
stützen mit einem Winkel von 108° das Kirchenschiff
und sind zum Teil rechtwinklig angeordnet.*

*Blick vom Dach auf einen der unvollendeten Türme
und die Straße (Südseite)*

hässliche Metallabläufe sind, haben sie an der Kathedrale die Form von kunstvoll gestalteten Dämonen aus Sandstein.

Bei den Dämonen handelt es sich häufig um Tiere oder Menschen, die Fratzen schneiden. Schon unten waren mir beim Blick vom Westportal nach oben herauf zu den beiden Türmen die unzähligen Wasserspeier aufgefallen, die deutlich aus der Fassade herausragen.

Unser Reiseführer erklärte uns, dass es in Chartres Bildhauer gegeben hatte, die gänzlich auf die Gestaltung von Dämonen spezialisiert waren. So ist es nicht verwunderlich, dass jeder Dämon, der mir begegnete, anders aussah; die Bildhauer haben ihre ganze Kreativität in ihre Gestaltung gelegt. Ich habe keine zwei identischen Dämonen gefunden. Diese netten kleinen Wesen muten aber gar nicht immer Furcht erregend an, auch wenn sie die dunklen Abgründe der menschlichen Seele verkörpern; manche sind eher komisch und reizen zum Lachen, so dass man sich fragt, ob bei der individuellen Gestaltung nicht auch eine ganze Portion Humor der Bildhauer beteiligt war.

In den Wasserspeiern verbinden sich auf elegante Weise Schönheit und bauliche Notwendigkeit mit *symbolischer* Bedeutung. Die

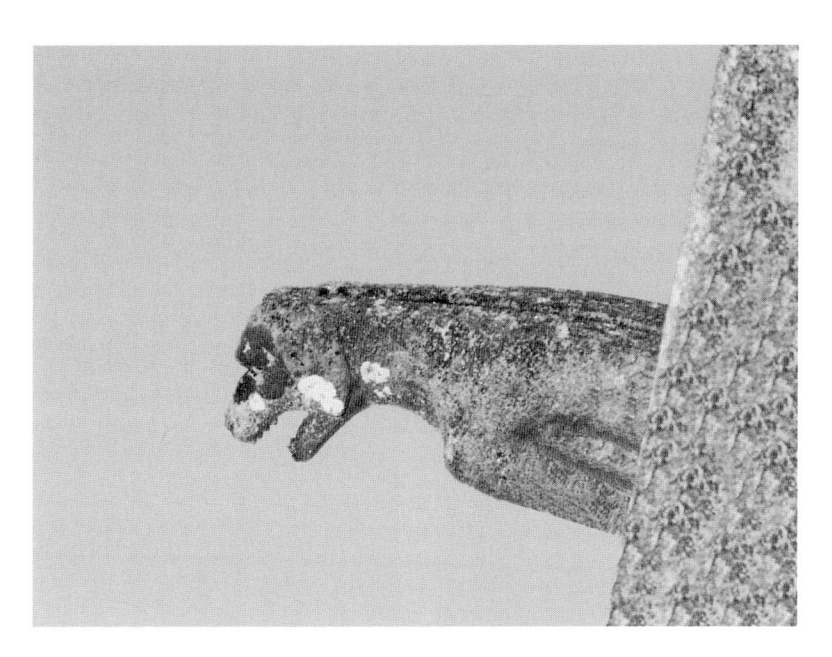

Aus der Außenfassade ragen zahlreiche wasserspeiende Dämonen heraus.

Kathedrale ist ein Bau, der dem »Guten« geweiht ist. Dennoch darf das »Böse« nicht völlig vernachlässigt werden. Würde es komplett ignoriert, so schliche es sich über das Unbewusste in der menschlichen Seele ein und würde damit das »Gute« unterwandern. Man darf das Böse also nicht vollständig ignorieren, darf ihm aber andererseits auch keine zu große Beachtung schenken, sondern sollte ihm einen *angemessenen* Platz einräumen.

Diesen Platz nehmen in Chartres eben die Dämonen ein, die sich ausschließlich an der Außenfassade befinden. So hat das Böse zwar seinen Ort, bleibt aber »draußen« und übernimmt dort als Wasserspeier eine sinnvolle, nämlich eine das Gebäude reinigende Funktion. *In* der Kathedrale selbst kann man sich dann problemlos ausschließlich mit dem »Guten« befassen. Übrigens verfuhr man mit der symbolischen Einräumung eines Platzes für das Böse in tibetischen Tempeln ganz ähnlich wie hier in Chartres. – Die Wasserspeier sind meiner Ansicht nach eine vollendete Verkörperung dessen, was Platon als »Kalokagathia« bezeichnet hat, also die Einheit des »Guten, Schönen und Wahren«.

Dass in Chartres auch die für den normalen Betrachter unsichtbaren Bauelemente höchst sorgfältig und liebevoll-kreativ bis ins kleinste Detail gestaltet sind, zeigt, dass die Kathedrale durch ihr *Sein,* nicht durch ihre Sichtbarkeit wirkt. Dinge üben einen Einfluss aus, weil sie *sind* – unabhängig davon, ob sie allgemein wahrgenommen werden oder nicht. Überflüssig zu erwähnen, dass dies an modernen Gebäuden ganz und gar nicht der Fall ist. Alles, was sowieso keiner sieht, wird zumeist nachlässig gestaltet; aus der Sicht der Baumeister von Chartres wäre dies als »Pfusch am Bau« – um nicht zu sagen: als »Sünde« – zu bewerten.

Laufende Nasen, rote Ohren und eiskalte Hände der Teilnehmer in unserer Reisegruppe taten kund, dass es an der Zeit war, wieder hinunterzusteigen. Doch oh Schreck – der Küster, der uns von unten entgegenkommen und von innen aufschließen sollte, hatte uns vergessen! So standen wir nun in einem der unvollendeten Türme vor einer verschlossenen Tür, und der Wind pfiff uns noch immer gnadenlos um die Ohren. Zwar hatten wir eine herrliche Aussicht über die ganze Stadt Chartres, die *Eure* und die weitere Umgebung, doch wurde die Situation ungemütlich.

Ungewöhnlicher Anblick: Die stählerne Dachkonstruktion der Kathedrale

Während wir zwischen schadenfrohen Dämonen und gurrenden Tauben frierend auf unsere Erlösung warteten, probierte unser Reiseführer nacheinander alle seine Schlüssel aus, aber keiner passte! Die Schlüssel muteten von ihrer Größe her genauso mittelalterlich an wie die verschlossene Holztür, die uns den Weg versperrte. Nachdem wir etwa zehn Minuten gewartet und uns ausgemalt hatten, was die Dämonen mit uns anstellen würden, wenn wir oben übernachten müssten, hatte der Küster offenbar gemerkt, dass irgendetwas nicht stimmte. Wir waren nicht zur verabredeten Zeit am verabredeten Ort erschienen. Schließlich war er wie wir zuvor von unten den Turm hinaufgestiegen und schloss uns jetzt von innen die Tür auf. Das Missverständnis der Schlüssel klärte sich auf. Eigentlich hätte ihn unser Reiseführer an seinem Bund haben müssen, doch hatten ihm offensichtlich einige Dämönchen einen kleinen Streich gespielt.

Erleichtert betraten wir nun das Innere, durften aber noch nicht hinuntersteigen, denn zuvor sollten wir uns erst einmal das Dach der Kathedrale von innen anschauen. Wie ein gigantischer umgedrehter stählerner Schiffsrumpf sah das grüne Kupferdach von innen aus. Es handelt sich um eine Skelettkonstruktion aus dem

19. Jahrhundert, modernen Bahnhofsdächern ähnlich. Auf den in der Mitte ausgelegten Holzplanken gingen wir über das Quer- und das Längsschiff der Kirche, dessen riesige Ausmaße auch hier oben beeindruckend erschien. Winzige Fensterluken erhellten das ansonsten dunkle Innere mit ein paar spärlichen Sonnenstrahlen.

Überraschend entfernte unser Reiseführer einen der Schluss- bzw. Ecksteine über einem der Kreuzrippengewölbe. Diese Ecksteine, die nur lose auf den Gewölben aufliegen, stehen symbolisch für Christus: »Er aber sah sie an und sprach: Was ist denn das, was geschrieben steht (Ps. 118, 22): ›Der Stein, den die Bauleute verworfen haben, ist zum Eckstein geworden‹? Wer auf diesen Stein fällt, der wird zerschellen; auf wen aber er fällt, den wird er zermalmen« (Lukas 22, 17). Im Mittelalter war man sich der christlichen Symbolik in der Welt des Bauens bewusst.

Nach der Entfernung des Ecksteins forderte uns der Reiseführer auf, nach unten zu sehen. Wir wussten nicht recht, was wir davon halten sollten, denn um überhaupt etwas erkennen zu können, mussten wir uns so tief nach unten beugen, dass wir schon fast von einem Schwindelgefühl ergriffen wurden. Wer sich dennoch traute, stellte fest, dass wir uns genau über dem Labyrinth befanden. Da die Menschen, die unten ahnungslos durch das Kirchenschiff über das Labyrinth gingen, noch immer die Größe von Stecknadelköpfen hatten, ließ sich erahnen, wie weit oben wir noch immer waren. Von unten konnten uns die Menschen nicht sehen – und wenn doch, dann hielten sie uns wahrscheinlich für Dämonen.

Nun endlich durften wir uns nach bestandener »Mutprobe« über den Dächern von Chartres endgültig nach unten begeben. Eine lange gewundene steinerne Treppe mit weit mehr als hundert Stufen führte hinab. Unten angekommen, schwankten mir ein wenig die Knie von dem langen spiralförmigen Abstieg, der einen Drehwurm verursachte, und ich war froh, endlich wieder »festen Boden« unter den Füßen zu haben. Ein Gefühl der Erleichterung machte sich bei allen Teilnehmern breit.

Als ob ich es nicht geahnt hätte! Unweit der Position in der Kathedrale, wo wir nach dem Abstieg herausgekommen waren, wartete Nilrem auf mich.

Der Zauber des Glases

»Nachdem du dir die Fenster so gründlich von außen angesehen hast, sollten wir sie auch noch einmal von innen betrachten«, forderte mich Nilrem auf und begann sogleich mit seinem Vortrag. »In Chartres sind von allen gotischen Kathedralen des Mittelalters die meisten Originalfenster erhalten geblieben. Von 176 Fensteröffnungen haben noch 145 ihre originale Verglasung. Einige Fenster wurden leider von eitlen Bischöfen im 17. und 18. Jahrhundert herausgebrochen und durch helles Glas ersetzt; die Herren wollten im hellen Sonnenlicht gesehen werden und waren der Ansicht, dass die Originalverglasung zu dunkel sei.

In der Tat sind die Fenster im Laufe der Zeit stark nachgedunkelt, da sich von außen eine ständig dicker werdende Patinaschicht über sie legte. So erscheinen ehemals weiße Stellen nunmehr in einem bräunlichen Farbton. Die Fenster werden heute jedoch nach und nach immer wieder restauriert.

Das Glas in Chartres soll von Alchemisten hergestellt worden sein, weil jede Farbe durch Zugabe von Metallpulver zum Glas entstand; für gewisse Rottöne wurde sogar Gold verwendet. Die Glasmasse wurde gewonnen, indem man *einen* Teil Quarzsand mit *zwei* Teilen Buchen- und Farnasche schmolz; dass sich in dieser Proportion erneut die Oktave (1 : 2) verbirgt, ist nicht weiter erstaunlich. Häufig wurde die gesamte Glasmasse durchfärbt, indem man dem rohen Glasmaterial Eisenoxide für die Farbe Grün, Kupferoxide für die Farbe Rot und Cobaltoxide für die Farbe Blau beimischte. An einigen Originalfenstern hat man bis zu 40 verschiedene Schichten identifiziert, die übereinander gelagert zu subtilen Farbvariationen führen.

Blau und Rot sind die beiden vorherrschenden Farbtöne der Fenster – dies sicher, weil die Kombination dieser Farben der Quinte (2:3) entspricht, wie es auch bei den Gralstafeln der Fall ist. Besonders das mystische Blau verleiht dem Kircheninneren einen geheimnisvollen Schimmer, zu dem die Farbe Rot den passenden Kontrast bildet. Blau und Rot stehen für Himmel und Erde.

Die Kunst des Glasmachens war ein streng gehütetes Geheimnis, das nur wenige Mitglieder der Glasmacherzunft im Mittelalter kannten. Man darf davon ausgehen, dass dieses Geheimnis in

Chartres nicht nur bewahrt, sondern auch hier entdeckt wurde. Denn mit dem Bau der Kathedrale wurde die Stadt zum Zentrum der Glasmacherkunst. Gläser aus Chartres finden sich auch in anderen Kathedralen, so in Paris, Rouen, Burges und Sens. Doch dauerte der Höhepunkt der Glaskunst nicht lange an, und so ging das Geheimnis der Herstellung bereits im 13. Jahrhundert wieder verloren.

Nur in Frankreich und Deutschland erlebte die Glaskunst eine hohe Blüte. In England z. B. waren die Glasfenster selbst in gotischen Kathedralen weit weniger kunstvoll. Häufig wurde einfach weißes Glas eingesetzt; daneben verwendete man dort sogar bis ins 15. Jahrhundert noch imprägniertes Leinen oder Papier an Stelle von Glasfenstern.

Ungewöhnlich ist, dass in Chartres viele Fenster von diversen Handwerker- und Händlerzünften gestiftet worden sind. Mehr als 20 verschiedene Zünfte lassen sich auf den 42 betreffenden Fenstern identifizieren. Darüber hinaus wurden 44 weitere Fenster von Königen und dem Adel, 16 von geistlichen Würdenträgern, 14 von nicht identifizierten Personen und etliche andere von verschiedenen Klerikern gestiftet.

Die mittelalterlichen Betrachter, zumeist Analphabeten, konnten in diesen Fenstern ›lesen‹ wie in einem Buch. Die Fenster erzählen biblische Geschichten und Legenden von Heiligen, stellen fremde Länder und Kontinente vor, unbekannte Tiere wie Kamele und Elefanten, Riesen und viele Wundertaten. Bei den von den Händlern und Handwerkern gestifteten Fenstern findet sich jeweils eine geschickte Verknüpfung des betreffenden biblischen Themas mit typischen Darstellungen aus dem Berufsalltag der Zünfte; so wird auch den Laien auf den ersten Blick klar, von wem welches Fenster stammen muss *(siehe Foto im Bildteil).*

Die Westrose von Chartres ist eine der ersten gotischen Fensterrosen überhaupt und hat damit die Tradition der Rosen in ganz Europa begründet. Die Rose selbst ist ein Symbol für den Kosmos, auch für die Seele und die Liebe. Ähnlich dem tausendblättrigen Lotus der indischen Kultur steht sie für die höchste Erkenntnisstufe (das Kronenchakra) und ihr Erblühen. Die Motive der Westrose sowie der Süd- und der Nordrose hast du dir im Zusammenhang mit der Rotation ja schon angeschaut.

Das Thema der drei Lanzettfenster an der Westfassade – also der Westrose plus der drei weiteren Fenster – bildet eine Einheit. Während in der Westrose Christus selbst den Mittelpunkt bildet, schildert das mittlere Fenster direkt darunter die Kindheitsgeschichte Jesu einschließlich der Flucht, der Jordantaufe und des Einzugs nach Jerusalem. Im linken Fenster daneben findet sich eine der seltenen Kreuzigungsdarstellungen in der Kathedrale. Das Kreuzesholz hat jedoch die Farbe grün und deutet damit an, dass man das Kreuz auch als Lebensbaum auffasste.

Das rechte Fenster stellt die Wurzel Jesse dar, also die leiblichen Vorfahren von Maria und Jesus. Das Hervorgehen der verschiedenen Generationen auseinander von unten nach oben bis zu Christus an der Spitze hat die Form eines Baumes, der den weiblichen Geschlechtsorganen ähnlich sieht. Eine ähnliche Darstellung von gebärmutter- und eierstockartigen Ornamenten, die Fruchtbarkeit symbolisieren, findet sich in steinerner Form auch außen an der Westfassade.

Die fünf Fenster unterhalb der Südrose *(siehe Foto im Bildteil)* zeigen in der Mitte Maria mit dem Jesuskind sowie rechts und links daneben die vier Evangelisten auf den Schultern der Propheten. An den fünf Fenstern unterhalb der Nordrose herrschen Gestalten aus dem Alten Testament vor.

Das Fenster des Heiligen Apollinaire haben wir uns bereits im Zusammenhang mit der Engelhierarchie angeschaut. An diesem Fenster gibt es ein besonderes Detail: Im 18. Jahrhundert wurde im unteren Bereich ein kleines Loch herausgebrochen, und zwar so, dass genau zur Sommersonnenwende ein Sonnenstrahl auf einen am Boden befindlichen Messingknopf auf einer Steinplatte fällt.

Sämtliche Fenster der Kathedrale zeigen den gleichen Detailreichtum wie die Bauelemente an der Außenfassade. Bis in die kleinste Einzelheit wurden die Fenster sorgfältig bemalt, auch wenn viele Details in einer Höhe von mehr als 20 Metern für den Betrachter gar nicht mehr erkennbar sind.

Von allen Fenstern stammen vier noch aus der Zeit vor 1194, haben also den großen Brand überstanden und waren bereits im Vorläuferbau vorhanden. Bei diesen Fenstern handelt es sich um die drei Lanzettfenster der Westfassade unterhalb der Rose und um das berühmte Fenster *Notre Dame de la Belle Verrière (Unsere Liebe Jungfrau vom Schönen Fenster),* die allesamt zwischen 1160 und 1170 entstanden sind. Das Fenster der Heiligen Jungfrau wollen wir uns jetzt einmal genauer anschauen.« Wir begaben uns zu diesem Fenster, das sich unweit des Südportals und des Fensters von Apollinaire befindet.

Das Fenster der Jungfrau ist meiner Ansicht nach eine der schönsten Mariendarstellungen in der Kathedrale überhaupt *(siehe Foto im Bildteil).* Es zeigt Maria mit Jesus auf dem Schoß. Das Blau von Marias Gewand und Heiligenschein wird von roten Farbtönen umgeben. Gerade wollte ich Nilrem fragen, was die Taube über dem Kopf von Maria symbolisiert, da war er auch schon wieder verschwunden. Ich nutzte die Zeit, um mir das Fenster genauer anzuschauen.

Maria und Jesus sind umrankt von vielen Engeln, in denen ich einige Details der Engelhierarchie wiederzuerkennen glaubte. Ihre Füße stützt Maria auf ein gebäudeartiges Gebilde, was ein Hinweis auf das Himmlische Jerusalem sein könnte, auf das auch der steinerne Jesus in der Vesica des Westportals seine Füße setzt *(siehe Foto im Bildteil).*

Marias Gesicht hat einen bräunlichen Farbton. Dies deutet darauf hin, dass das Fenster schon stark nachgedunkelt ist. Maria sieht nun beinahe wie eine Schwarze aus und ist damit neben *Notre Dame du Pilier* und *La Vierge de Sous-Terre (siehe Foto im Bildteil)* »unfreiwillig« zur dritten Schwarzen Madonna der Kathedrale geworden. Dennoch hat ihr Gesichtsausdruck nichts an Lebendigkeit eingebüßt. Täuschte ich mich, oder bewegten sich auf einmal die Lippen der Madonna des Glasfensters?

Was sagt die Kathedrale den Menschen von heute?

»Ich bin die Himmelskönigin, die kosmische Göttin. Ich bin die christliche Maria, die *Stella maris,* der Meeresstern. Als Weisheit bin ich die überchristliche Sophia. Ich bin die Ischtar der Babylonier und die ägyptische Isis, die Mutter des Horusknaben. Ich bin die griechische Athene und Demeter. Ich bin die kretische

Rhea, die Schutzgöttin der nährenden Erde. Ich bin die *virgo paritura*, die Schwarze Madonna, der Druiden. Ich bin die keltische Belisama mit dem jungfräulich geborenen Sohn Gargantua. Ich bin die *Natura* der Lehrer von Chartres, und ich bin die Shakti der indischen Kultur. Ich verkörpere das ewig-weibliche Prinzip aller Religionen und Völker.

Ich bin alles, was war, was ist und was sein wird, und kein Sterblicher hat jemals meinen Schleier gelüftet. Meine Botschaft hallt seit vielen tausend Jahren durch alle Kulturen der Menschheit. Oft wurde sie verkündet, aber sehr oft auch nicht verstanden.

Unzählige Menschen kommen täglich in die Kathedrale. Manche wissen nicht recht, was sie hier erwarten dürfen und finden können; sie streifen als Touristen orientierungslos durch die Kirche. Andere, die herkommen, sind bepackt mit einem ganzen Bündel voller Sorgen und Probleme, die sie hier abladen möchten. Viele von denen, die die Kathedrale betreten, fühlen sich unglücklich. Das Gefühl des Mangels beherrscht ihr Leben: Es fehlt ihnen an Geld, an Liebe, an Gesundheit, am richtigen Partner, an der richtigen Arbeitsstelle, aber vor allem an Lebensfreude. Die Menschen machen sich klein und glauben, weniger zu sein, als sie in Wirklichkeit sind.

Meine Botschaft an die Menschen ist: *Es gibt nichts, das ihr nicht sein, tun oder haben könnt!* Ihr seid von Natur aus vollkommene Wesen mit vollkommenen Seelen. Gottes höchster Wunsch für euch ist, dass ihr all das bekommen sollt, was ihr euch wünscht, denn es gibt keinen anderen Lebenssinn als die Freude.

Dies könnt ihr nur verstehen, wenn ihr zuvor begrenzende Anschauungen über euch selbst aufgebt. Ihr glaubt immer, dass ihr Menschen seid, die auf der Suche nach einer spirituellen Erfahrung sind. In Wirklichkeit seid ihr aber vollkommene und ewige Seelen, die sich entschlossen haben, in der dritten Dimension eine Erfahrung des Menschseins zu machen. Um eure Unbegrenztheit zu erfahren, habt ihr euch selbst Grenzen gesetzt und seid in eine niedrige Bewusstseinsdimension hinabgestiegen. Es ist wie mit dem Licht: Wer die Dunkelheit nicht kennt, weiß nicht, was Licht ist. Und wer die Begrenztheit nicht kennen gelernt hat, versteht die Grenzenlosigkeit, die Unendlichkeit, nicht.

Das ganze Universum ist ein riesengroßes *Spiel,* das all die vielen Seelen miteinander spielen, um sich selbst und ihre Vollkommenheit zu erfahren. Dieses göttliche Spiel nennen die Inder *Lila.*

Wie in jedem Spiel gibt es tragische und schreckliche, aber auch komische und schöne, verrückte und schmerzhafte, fröhliche und glückliche Momente. Aber keine Erfahrung ist endgültig, und jedes Spiel lässt sich ändern.

Manche von denen, die die Kathedrale besuchen, glauben, dass sie von Gott ›bestraft‹ worden seien, weil sie so unglücklich sind. Sie glauben, dass Gott sie verurteile, weil sie ›sündhaft‹ seien, oder gar, dass sie in die ›Hölle‹ kämen, wenn sie zu viele Fehler machten. Das alles sind sehr begrenzende und falsche Vorstellungen, die auf dem beschränkten Wissen früherer Jahrhunderte beruhen und heute völlig unangemessen sind! Gott straft und verurteilt niemanden. Gott ist die Liebe selbst.

Es gibt keine Hölle, und es gibt andererseits auch keinen ›Himmel‹. Man kann sich nicht ›anstrengen‹ oder dafür arbeiten, dass man in den Himmel kommt, indem man sich bemüht, besonders ›gut‹ zu sein. Es gibt lediglich verschiedene Bewusstseinsdimensionen, die sich nach dem Grade ihres Lichts und ihrer Gottesnähe voneinander unterscheiden.

Ihr solltet aufhören, andere Menschen oder gar Gott für eure eigenen Erfahrungen verantwortlich zu machen. Seht ein, dass ihr selbst es seid, die sich bestimmte Begrenzungen auferlegt haben, dass ihr selbst euer Übel geschaffen habt. Denn als vollkommene Seelen habt ihr Anteil an der göttlichen Schöpferkraft. So sucht ihr selbst euch die Erfahrungen aus, die ihr machen wollt. Eure Erfahrungen nehmen dann, je nach eurer Wahl, ›himmlische‹ oder ›höllische‹ Qualitäten an.

Wenn euch eure bisherigen Erfahrungen nicht mehr gefallen, wenn ihr euer Leben ändern wollt, dann trefft eine neue Wahl! Wählt das aus, was euch Freude macht und was ihr erleben wollt, nicht das, was euch Kummer und Schmerz bereitet. Das Leben ist ein fortwährender Schöpfungsprozess, in dem jede Seele immer das erfahren möchte, was sie noch nicht kennt und was ihr die größte Freude bereitet. Der erhabenste Gedanke ist immer der, der Freude in sich trägt.

Leider glauben viele von euch, es bedeute Glück, den Erwartungen anderer zu folgen, es anderen recht zu machen, indem ihr vermeintliche ›Pflichten‹ erfüllt. Dazu werdet ihr leider noch immer erzogen. So suchen viele Menschen ihr Glück in dem, was *andere* glücklich macht: in materiellem Besitz, in Berühmtheit, in Ansehen oder in sonstigen Dingen, die ihr euch bei den Mitmenschen abgeschaut habt. Glück bedeutet aber nicht, gesellschaftlichen Strukturen nachzugeben, die euch aus der Erwartung anderer heraus auferlegt werden, sondern das zu tun, was eurer Seele entspricht und euer Herz zum Singen bringt. Im Schatten des Ideals anderer Menschen könnt ihr euch nicht entwickeln, denn jede Seele folgt ihrem eigenen Plan. Wer immer in den Spuren der anderen läuft, hinterlässt keine eigenen.

Manche Menschen verlegen ihr Glück stets in eine unbestimmte *Zukunft*. Sie glauben, dass sie glücklich sein werden, sobald sie dieses oder jenes erreicht oder bekommen haben. Wenn sie erst das eine oder andere Ziel erklommen haben – häufig sind es nur materielle Ziele – dann, so meinen sie, stelle sich auch das Glück automatisch ein.

Das funktioniert aber nicht. Und so stellen die Menschen bald fest, dass sie trotz Erreichen des Zieles nicht glücklich geworden sind. Dann meinen sie, es müsse vielleicht ein *anderes* Ziel sein, dass sie glücklich mache, und beginnen erneut, diesem nachzujagen. Auf diese Weise leben sie immer nur für die Zukunft, aber niemals in der Gegenwart. Das Glück ist keine Frage der Zukunft, sondern liegt immer im *Jetzt* – in der Fülle des gelebten Augenblicks.

Es liegt an euch, ob ihr euch eurem ›inneren Reich‹ öffnet oder ob ihr weiter in der ›äußeren‹ Welt herumirrt auf der Suche nach etwas, das ihr dort nicht finden könnt. ›Mein Reich ist nicht von dieser Welt‹, lehrte Jesus.

Der größte Reichtum des Lebens liegt nicht darin, was man leistet, wie viel Geld man verdient oder wie erfolgreich man ist. Der größte Reichtum besteht darin, das Leben so zu leben, dass alles Freude hervorbringt und Erfüllung findet. Die Meisterschaft besteht in einem Leben, das in voller Freude gelebt wird – gleichgültig, wie diese Freude für euch persönlich aussehen mag.

Wenn euch also eure selbst auferlegten Grenzen zu eng geworden sind, wenn euch eure Schöpfungen nicht mehr gefallen, dann erschafft etwas Neues. Ermächtigt euch selbst, eure Grenzen zu sprengen. Es gibt viele mögliche Realitäten, die ihr erschaffen könnt. Ihr seid frei, das zu wählen, was euch entspricht und euch Freude bereitet. Ihr habt den freien Willen und könnt wählen, was immer ihr wollt, denn der freie Wille ist ein Gesetz des Universums.

Der Schlüssel zu jeder gewünschten Erfahrung sind eure *Gefühle*. Noch immer glauben viele von euch, die Lösung für alle Probleme liege im Denken. Denn leider seid ihr so erzogen worden, alles mit dem Verstand bewältigen zu wollen. Schon in der Schule und in der Ausbildung wird einseitig nur das Denken geschult, während die Gefühle, das Herz, völlig vernachlässigt werden. Realitäten werden aber mit den Gefühlen erschaffen, nicht mit dem Verstand. Der Verstand ist nur ein Werkzeug, das eurem Bewusstsein helfen soll, auf Kurs zu bleiben.

Wenn ihr euch etwas wünscht, dann müsst ihr es zuerst so fühlen, als ob es bereits Realität wäre. Versetzt euch ganz in die gewünschte Situation und nehmt alles so wahr, als ob es bereits euren Wünschen entspräche. Was immer ihr euch für die Zukunft wünscht, ihr müsst es *jetzt* fühlen, damit es sich manifestieren kann.

Die dritte Dimension ist viel ›biegsamer‹, als ihr euch das vorstellen könnt. Wie ihr aus der Physik wisst, besteht die scheinbar so feste und starre Materie um euch herum nur aus stehenden Energiewellen und damit letztlich aus ›fließender‹ Energie.

Eure Realität formt sich nach euren Gefühlen, auch wenn das für euch nicht so aussehen mag. Emotionen sind die Sprache der Seele, die Art, wie die Seele wahrnimmt. Der Verstand hingegen ist ein Werkzeug, das auf die dritte Dimension beschränkt ist.

Fragt daher nicht, *wie* sich eure Wünsche manifestieren werden, denn das Wie könnt ihr in der dritten Dimension ohnehin nicht verstehen. Glaubt einfach daran, dass eure Wünsche sich erfüllen, und lasst dabei offen, wann dies geschehen wird. Es kann wenige Tage dauern oder mehrere Monate, doch das ist nicht wichtig.

Nutzt die starken Kräfte in der Kathedrale dazu, eure Wünsche als erfüllt zu fühlen und sie euch vorzustellen. Setzt euch den intensiven Schwingungen der Kathedrale aus, indem ihr längere Zeit hier verweilt. Aber kommt nicht als Bittsteller hierher – denn ihr selbst seid die Schöpfer eurer Realität, nicht wir –, sondern mit einem Gefühl von Dankbarkeit und Freude, dass euch alles gegeben wird, was ihr möchtet.

Dass Gefühle sich in Realitäten verwandeln, ist ganz natürlich und entspricht dem kosmischen Gesetz des Schöpfertums. Die Erschaffung gewünschter Realitäten ist der Weg der Evolution, den jede Seele geht. Die kosmischen Gesetze gelten unabhängig von der Person und ihrer Religion. Es ist also egal, welcher Religion ihr angehört und ob ihr überhaupt irgendeiner Religion angehört. Wichtig ist nur, dass ihr fest an die Erfüllung eurer Wünsche – und damit letztlich an eure eigene Schöpferkraft – glaubt und nicht daran zweifelt. Dies setzt ein hohes Maß an Selbstannahme voraus. Konzentriert euch auf das, was ihr euch wünscht, und lasst das, was zu einer ›abgelebten‹ Realität gehört, einfach los, ohne dagegen anzukämpfen.

Die Erfüllung eurer Wünsche ist ein Fortschritt in eurer seelischen Entwicklung und hat daher oft den Charakter einer *Wiedergeburt* auf einer höheren Ebene – besonders, wenn ihr dabei begrenzende alte Vorstellungen über euch selbst loslasst und euch damit größere Entfaltungsmöglichkeiten zugesteht. Ihr selbst seid der Weg, die Wahrheit und das Leben.«

Abschied

Die Kathedrale spricht:
Alle Antworten sind mir eingeschrieben, alles ist gesagt.
Louis Charpentier 1997, S. 79

Schnell packte ich meinen Koffer, denn unsere Reisegruppe wollte in einer halben Stunde die Rückfahrt antreten. Nachdem wir unsere Sachen im Stauraum des Reisebusses untergebracht hatten und eingestiegen waren, ging es auch sogleich los. Wir verließen den Hof des Maison Saint Yves, und ich drehte mich um, damit ich noch einmal einen Blick auf die Kathedrale werfen konnte.

Da erblickte ich überraschend Nilrem auf der Straße hinter uns. Er winkte mir zum Abschied zu. Über diese Geste des Weisen von Chartres freute ich mich besonders, schien sie mir doch zu bedeuten, dass ich bald wiederkommen sollte. Nilrem hatte mich mit ebenso vielen gelösten wie ungelösten Rätseln zurückgelassen, und über Etliches hatte ich noch eine Weile nachzudenken.

Dankbar für seine Einweihung in das geheime Wissen winkte ich Nilrem zurück, der schon bald nicht mehr zu sehen war. Lange schaute ich der Kathedrale nach. Das imposante Bauwerk ist noch in mehr als 20 Kilometern Entfernung deutlich sichtbar. Gut zu wissen, dass der Gute Geist der Kathedrale jederzeit in Chartres ist und auch andere Menschen einweiht, sofern sie dafür offen sind und sich genügend Zeit für die Kathedrale – und damit für sich selbst – nehmen.

Auf Wiedersehen, Chartres, bis zum nächsten Jahr!

Anhang

Danksagung

Dieses Buch wäre ohne die freundliche Unterstützung folgender Zeitgenossen niemals zu Stande gekommen:
Isolde und Edgar Ruf organisieren jedes Jahr im November aufopferungsvoll und mit großer Begeisterung nicht-kommerzielle Reisen nach Chartres. Ihrem kontinuierlichen Engagement für die Kathedrale, ihrer Flexibilität bei allen individuellen Gegebenheiten jeder Reisegruppe und den von ihnen organisierten erstklassigen Führungen haben im Laufe der Jahre viele Menschen – darunter auch ich – ihre Bekanntschaft mit Chartres zu verdanken. Wer ihrem »Ruf« folgt, darf sich jedes Jahr von neuem auf überraschende Erlebnisse im Umfeld der Kathedrale freuen.

Der ungewöhnlichen Führung *Wolfgang Larchers* durch die Kathedrale, um sie herum, auf ihr und unter ihr verdanke ich einige Einsichten, die in mein Buch eingeflossen sind.

Kylian van der Scheer danke ich für sein Einführungsseminar in die »Blume des Lebens« und die ersten Erkenntnisse über Heilige Geometrie.

Bei meiner Kollegin *Dorothee Köhler* bedanke ich mich für die Anfertigung eines Teils meiner so wichtigen »Buchnotizen«, die die Recherchegrundlage bildeten.

Ronald Engert hat in seiner Zeitschrift »Tattva Viveka« meinen ersten Artikel über die Kathedrale veröffentlicht, und dieser Artikel brachte *Dr. Michael Günther* vom Heinrich Hugendubel Verlag auf die Idee zu diesem Buch. Beiden meinen herzlichen Dank.

Dem *J. Ch. Mellinger Verlag* Stuttgart danke ich für die Abdruckgenehmigung des Zitats von Alanus ab Insulis auf S. 153 und *Manfred Christ* für die Erlaubnis, sein Foto von *Notre Dame de la Belle Verrière* im Bildteil zu verwenden.

Nicht zuletzt sei auch *Dr. Hans Christian Meiser,* dem Herausgeber der Buchreihe »Atlantis«, gedankt, weil er trotz verzögerter Abgabe geduldig auf mein Manuskript gewartet und meine Arbeit freundlich unterstützt hat.

In der Kathedrale verschlüsselte Zahlenverhältnisse

Die folgenden Zahlen, die alle im Zusammenhang mit der Kathedrale eine wichtige Rolle spielen und im Einzelnen im Text erläutert werden, offenbaren durch einfache Rechenoperationen vielfache und unvermutete Zusammenhänge untereinander. Diese deuten sowohl auf Übereinstimmungen der inhaltlichen Symbolik wie auch auf die in der Kirche verschlüsselte Raumzeitstruktur hin.

- Einen Raumbezug haben z. B. die Zahlen 13.824, 1536, 723, π;
- einen Zeitbezug haben die Zahlen 12.144, 3399, 1183,38, 273, 365;
- Raum- und Zeitbezug haben die Zahlen 144, 64, 128, 108, 33, φ.

Ohne Anspruch auf Vollständigkeit und ohne dass die Zahlen bis ins Letzte ausgedeutet werden können, sind sie im Folgenden in Form von Gleichungen, die »aufeinander verweisen«, aneinander gereiht.

13.824 – Die Fläche des Merkaba-Feldes der Kathedrale im Verhältnis zum Merkaba-Feld eines einzelnen Menschen

Die folgenden Gleichungen zeigen eine Beziehung zwischen dem Merkaba-Feld und der Zeitrechnung:

$13.824^{-1} = 1 : 13.824 = 0{,}0000\mathbf{723}$ *(vgl. 273, 723)*
$1{,}3824^4 = \mathbf{3{,}65}$ *(vgl. 365)*
$\sqrt[1{,}618]{13.824} = \mathbf{362{,}33}$ *(vgl. 365, φ)*
$\sqrt{13.824} = \mathbf{117{,}57}$ *(vgl. φ)*
$\sqrt[3]{13.824} = 24 = 2 \times \mathbf{12}$ *(vgl. 12.144)*
$\sqrt[4]{13.824} = \mathbf{10{,}8}$ *(vgl. 108)*
$\sqrt[5]{13.824} = 6{,}\mathbf{732}$ *(vgl. 723)*
$\sqrt[10]{13.824} = \mathbf{2{,}6} = \varphi^2$ *(vgl. φ)*
$\sqrt[11]{13.824} = \mathbf{2{,}37}$ *(vgl. 273)*
$\sqrt[20]{13.824} = \mathbf{1{,}61}$ *(vgl. φ)*
$\sqrt[64]{13.824} = \mathbf{1{,}16}$ *(vgl. φ, 64)*
$\sqrt[1536]{13.824} = \mathbf{1{,}0062}$ *(vgl. 1536, φ)*
$\sqrt[8192]{13.824} = \sqrt[8^3 \times 8 \times 2]{13.824} = \mathbf{1{,}00116}$ *(vgl. φ, 8^3)*

$12^8 : 13.824 = \mathbf{31.104}$ *(vgl. 128, π)*
$13.824 : \varphi^{16} = \varphi + 5$ *(vgl. φ)*
$\sqrt{1,38} = 1,17 = \sqrt[3]{\varphi}$ *(vgl. φ)*
$\sqrt[3]{1,38} = 1,1\mathbf{133}$ *(vgl. 3399)*
$1,38^3 = 2,62 = \varphi^2$ *(vgl. φ)*
$1,3824^8 = 13,\mathbf{3373}$ *(vgl. 3399)*

$\mathbf{13.824} = 8 \times 12 \times 144$ *(vgl. 144, 12.144)*
$\mathbf{13.824} = 8^3 \times 3^3$ *(vgl. 8³, 3399)*
$\mathbf{13.824} = 2 \times 64 \times 108$ *(vgl. 54, 108)*
$\mathbf{13.824} = 144 \times 64 \times (3:2)$ *(3:2 – Quinte) (vgl. 64, 144)*

1536 – Die Fläche der Labyrinth-Merkaba im Verhältnis zum Merkaba-Feld eines einzelnen Menschen

$\sqrt[4]{1536} = \mathbf{6,26}$ *(vgl. φ)*
$\sqrt[15]{1536} = 1,63 = \varphi$ *(vgl. φ)*
$\sqrt[512]{1536} = \sqrt[8^3]{1536} = 1,0\mathbf{144}$ *(vgl. 144, 8³)*
$\sqrt[8192]{1536} = \sqrt[8^3 \times 8 \times 2]{1536} = \sqrt[64 \times 128]{1536} = \mathbf{1,0008}$ *(vgl. 108, 64, 8³)*
$1536 : \varphi^{13} \approx 3$ *(vgl. φ, 3399)*

Die folgende Gleichung zeigt eine Beziehung zwischen der Labyrinth-Merkaba und der Zeitrechnung nach dem Sonnenkalender:
$1,536^3 = \mathbf{3,62}387$ *(vgl. 365)*

$\sqrt[1536]{888} = 1,00\mathbf{44}$ *(vgl. 144, 888)*
$\sqrt[1536]{13.824} = 1,00\mathbf{62}$ *(vgl. 13.824, φ)*
$\sqrt[1536]{16180339} = 1,0\mathbf{108}$ *(vgl. 108)*
$\sqrt[1536]{\varphi} = 1,0003\mathbf{133}$ *(vgl. φ, 3399)*

$\mathbf{1536} = 128 \times 12$ *(vgl. 128, 144)*
$\mathbf{1536} = 64 \times 6 \times 4$ *(vgl. 64)*
$\mathbf{1536} = 8^3 \times 3$ *(vgl. 8³)*
$\mathbf{1536} \approx 888 \times \sqrt{3}$ *(vgl. 8³)*

144 (= 12 x 12) – Die Zahl aller Bewusstseinsdimensionen

$12^4 = 144^2 = \mathbf{20.736}$ *(vgl. 273)*
$12^8 : 13.824 = 31.104$ *(vgl. 13.824, π)*

$\sqrt[4]{12} = \sqrt[8]{144} = \mathbf{1{,}861}$ *(vgl. φ)*
$\sqrt[16]{12} = \sqrt[32]{144} = \mathbf{1{,}168}$ *(vgl. φ)*
$\sqrt[32]{12} = \sqrt[64]{144} = \mathbf{1{,}08}$ *(vgl. 64, 108)*
$\sqrt[34]{144} = \mathbf{1{,}16}$ *(vgl. φ, 3399)*

$\mathbf{144} = 13.824 : 8 : 12$ *(vgl. 13.824)*

$262.\mathbf{144} = 512 \times 512 = 8^3 \times 8^3$ *(vgl. φ, 8^3)*
$\mathbf{1{,}44} = \sqrt[16]{365} = \sqrt[20]{1618} = \sqrt[3]{3}$ *(vgl. 365, φ, 33)*
$1{,}7\mathbf{144} = \sqrt[9]{128}$ *(vgl. 129, 3399)*
$\mathbf{1{,}044} = \sqrt[128]{273} = \sqrt[11]{φ} = \sqrt[108]{108} = \sqrt[144]{8^3}$ *(vgl. 128, 273, 108, φ)*
$\mathbf{1{,}0044} = \sqrt[256]{π} = \sqrt[108]{φ} = \sqrt[1536]{888}$ *(vgl. π, φ, 1536, 8^3)*
$\mathbf{1{,}144} = \sqrt[34]{99}$ *(vgl. 3399)*
$\mathbf{1{,}0144} = \sqrt[512]{1536} = \sqrt[8^3]{1536}$ *(vgl. 1536, 8^3)*
$\mathbf{1{,}00144} = \sqrt[4096]{365} = \sqrt[8 \times 8^3]{365}$ *(vgl. 8^3, 365)*
$1{,}242\mathbf{744}132 = \sqrt[34]{1618}$ *(vgl. 3399, φ)*

$\sqrt[144]{8^3} = \mathbf{1{,}044}$ *(vgl. 8^3)*
$\sqrt[144]{108} = \mathbf{1{,}033}$ *(vgl. 108, 3399)*
$\sqrt[144]{φ} = \mathbf{1{,}0033}$ *(vgl. φ, 3399)*
$\sqrt[144]{12.144} = \mathbf{1{,}07} = \sqrt[7]{φ}$ *(vgl. φ, 12.144)*

64 (= 8 × 8) – Die Zahl aller Bewusstseinsdimensionen

$\sqrt[8]{64} = \mathbf{1{,}681}$ *(vgl. φ)*
$\sqrt[512]{64} = \sqrt[8^3]{64} = \mathbf{1{,}008}$ *(vgl. 108, 8^3)*

$\mathbf{64} = 13.824 : 108 : 2$ *(vgl. 13.824, 108)*
$\mathbf{64} = 1536 : \mathbf{6} : 4$ *(vgl. 1536)*

108 – Die Zahl des Heiligen Geistes und des Winkelgrads der äußeren Strebebögen am Kirchenschiff sowie im Pentagramm

$108^2 = 11\mathbf{664}$ *(vgl. φ)*
$\sqrt[4]{108} = 3{,}2\mathbf{237}$ *(vgl. 273)*
$\sqrt[128]{108} = 1{,}0\mathbf{372}$ *(vgl. 273, 128)*
$\sqrt[144]{108} = 1{,}0\mathbf{33}$ *(vgl. 3399, 144)*

Die folgenden Gleichungen lassen eine inverse Beziehung zwischen 108 und dem goldenen Schnitt sowie eine beiderseitige Verbindung zur Oktave (1:2) und zur Quinte (2:3) erkennen:

$1^1 \times 2^2 \times 3^3 = 108$

$(1:2):3 = (1:3):2 = 0{,}166 = \varphi^{-1}$

$1:(2:3) = (3:2) = 1{,}5 \approx \varphi$

$1^1 : (2^2 : 3^3) = 6{,}75 \approx \varphi^4$

$(1^1 : 2^2):3^3 = (1^1 : 3^3):2^2 = 0{,}00925925925$

$1^1 : (3^3 : 2^2) = (2^2 : 3^3) = 0{,}148148148$

$1080^2 = \mathbf{1.166}.400$ *(vgl. φ)*
$\sqrt[4]{1080} = 5{,}\mathbf{73265}$ *(vgl. 723)*
$\sqrt[8192]{1080} = \sqrt[8 \times 2 \times 8^3]{1080} = \mathbf{1{,}0008}$ *(vgl. 64, 8^3)*

$\sqrt[108]{\varphi} = 1{,}\mathbf{0044}$ *(vgl. 144, φ)*
$\sqrt[108]{8^3} = \sqrt[108]{888} = 1{,}06$ *(vgl. φ, 8^3)*
$\sqrt[108]{\mathbf{108}} = 1{,}\mathbf{044}$ *(vgl. 144)*

$\mathbf{108} = 13.824 : 64 : 2$ *(vgl. 13.824, 64)*

$\mathbf{11{,}08} = \varphi^5$ *(vgl. φ)*
$\mathbf{18} \approx \varphi^6$ *(vgl. φ)*
$\mathbf{10{,}8} = \sqrt[4]{13.824}$ *(vgl. 13.824)*
$\mathbf{1{,}08} = \sqrt[64]{144} = \sqrt[6]{\varphi} = \sqrt[99]{1618}$ *(vgl. 64, 144, 3399, φ)*
$\mathbf{1{,}008} = \sqrt[512]{64} = \sqrt[8^3]{64} = \sqrt[1024]{7230} = \sqrt[2 \times 8^3]{7230} = \sqrt[128]{\pi}$
(vgl. 8^3, 64, 128, 723, π)
$\mathbf{1{,}0008} = \sqrt[8192]{888} = \sqrt[16 \times 8^3]{888} = \sqrt[8192]{1536} = \sqrt[16 \times 8^3]{1536} =$
$= \sqrt[8192]{1080} = \sqrt[16 \times 8^3]{1080}$ *(vgl. 888, 8^3, 1536)*
$\mathbf{1{,}108} = \sqrt[64]{723} = \sqrt[34]{33} = \sqrt[161]{16180339}$ *(vgl. 64, 723, 3399, φ)*
$\mathbf{1{,}0108} = \sqrt[1536]{16180339}$ *(vgl. φ, 1536)*
$\mathbf{1{,}00108} = \sqrt[8192]{7230} = \sqrt[8^3 \times 16]{7230}$ *(vgl. 8^3, 723)*

$\mathbf{1{,}80} = \sqrt[16]{12.144}$ *(vgl. 144, 12.144)*
$\sqrt{\mathbf{180}} = 13{,}4164$ *(vgl. $\pi = 3{,}14$)*
$\sqrt[4]{\mathbf{180}} = 3{,}662$ *(vgl. 365)*
$\sqrt[64]{\pi} = 1{,}\mathbf{018047}$ *(vgl. 64, π)*

$\sqrt[64]{180} = 1{,}084$ *(vgl. 64)*
$1089 = 33 \times 33$ *(vgl. 3399)*

128/96 (= 12 × 8) − Die Zahl der 8. Bewusstseinsdimension

$128^2 = 16384$ *(vgl. φ)*
$\sqrt{128} = 11{,}314$ *(vgl. π)*
$\sqrt[5]{128} = φ^2$ *(vgl. φ)*
$\sqrt[9]{128} = 1{,}7144$ *(vgl. 144)*
$\sqrt[10]{128} = 1{,}62 = φ$ *(vgl. φ)*
$\sqrt[32]{128} = 1{,}16372$ *(vgl. φ, 273)*

$128 = 1536 : 12$ *(vgl. 1536)*
$128 = 2 \times 64$ *(vgl. 64)*
$12 \times 8 = 13.824 : 144$ *(vgl. 144, 13.824)*

$\sqrt[4]{12 \times 8} = 3{,}13 \approx π$ *(vgl. π)*
$\sqrt[128]{12 \times 8} = 1{,}036302376$ *(vgl. 273)*
$\sqrt[8]{12} = 1{,}364$ *(vgl. 365)*
$\sqrt[128]{3399} = 1{,}06$ *(vgl. φ)*

8³/888 − Die Christus-Zahlen in der Kabbala

$8^{3^2} = 8^6 = 8^3 + 8^3 = 512^2 = 262.144$ *(vgl. 144, φ)*
$\sqrt{8^3} = 22{,}62 = φ^2 + 20$ *(vgl. φ)*
$\sqrt[7]{8^3} = 2{,}438027308$ *(vgl. 273)*
$\sqrt[8]{8^3} = 2{,}18$ *(vgl. φ)*
$\sqrt[108]{8^3} = 1{,}06$ *(vgl. φ)*
$\sqrt[144]{8^3} = 1{,}044$ *(vgl. 144)*
$\sqrt[1024]{8^3} = \sqrt[2 \times 8^3]{8^3} = 1{,}0061$ *(vgl. φ)*
$\sqrt[262144]{8^3} = 1{,}0000237$ *(vgl. 273, 144)*

$8^3 = 1536 : 3$ *(vgl. 1536)*
$8^3 = 13.824 : 3^3$ *(vgl. 3399, 13.824)*
$888 \approx 1536 : \sqrt{3}$ *(vgl. 1536)*

$888^{-1} = 1 : 888 = 0{,}00126126126$ *(vgl. φ)*
$\sqrt[108]{888} = 1{,}064$ *(vgl. φ)*

$^{1536}\sqrt{888} = 1{,}0044$ *(vgl. 144)*
$^{4096}\sqrt{888} = {}^{8 \times 8^3}\sqrt{888} = 1{,}0016$ *(vgl. φ)*
$^{8192}\sqrt{888} = {}^{8 \times 2 \times 8^3}\sqrt{888} = 1{,}0008$ *(vgl. 108)*

12.144 – Die Zahl der Lebenstage Jesu

$^{16}\sqrt{12.144} = 1{,}80$ *(vgl. 108)*
$^{144}\sqrt{12.144} = 1{,}07 = {}^{7}\sqrt{\varphi}$ *(vgl. 144, φ)*
$13.824 : 12.144 = 1{,}138339921$ *(vgl. 13.824, 1183,38)*
$1536 : 12.144 = 0{,}12648$ *(vgl. 1536, φ)*

$2 \times 12 = {}^{3}\sqrt{13.824}$ *(vgl. 13.824)*

3399 – Die Zahl der Lebenszeit Jesu (33 Jahre und 99 Tage).

- 33 – die Zahl für einen Realitätswechsel, der bei 34 vollzogen ist,
- 33 + 1 – die Zahl der Windungen im Labyrinth und der mittelgroßen Fensterrosen,
- 3/9 – die Zahlen der Dreifaltigkeit

$\sqrt{3} = 1{,}732$ *(vgl. 723)*
$^{128}\sqrt{99} = 1{,}0365515$ *(vgl. 365, 128)*
$^{16}\sqrt{3399} = 1{,}662$ *(vgl. φ)*
$^{128}\sqrt{3399} = 1{,}06$ *(vgl. φ)*
$^{256}\sqrt{3399} = {}^{8^3 : 2}\sqrt{3399} = 1{,}03227$ *(vgl. 8^3, 273)*
$^{3}\sqrt{99} = 4{,}626$ *(vgl. φ)*
$^{9}\sqrt{99} = \varphi$ *(vgl. φ)*
$^{33}\sqrt{99} = 1{,}14 = \pi - 2$ *(vgl. π)*
$^{34}\sqrt{33} = 1{,}108$ *(vgl. 108)*
$^{34}\sqrt{144} = 1{,}16$ *(vgl. φ)*
$^{34}\sqrt{99} = 1{,}144$ *(vgl. 144)*
$^{34}\sqrt{1618} = 1{,}242744132$ *(vgl. φ, 144)*
$^{34}\sqrt{16180339} = \varphi$ *(vgl. φ)*
$^{99}\sqrt{1618} = 1{,}08$ *(vgl. φ, 108)*

3^3 $= 13.824 : 8^3$ *(vgl. 13.824, 8^3)*
33 $= 1089 : 33$ *(vgl. 108)*

$13{,}33735 = 1{,}3824^8$ *(vgl. 13.824)*
$1{,}33133 = \sqrt[4]{\pi}$ *(vgl. π)*
$1{,}1133 = \sqrt[3]{1{,}38}$ *(vgl. 13.824)*
$1{,}033 = \sqrt[144]{108}$ *(vgl. 108, 144)*
$1{,}0033 = \sqrt[144]{\varphi}$ *(vgl. 144, φ)*
$1{,}0003133 = \sqrt[1536]{\varphi}$ *(vgl. 1536, φ)*

1183,38 — Die Zahl der eigentlichen Wirkungszeit Jesu in Tagen

$\sqrt[64]{1183{,}38} = 1{,}1169$ *(vgl. 64, φ)*
$1{,}138339921 = 13.824 : 12.144$ *(vgl. 13.824, 12.144)*

273 — Die Zahl der Monatstage nach dem lunaren Kalender, die Dauer einer Schwangerschaft (273 Tage) und die Anzahl der schwarzen Steine im Labyrinth

$273^{-1} = 1 : 273 = 0{,}003663$ *(vgl. 365)*
$\sqrt{273} = 16{,}52$ *(vgl. φ)*
$\sqrt[8]{273} = 2{,}016$ *(vgl. φ)*
$\sqrt[12]{273} = 1{,}6 = \varphi$ *(vgl. φ)*
$\sqrt[20]{273} = 1{,}3237$
$\sqrt[128]{273} = 1{,}044$ *(vgl. 128, 144)*
$\sqrt{2{,}73} = 1{,}65 \approx \varphi$ *(vgl. φ)*

$20736 = 144^2 = 12^4$ *(vgl. 144)*
$2{,}438027308 = \sqrt[7]{8^3}$ *(vgl. 8^3)*
$2{,}273 = \sqrt[9]{1618}$ *(vgl. φ)*
$0{,}00273 = 365^{-1} = 1 : 365$ *(vgl. 365)*
$1{,}273 = \sqrt{\varphi}$ *(vgl. φ)*
$0{,}00020723 = (1 : \pi) : 1536$ *(vgl. 1536)*

7,23 — Die Zahl der Wellenlänge der 3. Dimension in cm

$7{,}23^4 = 2732{,}45$ *(vgl. 273)*
$\sqrt[64]{723} = 1{,}108$ *(vgl. 64, 108)*
$\sqrt[1024]{7230} = \sqrt[8^3 \times 2]{7230} = 1{,}008$ *(vgl. 8^3, 108)*
$\sqrt[8192]{7230} = \sqrt[8^3 \times 16]{7230} = 1{,}00108$ *(vgl. 8^3, 108)*

$0{,}0000\mathbf{723} = 13.824^{-1} = 1:13.824$ *(vgl. 13.824)*
$0{,}000207\mathbf{232} = 1536^{-1}:\pi$ *(vgl. 1536, π)*

Zahlenvertauschungen von 273 und 723:
$2:\varphi = 1{,}\mathbf{237}$ *(vgl. φ)*
$\sqrt[20]{273} = 1{,}3\mathbf{237}$
$\sqrt[262.144]{8^3} = \sqrt[8^3 \times 8^3]{8^3} = 1{,}0000\mathbf{237}$ *(vgl. 144, 8^3)*
$\sqrt[128]{12 \times 8} = 1{,}036302\mathbf{376}$ *(vgl. 128)*
$\sqrt{5} = 2{,}\mathbf{237}$
$\sqrt[11]{13.824} = \mathbf{2{,}37}$ *(vgl. 13.824)*
$\sqrt[4]{108} = 3{,}2\mathbf{237}$ *(vgl. 108)*
$\sqrt[256]{3399} = \sqrt[8^3 : 2]{3399} = 1{,}03\mathbf{227}$ *(vgl. 3399, 888)*
$\sqrt[128]{108} = 1{,}0\mathbf{372}$ *(vgl. 128, 108)*
$\sqrt[32]{128} = 1{,}16\mathbf{372}$ *(vgl. 128, φ)*
$\sqrt[512]{327} = \sqrt[8^3]{327} = 1{,}011\mathbf{372}$ *(vgl. 8^3)*
$\sqrt{3} = 1{,}\mathbf{732}$
$\sqrt[5]{13.824} = 6{,}\mathbf{732}$ *(vgl. 13.824)*

365 – Die Zahl der Tage im Jahr nach dem Sonnenkalender und die Anzahl der weißen Steine im Labyrinth

$365^{-1} = 1:365 = 0{,}00\mathbf{273}$ *(vgl. 273)*
Zusammen mit der folgenden Gleichung wird die komplementäre Beziehung zwischen Mond- und Sonnenkalender sichtbar:
$273^{-1} = 1:273 = 0{,}003\mathbf{663}$ *(vgl. 365)*

Die folgenden Gleichungen lassen einen deutlichen Bezug zwischen der Zeitrechnung und dem goldenen Schnitt erkennen:
$\sqrt[6]{365} = 2{,}67 = \varphi^2$ *(vgl. φ)*
$\sqrt[12]{365} = \sqrt[12]{273} = 1{,}6 = \varphi$ *(vgl. φ, 273)*
$\sqrt[365]{365} = \mathbf{1{,}016} = \varphi:100+1$ *(vgl. φ)*
$\varphi^{15} = \mathbf{1363{,}5}7$ *(vgl. φ)*

$\sqrt[16]{365} = \mathbf{1{,}44}$ *(vgl. 144)*
$\sqrt[4096]{365} = \sqrt[8 \times 8^3]{365} = 1{,}00\mathbf{144144}$ *(vgl. 144, 8^3)*

$\mathbf{3{,}623}87 = 1{,}536^3$ *(vgl. 1536)*
$\mathbf{3{,}65} = 1{,}3824^4$ *(vgl. 13.824)*
$\mathbf{1{,}364} = \sqrt[8]{12}$ *(vgl. 128)*

$1{,}03642 = \sqrt[32]{\pi}$ *(vgl. π)*
$1{,}0365515 = \sqrt[128]{99}$ *(vgl. 128, 64, 3399)*
3,662 = $\sqrt[4]{180}$ *(vgl. 108)*

3,141592654... = π **(Pi)** — Die transzendente Zahl (mathematische Konstante), die das Verhältnis zwischen Umfang und Durchmesser eines Kreises bestimmt (U:D) und auf die kreisförmige Form des Labyrinths hinweist

$\sqrt[4]{\pi} = 1{,}\mathbf{33133}$ *(vgl. 3399)*
$\sqrt[8]{\pi} = \mathbf{1{,}16}$ *(vgl. φ)*
$\sqrt[32]{\pi} = 1{,}\mathbf{03642}$ *(vgl. 365)*
$\sqrt[64]{\pi} = 1{,}\mathbf{018047}$ *(vgl. 108)*
$\sqrt[128]{\pi} = \mathbf{1{,}0089}$ *(vgl. 108)*
$\sqrt[256]{\pi} = \mathbf{1{,}0044}$ *(vgl. 144)*

$12^8 : 13.824 = \mathbf{31.104}$ *(vgl. 128, 13.824)*

$\pi = \sqrt{2} + \sqrt{3}$
$\pi = 1 : (0{,}000\mathbf{20723} \times 1536)$ *(vgl. 273, 1536)*
$\pi = 2{,}618 \times 1{,}2 = \varphi^2 \times 1{,}2$ *(1:2 – Oktave) (vgl. φ)*
$\pi = \sqrt[4]{\mathbf{12 \times 8}}$ *(vgl. 128)*
$\pi : 10 + 11 = \sqrt{\mathbf{128}}$ *(vgl. 128)*
$\pi - 2 = \sqrt[33]{99}$ *(vgl. 3399)*

1,6180339... = φ **(Phi)** — Die transzendente Zahl (mathematische Konstante) des goldenen Schnitts: das universale ästhetische Maß des Kosmos wie auch der Kathedrale

$(1 + \sqrt{5}) : 2 = \varphi = \sqrt[34]{\mathbf{16180339}} \approx \sqrt[16]{\mathbf{1618}}$
$\varphi = \sqrt[10]{\mathbf{128}} = \sqrt[12]{\mathbf{365}} = \sqrt[12]{\mathbf{273}} = \sqrt[9]{\mathbf{99}} = \sqrt[20]{\mathbf{13.824}} = \sqrt[15]{\mathbf{1536}}$
  (vgl. 128, 273, 365, 3399, 13.824, 1536)
$\varphi + \varphi + \varphi + \varphi + \varphi + \ldots = \varphi \times \varphi \times \varphi \times \varphi \times \ldots$
$(1:2):3 = \varphi^{-1}$ *(vgl. 108)*
$\varphi^{-1} = 1 : \varphi = 0{,}\mathbf{618}$
$\varphi^2 = 1 + \varphi = 2{,}618 = \sqrt[10]{\mathbf{13.824}} = \sqrt[6]{\mathbf{365}} = \sqrt[5]{\mathbf{128}}$
  (vgl. 13.824, 365, 128)

Die folgende Gleichung zeigt eine Beziehung zwischen φ, π und der Oktave (1:2):

$\varphi^2 \times 1{,}2 = 2{,}618 \times 1{,}2 = 3{,}14 = \pi$

$\varphi^3 = 4{,}236$
$\varphi^4 = 6{,}854$
$\varphi^5 = \mathbf{1{,}08}$ *(vgl. 108)*
$\varphi^6 = 17{,}944 \approx \mathbf{18}$ *(vgl. 108)*
$\varphi^7 = 29{,}034$
$\varphi^8 = 46{,}978 \approx 47$ *(Primzahl)*
$\varphi^9 = 75{,}998 \approx 76$
$\varphi^{10} = 122{,}966 \approx 123$
$\varphi^{11} = 198{,}96 \approx 199$ *(Primzahl)*
$\varphi^{12} = 321{,}916 \approx 322$
$\varphi^{13} = 520{,}86$
$\varphi^{15} = \mathbf{1363{,}5}7$ *(vgl. 365, 1536)*
$2 : \varphi = 1{,}\mathbf{237}$ *(vgl. 273)*
$\sqrt{\varphi} = 1{,}\mathbf{273}$ *(vgl. 273)*
$\sqrt[3]{\varphi} = \mathbf{1{,}174} = \sqrt{\mathbf{1{,}38}}$ *(vgl. 13.824)*
$\sqrt[6]{\varphi} = \mathbf{1{,}08}$ *(vgl. 108)*
$\sqrt[8]{\varphi} = \mathbf{1{,}061}$
$\sqrt[11]{\varphi} = \mathbf{1{,}044}$ *(vgl. 144)*
$\sqrt[108]{\varphi} = \mathbf{1{,}0044}$ *(vgl. 108, 144)*
$\sqrt[144]{\varphi} = \mathbf{1{,}0033}$ *(vgl. 3399)*
$\sqrt[1536]{\varphi} = 1{,}0003 1\mathbf{33}$ *(vgl. 3399)*

$\mathbf{1{,}618^{25}} = \mathbf{167.672}{,}92$
$\sqrt[9]{1618} = \mathbf{2{,}273} = \sqrt{\varphi} + 1$ *(vgl. 273)*
$\sqrt[20]{1618} = \mathbf{1{,}44}$ *(vgl. 144)*
$\sqrt[34]{1618} = 1{,}242\mathbf{744}132$ *(vgl. 3399, 144)*
$\sqrt[99]{1618} = \mathbf{1{,}08}$ *(vgl. 108)*
$\sqrt[34]{16180339} = \sqrt[16]{1618} = \varphi$ *(vgl. 3399)*
$\sqrt[161]{16180339} = 1{,}\mathbf{108}$ *(vgl. 108)*
$\sqrt[1536]{16180339} = 1{,}0\mathbf{108}$ *(vgl. 1536, 108)*

Zahlenvertauschungen von 1,618:
1,**168** = $^{32}\sqrt{144}$ *(vgl. 144)*
1,**186** = $^{32}\sqrt{237}$ *(vgl. 273)*
1,**816** = $\sqrt{3,3}$ *(vgl. 3399)*
1,**861** = $^{8}\sqrt{144}$ *(vgl. 144)*
1,**681** = $^{8}\sqrt{64}$ = $^{9}\sqrt{108}$ *(vgl. 64, 108)*

φ-ähnliche Zahlenwerte:
128^2 = **16.**384≈ φ×10^4 *(vgl. 128)*
108^2 = **11.**664≈ φ×10^3+10^4 *(vgl. 108)*
$\sqrt{13.824}$ = 1**17,57** = $^{3}\sqrt{φ}$×100≈ φ×10+100 *(vgl. 13.824)*
$\sqrt{8^3}$ = **22,62** = $φ^2$+20 *(vgl. 8^3)*
$\sqrt{273}$ = **16,52**≈ φ×10 *(vgl. 273)*
$^{4}\sqrt{1536}$ = 13.824 : $φ^{16}$ = **6,26** = φ+5 *(vgl. 1536)*
$^{3}\sqrt{99}$ = 4,**626**≈ φ+3 *(vgl. 3399)*
$^{8}\sqrt{8^3}$ = **2,18** = $φ^2$: 1,2 *(vgl. oben: $φ^2$ **x 1,2 = π**)*
  (vgl. 8^3)
$^{8}\sqrt{273}$ = **2,016**≈ $φ^2$: 1,3 *(vgl. 273)*
$^{16}\sqrt{3399}$ = **1,662**≈ φ *(vgl. 3399)*
1536 : 12.144 = 0,**126**48≈ $φ^2$: 20 *(vgl. 1536, 12.144)*
888^{-1} = 1 : 888 = 0,00**126126**≈ φ : 1440 *(vgl. 888, 144)*
$^{64}\sqrt{1183,38}$ = **1,116**≈ φ : 1,449 *(vgl. 1183,38, 144)*
$^{144}\sqrt{12.144}$ = **1,07** = $^{7}\sqrt{φ}$ *(vgl. 144, 12.144)*
$^{108}\sqrt{8^3}$ = $^{108}\sqrt{888}$ = $^{128}\sqrt{3399}$ = **1,06** = $^{8}\sqrt{φ}$ *(vgl. 108, 128, 3399, 8^3)*
$^{256}\sqrt{64}$ = $^{2 \times 128}\sqrt{64}$ = $^{4 \times 64}\sqrt{64}$ = $^{365}\sqrt{365}$ = **1,016** = φ : 100 + 1
  (vgl. 64, 128)
$^{4096}\sqrt{888}$ = $^{8 \times 8^3}\sqrt{888}$ = **1,0016**≈ φ : 1000 + 1 *(vgl. 8^3/888)*

Literatur

Agrippa von Nettesheim: *Die magischen Werke*. Wiesbaden: Fourier, 4. Aufl. 1997.

Alanus ab Insulis: *Der Anticlaudian oder die Bücher von der himmlischen Erschaffung des neuen Menschen*. Übersetzt und eingeleitet von Wilhelm Rath. Stuttgart: Mellinger, 2. Aufl. 1983.

Artress, Lauren: *Walking A Sacred Path. Rediscovering the Labyrinth as a Spiritual Tool*. New York: Riverhead, 1995.

Benedikt, Heinrich Elijah: *Die Kabbala als jüdisch-christlicher Einweihungsweg*. Band 1: *Farbe, Zahl, Ton und Wort als Tore zu Seele und Geist*. Freiburg: Bauer, 6. Aufl. 1999.

Bindel, Ernst: *Die geistigen Grundlagen der Zahlen*. Stuttgart: Verlag Freies Geistesleben. 4. Aufl. 1980.

Boethius: *Die Tröstungen der Philosophie*. Übersetzt von Richard Scheven. Leipzig: Reclam, o. J.

Bühler, Walther: *Das Pentagramm und der goldene Schnitt als Schöpfungsprinzip*. Stuttgart: Freies Geistesleben, 1996.

Burckhardt, Titus: *Vom Wesen heiliger Kunst in den Weltreligionen*. Zürich: Origo, 1955.

Buttlar, Johannes von: *Der flüsternde Stein. Götter, Priester, Könige: Das Geheimnis der Kristall-Orakel*. Kreuzlingen, München: Hugendubel (Atlantis), 2000.

Charpentier, Louis: *Die Geheimnisse der Kathedrale von Chartres*. Köln: Gaia Verlag, 14. Aufl. 1997 (ebenfalls ersch.: München: Knaur, 1999). [Les mystères de la cathédrale de Chartres. Paris.]

Critchlow, Keith/Jane Carroll/Llewylyn Vaughn Lee: »Chartres Maze – a Model of the Universe?« In: *Architectural Association Quarterly* 5 (1973), S. 11–20.

Devillers, Michel: *Die Kathedrale von Chartres*. O. O.: Secalib, 1986.

Dionysios Areopagita: *Die Hierarchien der Engel und der Kirche*. Einführung von Hugo Ball. Übersetzt, mit Einleitung und Kommentar versehen von Walter Tritsch. München-Planegg: O. W. Barth, 1955.

Eco, Umberto: *Kunst und Schönheit im Mittelalter*. München: dtv, 4. Aufl. 1998. [Arte e bellezza nell'estetica medievale. Mailand 1987.]

Endres, Franz Carl / Annemarie Schimmel: *Das Mysterium der Zahl. Zahlensymbolik im Kulturvergleich.* München: Diederichs, 10. Aufl. 1997.

Fosar, Grazyna / Franz Bludorf: *Das Erbe von Avalon. Verborgene Geheimnisse in den europäischen Mysterien wiederentdeckt.* München: Herbig, 1996.

Fosar, Grazyna / Franz Bludorf: *Zaubergesang. Der Schlüssel zur Wetter- und Gedankenkontrolle – Geheimnisvolle Erdfrequenzen.* München: Herbig, 1998.

Franz, Marie-Louise von: *Zahl und Zeit. Psychologische Überlegungen zu einer Annäherung von Tiefenpsychologie und Physik.* Stuttgart: Klett-Cotta, 2. überarb. Aufl. 1990.

Frayling, Christopher: *Geheimnisvolle Welt. Eine Reise durch das Mittelalter.* Köln: vgs, 1995. [Strange Landscape. A Journey Through the Middle Ages.]

Frissell, Bob: *Zurück in unsere Zukunft ... vorwärts in die Vergangenheit. Die MERKABA: Ein Schlüssel zu den höheren Dimensionen.* Fichtenau: E. T. Publishing Unlimited, 2. Aufl. 1996. [Nothing in This Book is True, But it's Exactly How Things are. Berkeley 1994.]

Gimpel, Jean: *Die Kathedralenbauer.* Holm: Deukalion, 1996. [Les bâtisseurs des cathédrales. 1980.]

González-Wippler, Migene: *Die moderne Kabbala. Über die Beziehung zwischen Mensch und Kosmos.* Freiburg: Bauer, 1995. [A Kabbalah for the Modern World. St. Paul 1993.]

Houvet, Étienne: *Die Kathedrale von Chartres.* Chartres: Éditions Houvet-La Crypte, o. J. [Monographie de la Cathédrale de Chartres.]

Hummel, Charles: *Pythagoras und die Meister von Chartres.* Schriften über Harmonik, Nr. 24. Bern: Kreis der Freunde um Hans Kayser, 1998.

James, John: *The Master Masons of Chartres.* Sydney, London: West Grinstead Publishing, 1990.

Jauch, Kurt: *Kosmisches Maß und Heiligtum. Kultgeometrie und ätherische Kräfte.* Schaffhausen: Novalis, 1996.

Ketley-Laporte, Jean et Odette: *Chartres – le labyrinthe déchiffré.* Chartres: Éditions Garnier, 1997.

Klug, Sonja: »Die Geheimnisse der Kathedrale von Chartres.« In: *Tattva Viveka,* He. 9, 1998, S. 22–25.

Klug, Sonja: »Die Kathedrale von Chartres und ihre Geheimnisse.« In: *Baubiologie,* 6 (1998), S. 2–6.

Klug, Sonja: »Mißverstandene Objektivität – eine Ursache für die Krise der Wissenschaft.« In: *Tattva Viveka,* He. 7, 1997, S. 25–30.

Klug, Sonja: *Mehr als nur freie Zeit. Basteln, Tüfteln und Kreativität – Geschichte und Geschichten.* Stuttgart: Frechverlag, 1995 (darin Kapitel über »Glas und die Kunst seiner Bearbeitung«, S. 76–83).

Klug, Sonja/Karl-Heinz Hanusch: *Ayurveda. Indische Heilweisen für Europäer.* Düsseldorf: Econ Taschenbuch, 2. Aufl. 1996.

Kunzmann, Peter/Franz-Peter Burkhard u. a.: *dtv-Atlas zur Philosophie.* München: dtv, 6. Aufl. 1996.

Ladwein, Michael: *Chartres. Ein Führer durch die Kathedrale.* Stuttgart: Urachhaus, 1998.

Lindgren, Uta: *Die Artes Liberales in Antike und Mittelalter. Bildungs- und wissenschaftsgeschichtliche Entwicklungslinien.* München: Institut für Geschichte der Naturwissenschaften, 1992.

Lutz, Bernd (Hrsg.): *Metzler Philosophen Lexikon. Von den Vorsokratikern bis zu den Neuen Philosophen.* Stuttgart: Metzler, 2. Aufl. 1995.

Macaulay, David: *Sie bauten eine Kathedrale.* Düsseldorf: Patmos, 11. Aufl. 1998 [Cathedral, the Story of its Construction. 1973]

Mann, A. T.: *Mystische Architektur.* Wettswil: Edition Astroterra, 1996.

Melchizedek, Drunvalo: *Die Blume des Lebens.* Band 1. Burgrain: Koha, 1999. Band 2, 2000. [The Ancient Secret of the Flower of Life. Sedona, USA.]

Merz, Blanche: *Orte der Kraft. Stätten höchster kosmoterrestrischer Energie.* Aarau: AT Verlag, 2. Aufl. 1999.

Miller, Malcolm: *Die Kathedrale von Chartres.* Andover: Pitguin Guides, 2. Aufl. 1996.

Oslo, Alan: *Die Geheimlehre der Tempelritter. Geschichte und Legende.* Düsseldorf: Patmos, 2. Aufl. 1999.

o. Verf.: *Chartres. Die Kathedrale – steingewordener Glaube.* Würzburg: Echter, 1983.

Panofsky, Erwin: *Gotische Architektur und Scholastik. Zur Analogie von Kunst, Philosophie und Theologie im Mittelalter.* Köln: DuMont, 1989. [Gothic Architecture and Scholasticism. 1957]

Pennington, George: *Die Tafeln von Chartres. Die gnostische Schau des Westens.* Zürich, Düsseldorf: Walter, 2. Aufl. 1996.

Platon: *Der Staat (Politeia).* Eingeleitet, übersetzt und erklärt von Karl Vretska. Stuttgart: Reclam, 1976.

Platon: *Timaios.* In: *Sämtliche Werke.* Übersetzt von Franz Susemihl. Berlin: L. Schneider, 1940.

Plichta, Peter: *Gottes geheime Formel. Die Entschlüsselung des Welträtsels und der Primzahlencode.* München: Langen Müller, 3. Aufl. 1999.

Plotin: *Seele – Geist – Eines. Enneade IV 8, V 4, V 1, V 6 und V 3.* Griechischer Lesetext und Übersetzung von Richard Harder, in einer Neubearbeitung fortgeführt von Rudolf Beutler und Willy Theiler; eingeleitet, mit Bemerkungen zu Text und Übersetzung und mit bibliographischen Hinweisen versehen von Klaus Kremer. Griechisch-deutsch. Hamburg: Felix Meiner, 1990.

Pogačnik, Marko: *Erdsysteme und Christuskraft. Ein Evangelium für das Menschwerden.* München: Droemer Knaur, 1998.

Querido, René: *Vision und Morgenruf in Chartres.* Schaffhausen: Novalis, 1989. [The Golden Age of Chartres. The Teachings of a Mystery School and the Eternal Feminine. Hudson 1987.]

Ramtha: *Liebe dich selbst ins Leben. Ausgewählte Lehren und die Weisheit von Ramtha.* Peiting: In der Tat Verlag, 1999.

Sauerländer, Willibald: *Das Königsportal in Chartres. Heilsgeschichte und Lebenswirklichkeit.* Frankfurt: Fischer, 1984.

Simson, Otto von: *Die gotische Kathedrale. Beiträge zur ihrer Entstehung und Bedeutung.* Darmstadt: Wissenschaftliche Buchgesellschaft, 5. Aufl. 1992. [The Gothic Cathedral. Origins of Gothic Architecture and the Medieval Concept of Order. 1962.]

Störig, Hans Joachim: *Weltgeschichte der Philosophie.* Stuttgart: Kohlhammer, o.J.

Strathern, Paul: *Pythagoras & sein Satz.* Frankfurt: Fischer, 1999. [Pythagoras & His Theorem. London 1997.]

Teichmann, Frank: *Der Mensch und sein Tempel. Chartres – Schule und Kathedrale.* Darmstadt: Wissenschaftliche Buchgesellschaft, 1991.

Terhart, Franjo: *Die Wächter des heiligen Gral. Das verborgene Wissen der Tempelritter.* Kreuzlingen, München: Hugendubel (Atlantis), 1999.

Tezmen-Siegel, Jutta: *Die Darstellungen der septem artes liberales in der Bildenden Kunst als Rezeption der Lehrplangeschichte.* München: tuduv, 1985.

Villette, Jean: *Le plan de la cathédrale de Chartres. Hasard ou stricte géométrie?* Chartres: Éditions Garnier, 3. éd. 1991.

Volpi, Franco (Hrsg.): *Großes Werklexikon der Philosophie.* Band 1: A–K. Band 2: L–Z, Anonyma und Sammlungen. Stuttgart: Kröner, 1999.

Walsch, Neale Donald: *Gespräche mit Gott. Ein ungewöhnlicher Dialog.* Band 1. München: Goldmann, 6. Aufl. 1997. [Conversations with God. New York 1996.]

Walsch, Neale Donald: *Gespräche mit Gott.* Band 2. *Gesellschaft und Bewußtseinswandel.* München: Goldmann, 3. Aufl., 1998. [Conversations with God. An uncommon dialogue. Book 2. Charlottesville 1997.]

Walsch, Neale Donald: *Gespräche mit Gott.* Band 3. *Kosmische Weisheit.* München: Goldmann, 1999. [Conversations with God. An uncommon Dialogue. Book 3. Charlottesville 1998.]

Wolter, Jobst D.: *Das Labyrinth in der Kathedrale zu Chartres. Ein michaelisches Christus-Symbol.* Dornach: Verlag am Goetheanum, 1996.

Zettel, Christa: *Reiserouten der Götter. Zurück in die Zukunft: Das Erbe der Schamanen.* Kreuzlingen, München: Hugendubel (Atlantis), 1999.

Hinweis. *Nicht-kommerzielle Reisen nach Chartres* (zum Selbstkostenpreis) inklusive spirituell orientierter Führung durch die Kathedrale veranstalten jährlich im November für jeweils drei bis vier Tage (um Buß- und Bettag):

Edgar und Isolde Ruf
Heideweg 111
D-40470 Düsseldorf
Telefon/Fax: (0211) 638337

Namen- und Stichwortregister

Abaelard, Pièrre 159 ff., 164
Agrippa von Nettesheim 22
Alanus ab Insulis 150 ff.
Anselm von Canterbury 158
Aristoteles 134, 136, 157
Ausrichtung des Kirchenschiffs 110 f.

Baum des Lebens 61 ff.
Baumeister 31, 33 f., 118
Bernhard von Chartres 142
Bernhard von Clairvaux 23 f., 116, 155 ff., 164
Bernhardus Silvestris 148 ff., 156 f.
Bewusstsein 63 f.
Bewusstseinsdimension 64 ff., 78 f., 171 f.
Bildhauer 19, 33 f.
Blume des Lebens 46 ff., 51 f., 73, 126
Boethius 137, 175 ff.
Boviseinheiten 89 f.
Brunnen 16, 36 f., 53, 102
Bündelpfeiler 105 ff.

Cheopspyramide 112 f.
Chor 112 f.
Chorschranke 93 f.

Dämon 184 ff., 186 ff., 190
Dionysius Areopagita 158, 170 ff.
Dodekaeder 87 ff., 91
Drehung, *siehe Rotation*
Dreifaltigkeit 54, 208
Druide 43 f., 53

Eckstein 190
Einstein, Albert 76, 78 f.
Engelhierarchie 172 f., 193

Fenster des Heiligen Apollinaire 173, 193
Fensterrosen 72 f., 208
Fibonacci-Spirale 107, 109 f.
Fibonacci-Zahlenfolge 92, 108
Fischblase 48 ff.
Freie Künste 81, 134, 136
Frucht des Lebens 86 ff.
Fulbert 15, 36, 134, 140 f.

Geomantische Kräfte 38, 90, 100
Gilbert de la Porrée 145
Glasfenster 182 f., 192, 194
Goldener Schnitt 95 ff., 108 f., 112, 124 f., 127, 206, 213 ff.
Gotik 28, 30
Gottfried 141
Gralstafeln 111 ff.
Granit 38
Gravitation 79
Grundriss 52, 62, 97, 109

Häresie 164
Harmonikale Verhältnisse 69 f.
Heilige Geometrie 45 ff., 184
Heiliges Zentrum 102 ff., 107, 109
Heldenmythos 117
Hochaltar 7
Hugo von Payns 20 f., 23

Idee 167
Ivo 141

Johannes Scotus 158
Johannes von Salisbury 145 ff., 155 ff.
Joseph von Arimatheia 44, 111

Kalender 120, 122f., 204, 211f.
Kalkstein 38
Kelten 39, 42f.
Königsportal, *siehe Westportal*
Konzeptualismus 157, 159, 162
Kosmisches Gesetz 174
Kosmologie 177f.
Kosmos 63f., 165f., 169, 178f., 213
Kreis 47ff., 104, 131, 211
Kreta 117, 120f.
Krypta 35ff., 42, 53, 73
Kugel 47f., 87

Labyrinth 53, 57, 72f., 90, 109, 115ff., 123ff., 131, 190, 206, 210ff.
Labyrinth-Merkaba 57, 125ff.
Lehrer von Chartres 140ff.
Leylines 89

Maria 27, 141, 194ff.
Melior von Pisa 13, 15
Merkaba 53, 55ff., 124ff., 204
Merkaba-Feld 53, 55f., 60f., 66, 79, 125, 205f.
Monochord 69

Nominalismus 157ff.
Nordportal 24, 30, 42, 44, 83f.
Nordrose 72
Notre Dame de la Belle Verrière 194
Notre Dame de Sous-Terre 36, 194
Notre Dame du Pilier 194

Oktave 67, 69, 103, 105, 112, 191, 208, 214
Ostung 100ff., 104

Pentagramm 29, 59, 67, 91ff., 96, 105, 207
Pfeiler 94f.
Phi (φ), *siehe goldener Schnitt*
Pi (π) 68, 112, 125, 211f.
Plancksches Wirkungsquantum 129f.
Platon 87, 96, 134, 136, 162, 166ff.
Platonische Körper 86ff., 166f.
Plotin 168ff.
Pythagoras 22, 69, 107, 137, 139, 165f.

Quadratur des Kreises 113
Quadrivium 137ff.
Quarte 70
Quinte 67, 69f., 79, 92, 113, 208

Raschi von Troyes 21
Raumzeit 77ff., 85
Realismus 157, 159, 162
Rechter Winkel 70, 72
Reliquie 11ff., 14, 18
Renaud de Mouçon 154
Rotation 70ff.

Schule von Chartres 133ff.
Schwarze Madonna 40, 42, 194
Sphärenmusik 139, 152, 174
Spitzbogen, gotischer 29, 49
Sternbild Jungfrau 27
Sterntetraeder 54f.
Strebebogen 183ff., 207
Südportal 30, 32f., 81ff., 171f.
Südrose 72, 193

Templer 20, 22, 24f., 27
Tetraeder 54

Thierry von Chartres 142f., 155ff.
Trivium 137ff.

Universalien 156
Universalienstreit 163

Vesica piscis, *siehe Fischblase*
Vierung 53, 94, 98, 101ff.

Wasserspeier 184, 186ff.
Weltseele 167f., 178
Westportal 69, 80f., 98, 137, 151
Westrose 72, 192
Wiedergeburt 27, 138
Wilhelm von Conches 143f., 157, 162
Wouivre 42, 172
Würfel des Metatron 86f.

Yin-Yang-Symbol 74

Zahlensymbolik 45ff., 57, 59f., 205ff.
Zisterzienser 164